AF409497

Método de negociación

Diseño de tapa:
JUAN PABLO OLIVIERI

Traducción:
RICARDO PÉREZ NÜCKEL

ALAIN LEMPEREUR
AURÉLIEN COLSON
RICARDO PÉREZ NÜCKEL

Método de negociación

Negociadores no nacen, se hacen

GRANICA

ARGENTINA - ESPAÑA - MÉXICO - CHILE - URUGUAY

ARGENTINA
Ediciones Granica S.A.
Lavalle 1634 3º G / C1048AAN Buenos Aires, Argentina
granica.ar@granicaeditor.com
atencionaempresas@granicaeditor.com
Tel.: +54 (11) 4374-1456 (℡)1158549690

MÉXICO
Ediciones Granica México S.A. de C.V.
Calle Industria N° 82 - Colonia Nextengo - Delegación Azcapotzalco
Ciudad de México - C.P. 02070 México
granica.mx@granicaeditor.com
Tel.: +52 (55) 5360-1010 (℡) 5537315932

URUGUAY
granica.uy@granicaeditor.com
Tel: +59 (82) 413-6195 - Fax: +59 (82) 413-3042

CHILE
granica.cl@granicaeditor.com
Tel.: +56 2 8107455

ESPAÑA
granica.es@granicaeditor.com
Tel.: +34 (93) 635 4120

www.granicaeditor.com

ISBN 978-987-8358-87-1

Hecho el depósito que marca la ley 11.723

Impreso en Argentina. *Printed in Argentina*

Lempereur, Alain
   Método de negociación / Alain Lempereur ; Aurélien Colson ; Ricardo
    Pérez Nückel. - 1a edición especial - Ciudad Autónoma de Buenos
    Aires : Granica, 2022.
   304 p. ; 22 x 15 cm.

ISBN 978-987-8358-87-1

   1. Negociaciones Económicas. I. Colson, Aurélien. II. Pérez Nückel,
   Ricardo. III. Título.
   CDD 658.4052

ÍNDICE

AGRADECIMIENTOS

Este libro es una síntesis de reflexiones para definir las acciones esenciales en una negociación. Nuestro principio fundamental como negociadores consiste en saber qué acciones debemos emprender primero. La primera aplicación de tal principio, entonces, es que las relaciones son el núcleo de cada acción y deben ser la prioridad antes de todo lo demás. Un ejemplo claro es este trabajo, fruto de las relaciones y discusiones interminables con colegas y amigos, pasados y presentes, y que continúan inspirándonos.

En particular, es importante reconocer la influencia de tres escuelas de pensamiento. La primera proviene de la tradición diplomática europea de los siglos XVII y XVIII. Richelieu, Callières, Pecquet, Mably y Talleyrand se encuentran entre los pioneros de la negociación. La segunda surgió mucho más tarde y especialmente durante los últimos cuarenta años; los fundamentos de la negociación clásica han sido enriquecidos por nuestros mentores y amigos en los Estados Unidos, Jeanne Brett, Dan Druckman, Roger Fisher, Steve Goldberg, Robert Mnookin, Jim Sebenius, Larry Susskind, Bill Ury, Mike Wheeler, William Zartman y los miembros del PON - Programa de Negociación de Harvard, así como los del Reino Unido, A. J. R. Groom, Vivienne Jabri, Hugh Miall, Andy Williams y Keith Webb. La tercera ola de influencia, que contribuyó a los matices del pensamiento de la negociación francesa, son Christophe Dupont, Guy-Olivier Faure, Laurent Mermet, Alain Plantey, Jacques Rojot,

Jacques Salzer y Christian Thuderoz. Sin las interacciones entre estas tres escuelas de pensamiento, la tinta de este libro nunca se hubiera secado. Estos académicos de hoy y de ayer merecen nuestro más profundo agradecimiento y reconocimiento.

Este libro también le debe una inmensa gratitud a ESSEC Business School Paris-Singapur, que, gracias a su tradición humanista, innovadora y empresarial, creía en la aventura de ESSEC IRENE, el Instituto de Investigación y Educación sobre Negociación en Europa, a través del cual se han llevado a cabo en todo el mundo varias actividades pioneras en negociación. Agradecemos a los miembros de ESSEC IRENE que han sido parte de este proyecto: Aziza Akhmouch, Liliane de Andrade, Farid Baddache, Vianney Basse, Viviane de Beaufort, Jean-Claude Beaujour, Imen Benharda, Alexia Bertrand, Eric Blanchot, Lionel Bobot, Adrian Borbely, Isabelle Chalhoub, Guy Champagne, Ta Wei Chao, Florrie Darwin, Bruno Dupré, Florence Duret-Salzer, Antoine Foucher, Olivier Fournout, Thierry Gadaud, Gaspard Gantzer, Rémy Gérin, Bruno-André Giraudon, Andreas Goërgen, Geneviève Helleringer, Michel Noureddine Kassa, Christophe Lattuada, Trinh Le Duyen, Julien Ohana, Ayse Onculer, Ricardo Pérez Nückel, Cédric Pierard, François Perrot, Marion Polaud, Misha Raznatovich, Christine Ricour-Dumas, Fahimeh Robiolle, Tina Robiolle, Joseph Stanford, Arnaud Stimec, Charles Tenenbaum, Jean-Marie Truelle, Francis Vandenhaute y Emmanuel Vivet. ESSEC IRENE ha capacitado a decenas de miles de tomadores de decisiones que nos han proporcionado numerosas ilustraciones prácticas de la teoría de la negociación. Algunos han leído parte o la totalidad de este libro, y les agradecemos su contribución, así como el constante desafío que nos presentan al hacer que nuestras teorías sean relevantes para la práctica.

Además, enviamos nuestro más sincero agradecimiento a las mujeres y hombres de instituciones académicas y sin fines de lucro, organizaciones nacionales e internacionales y corporaciones, a quienes les debemos tanto: Michel Barnier, Joe y Hoda Bissada, Jean-Michel Blanquer, Brook Boyer, Hervé Cassan, Juana de Ca-

theu, Charles Cogan, Emmanuelle Cretin-Magand, Pierre Debaty, Yann Duzert, Nicole Goujon, Antje Herrberg, Isabelle Hubert, Norman Jardine, Lidia Juszko, Olivier Lafourcade, Philippe Martin, Liz McClintock, Steve McDonald, Kalypso Nicolaidis, Eugène Nindorera, Fabien Nsengimana, Théo Panayotou, Michel Rocard, Mahamadou Sako, François Verdier, Hubert Védrine, Alain Verbeke, Jeremy Webber, Steve Weiss y Howard Wolpe.

Muchos de nuestros colegas en ESSEC Business School Paris-Singapur han aportado sus habilidades y competencias en sus respectivos campos. Sin el apoyo institucional de la ESSEC y de sus líderes, Jean-Marie Ardisson, Martine Bronner, Michel Fender, Gérard Guibilato, Alan Jenkins, Christian Koenig, Laurent Laffont, Nicolas Mottis, Françoise Rey, Pierre Tapie, Radu Vranceanu y Jean-Marc Xuereb, este libro no hubiera sido posible. Para la presente edición, primero estamos en deuda con Ricardo Pérez Nückel, que nos acompañó con la versión española de este libro, y también con nuestra traductora, Natalia Hermida Cepeda; ambos nos han ayudado a traducir no solo las palabras, sino también el espíritu general de la obra. También nos gustaría agradecer al equipo administrativo de IRENE, que ha colaborado con innumerables tareas en medio de todas nuestras actividades: Nathalie Klein, Séverine Lebrun, Brigitte Leroux, Francesco Marchi, Audrey Lolic y Nathalie Zouzykine.

Igualmente le agradecemos a Salvador Gargiulo y a todo el equipo editorial de Ediciones Granica por su apoyo y aliento.

Las palabras finales son para nuestros seres queridos, nuestras esposas e hijos, quienes nos han apoyado y a quienes pedimos perdón por nuestras repetidas ausencias.

EXPERIMENTAR UN MÉTODO RENOVADO
ANTES DE RECURRIR A REFLEJOS ANTIGUOS

Cómo desarrollar respuestas relevantes
para la negociación

Nuestro *Método de negociación* se basa en tres creencias fundamentales. Primero, la negociación es una parte integral de nuestra vida privada y profesional. Segundo, el dominio de las habilidades de negociación está en el corazón de nuestra armonía social, personal y colectiva. Por último, si bien es raro que un negociador nazca talentoso, no es imposible llegar a serlo: la negociación se puede aprender.

La negociación está en todas partes

Este fenómeno es aún más cierto si además de las *negociaciones formales* consideramos las *situaciones de negociación*. Nuestro libro trata ambas de la misma manera.

- Las *negociaciones formales* comprenden los casos en los que cada participante está consciente de su negociación. Las interacciones comerciales, presupuestarias, corporativas, diplomáticas, sociales, inmobiliarias, de contratación y salariales, identifican algunas dimensiones de las negociaciones formales.
- Las *situaciones de negociación,* más frecuentes que las precedentes, se configuran cuando los protagonistas no necesariamente son conscientes de que están negociando. Estas incluyen situaciones en las que las partes defienden sus intereses, argumentan sobre una solución de su preferencia, etc. Específicamente, se involucran en un proceso negociado de toma de decisiones.

Formal o informal, la negociación está presente en varios niveles. Incluso si alguno prefiere ignorarlo, todos negocian primero *consigo mismos*: cada uno de nosotros trata permanentemente con motivaciones contradictorias y debe acomodarlas para poder avanzar. Por ejemplo, negociamos con nosotros mismos sobre cómo gastar nuestro tiempo. Queremos, a la vez, pasar más tiempo con nuestras familias, tener una vida profesional exitosa y disponer de ocasiones para cultivar nuestros pasatiempos. La negociación está presente también cada vez que nos vestimos: ante varias opciones, debemos tener en cuenta el contexto, nuestro interés en estar cómodos y, por ejemplo, nuestro deseo de complacer a alguien al usar una prenda que nos ha regalado. Estas negociaciones intrapersonales nos permiten expresar nuestra libertad de elección, *el demonio de Sócrates*. La capacidad de imaginar innumerables combinaciones nuevas constituye nuestra libertad más íntima.

Además, cada uno de nosotros negocia *con amigos y familiares.* Para ciertas decisiones, las reglas preestablecidas pueden ser útiles. Una joven pareja se pone de acuerdo en alternar la estadía de vacaciones de invierno una vez con cada familia; en cambio, en otras situaciones mucho más numerosas, va a emplear un enfoque caso por caso. Así, cada lugar de vacaciones será negociado: ¿Deberíamos ir al mar ya que los niños lo disfrutan? ¿O deberíamos ir a las montañas a tomar aire fresco? ¿O deberíamos ir a la casa de los abuelos ya que no los hemos visto en mucho tiempo? Incluso decisiones que parecen banales, como "¿Qué película veremos esta noche?", implican un proceso de negociación.

Sin embargo, es en *nuestra vida profesional* y en *la arena política* donde la negociación se hace más evidente.

- En una empresa, existen instancias legales que reúnen a las partes interesadas y a la gerencia, a la gerencia y al personal.
- Además de las negociaciones formales, las situaciones de negociación se presentan constantemente: promociones, asignación de misiones y carga de trabajo, cambios de carrera.
- La negociación está en el corazón de muchos trabajos. El comprador pretende conseguir los mejores precios de los proveedores. El agente deportivo negocia contratos con equipos, marcas y jugadores. El consultor intenta obtener información del personal de la empresa, que será útil en un proceso de reestructuración. Y la lista continúa.
- La negociación está presente en la arena política a escala local, nacional, regional e internacional.

Estas múltiples situaciones de negociación se manifiestan con distintos niveles de complejidad: entre dos o más personas, dentro de un grupo, entre dos o más grupos. Todas estas combinaciones señalan una distinción importante: en las *negociaciones contractuales,* las partes buscan acuerdos formales a través de *acuerdos*; en las *negociaciones de conflicto o crisis,* las partes intentan llegar a un acuerdo con diferentes grados de compromiso a través de la *resolución de conflictos.*

- Los negocios y contratos mal administrados pueden llevar a conflictos. Por ejemplo, dos empresas forman una alianza estratégica sin considerar los conflictos que pueden surgir en temas de gobernabilidad e incluso en la gestión diaria. Tales problemas pueden llevar al fracaso de la alianza si no se despliegan habilidades de resolución de conflictos.
- A la inversa, un conflicto que se resuelve gracias a un proceso de negociación bien manejado puede abrir el camino a una negociación contractual exitosa, es decir, a un acuerdo.

Saber cómo negociar bien es una habilidad esencial en el mundo de hoy

Nuestras sociedades han evolucionado de "estructuras dominadas verticalmente", en las que las normas "desde arriba" dictaban la mayoría de las transacciones, a sociedades cada vez más "horizontales", en las que los interesados construyen sus propias normas y, por lo tanto, exigen un proceso negociado de toma de decisiones. Hoy en día, se ha vuelto importante avanzar "con los demás" y no "contra ellos". Es importante convertir a los adversarios en socios. Por lo tanto, la capacidad de negociar bien hace la diferencia en muchas situaciones. En este nuevo enfoque, los roles evolucionan.

- El *gerente* exitoso de hoy es simultáneamente líder y miembro del equipo. Es consciente de los desafíos de su empresa, involucra a su equipo en el proceso de toma de decisiones y trabaja en estrecha colaboración con el personal y los representantes sindicales. Impulsa el juego limpio en sus relaciones con clientes y proveedores, de modo que se convierten en verdaderos socios, y es responsable ante las partes interesadas cuando integra sus sugerencias. En resumen, procura respetar los intereses de todas las partes involucradas con las que está vinculada su reputación personal.

- El *líder político* que admiramos es aquel que se involucra en las reformas con sinceridad, basado en la consulta y el diálogo constantes con sus electores. Él sabe cómo llevar a cabo un proceso de negociación y cómo llegar a un resultado aceptable. Además de las negociaciones en curso con diferentes actores, participa en una negociación virtual con la opinión pública, relevante para el interés del público y la creación de consenso.

- El *abogado* también es un negociador. En lugar de imaginar su tarea simplemente como la de un demandante que espera una decisión del juez, el abogado de hoy es ante todo un asesor de su cliente. Desarrolla confianza con este y elabora contratos con una perspectiva de largo plazo. Cuando surge un conflicto, la mayoría de las veces trabaja para alcanzar una transacción negociada en lugar de ir por el camino incierto de un juicio.

A través de estas diferentes figuras profesionales emerge una *nueva forma de liderazgo*. Este nuevo liderazgo se basa no solo en saber hacer (*savoir faire*), sino también en saber cómo ser (*savoir-être*). Más allá de las habilidades técnicas tradicionales, vinculadas a sus funciones, los líderes de hoy necesitan habilidades interpersonales, esenciales para establecer asociaciones duraderas y gestionar equipos. Estas cualidades se refuerzan con habilidades específicas "definidas en relación con uno mismo y con el otro", que promueven buenos hábitos, capaces de crear una verdadera "segunda naturaleza" y dar paso a una sociedad menos jerárquica y más integrada.

- Las nuevas técnicas que este libro enumera y elabora abogan por un método para resolver problemas, sean contractuales o conflictivos. Durante ese proceso, las partes negociadoras buscan identificar las diversas motivaciones de todos los involucrados para construir soluciones mutuamente ventajosas. Utilizan criterios de justificación para resolver situaciones complicadas. Insisten en la necesidad de involucrar a todos aquellos cuyos intereses estén en juego. Están atentos a un eficiente intercambio de informaciones y respetan los mandatos. Escuchan activamente a todos, incluidos aquellos que antes eran vistos como enemigos. Por último, solo formalizan un acuerdo después de haber imaginado varios escenarios posibles y tras haber dedicado mucho tiempo a crear valor juntos.
- Un nuevo tipo de liderazgo abarca muchas cualidades: un espíritu constructivo y de cooperación, un enfoque integrador, imaginación y creatividad, sutileza en la forma y firmeza en el contenido, humildad y sentido de servicio, inteligencia emocional y relacional, empatía y asertividad, calma y paciencia en la búsqueda de legitimidad, distribución del poder, máxima transparencia, aceptación de un papel facilitador en el proceso de toma de decisiones, búsqueda del mayor consenso posible y responsabilidad por las decisiones adoptadas.
- Finalmente, estas técnicas, así como la forma en que las llevamos a la práctica, apuntan a una sociedad más equilibrada. Los cambios reales son posibles a través de una evolución negociada y no por revolu-

ciones impuestas. La idea es sugerir una manera de construir un concepto maduro de sociedad; de buscar un diálogo fructífero y más amplio entre el gobierno y los ciudadanos, el gobierno y las empresas, el gobierno y las ONG, los ciudadanos, los gerentes y los trabajadores. En suma, avanzar hacia una sociedad más participativa y abierta.

Un buen líder es, pues, un buen negociador. Él es quien logra concluir "nuevos acuerdos", validar proyectos innovadores, gestionar y resolver conflictos, aumentar los recursos de la organización, disminuir los costos y mejorar el clima interno y externo. Este "buen negociador-líder" es indispensable para las organizaciones de hoy y, en forma más amplia, para la evolución de la sociedad en general. Pero este "buen negociador-líder" no sale de la nada, no surge de manera espontánea.

Raras veces se nace siendo un buen negociador, pero es posible convertirse en uno

La negociación es una habilidad aprendida. La negociación no es un conocimiento innato ni una teoría que pueda ser memorizada. Es una combinación de métodos ilustrados de varias disciplinas académicas (sociología de las organizaciones, historia, ciencias políticas, filosofía, estrategia, teoría de juegos, ciencias de la administración y psicología) y es evaluada por la realidad. El aprendizaje de la negociación requiere dos fuentes principales: la experiencia práctica y el conocimiento de los métodos de negociación comprobados, adquiridos a través de la lectura, la comprensión y la capacitación.

Sobre estos puntos, permítanos compartir a lo largo de este libro nuestra experiencia como investigadores, capacitadores y negociadores. Con nuestro equipo o de manera individual, hemos capacitado a miles de líderes empresariales, políticos y organizacionales, actuales o futuros, provenientes de diversas instituciones y de empresas privadas y públicas, en los cinco continentes y en más de noventa países. Cada uno de nuestros seminarios de capacitación nos permite compartir las experiencias de negociación con los asistentes, confrontar diferentes enfoques e identificar las teorías más relevantes. Las ideas y los métodos presentados en este libro están comprobados y resultaron útiles para la mayoría de los participantes. Si bien nos basamos en nuestra propia investigación y experiencia, y en un amplio entendimiento de los trabajos modernos sobre negociación, nuestro método también se inspira en las teorías y prácticas europeas clásicas, desde la Antigüedad hasta nuestros días, que entienden la negociación como una forma de vida.

Por lo tanto, este método ha sido escrito para todos, independientemente de sus antecedentes, ya que la negociación concierne a cada uno de nosotros. No separa por tipos particulares de negociación (social, legal, comercial, diplomática, etc.) sino que presenta la *negociación en general*. De un tipo de negociación a otro, los aspectos en común superan en gran medida los detalles. Tanto si se trata de una negociación comercial entre dos compañías, de una negociación entre las autoridades y los residentes locales para la construcción de una nueva carretera, como de una disputa de divorcio entre marido y mujer, la cuadrícula de preparación sigue siendo la misma (Capítulo 2), la tensión entre ampliar y dividir el pastel está presente (Capítulo 4), y los problemas de comunicación que surgen son similares (Capítulo 5).

Por muy general que parezca nuestro enfoque, es *operativo*. Nuestra obra propone soluciones concretas a los problemas y presenta numerosos ejemplos que ilustran sus conceptos. Pero, aunque el enfoque es operativo, también plantea cuestiones complejas como nuestra relación con el otro o nuestro comportamiento respecto del riesgo y el tiempo. Estos temas no se pueden generalizar. Depende de nuestro lector adaptar el enfoque al contexto, el estilo y los desafíos de cada negociación en particular. Este libro no es una teoría de la negociación, sino una serie de conceptos y herramientas que surgen de teorías relevantes para ayudarlo a *construir su propio método de negociación personal.*

UN *COMPAÑERO* PARA IDENTIFICAR QUÉ MOVIMIENTO HACER "ANTES" Y "DESPUÉS" EN LA NEGOCIACIÓN

En la negociación, es importante poder distinguir el "antes" y el "después". Dicho de otra manera, lo que es "esencial" no debe olvidarse y debe hacerse primero, antes de lo que es "evidente", y que con frecuencia solo se hace por instinto. Tener en cuenta esta distinción es la clave del éxito del negociador.

El Capítulo 1 explica por qué es esencial cuestionar antes de negociar. Descubre diez trampas de los comportamientos instintivos con vistas a enfatizar la importancia de suspender el juicio *previo* o las ideas preconcebidas. El resto del libro propone soluciones a estas trampas.

En el Capítulo 2 mostramos que es esencial prepararse antes de reunirse. Negociar es anticipar primero y actuar después. Una negociación no preparada es una invitación al fracaso. Examinamos cómo organizar una preparación efectiva centrándonos en tres preguntas clave: *¿Quién* está negociando? La dimensión de las personas. *¿Sobre qué* están negociando? La dimensión del problema. *¿Cómo* deberían negociarlo? La dimensión del proceso. Los lectores aprenderán los diez elementos clave en la planificación de la negociación y conocerán una serie de conceptos que se desarrollan a lo largo del libro.

El corazón de nuestro método se trata en el **Capítulo 3**, que detalla **lo esencial antes de lo evidente en la secuencia**

de negociación. Lo que es *evidente* es tratar la cuestión, presentar los intereses de uno, adelantar soluciones ventajosas, reclamar una gran parte del pastel y concluir un acuerdo. Pero antes de gestionar los "objetos" evidentes de las negociaciones, es *esencial* poner a las personas primero, es decir, cultivar la relación y también organizar el proceso. La secuenciación cuidadosa de estas tres dimensiones (personas, proceso y luego problemas) es la clave del éxito en todas las negociaciones. Lo que también es esencial es escuchar bien para comprender los intereses del otro antes de promover los propios, prever varias soluciones antes de elegir la correcta y solo concluir un acuerdo después de haber verificado que se encuentra dentro del mandato definido.

Otro reflejo instintivo en la negociación consiste en tomar la mayor cantidad posible de pastel, dejando solo migas para el otro. Pero antes de cortar el pastel, **es esencial trabajar juntos para hacerlo lo más grande posible**. Explicamos esto en **el Capítulo 4** a través del intercambio de información mutua y de las respuestas efectivas al regateo duro.

Para comenzar una negociación con una comunicación clara y eficiente, también es esencial que el negociador domine dos habilidades, en el siguiente orden: **escuchar antes de hablar**. Este es el tema del **Capítulo 5**. El discurso fascina al negociador, ya que en él reside el poder de la persuasión. Pero, sin tener evidencia de haber comprendido al otro, ¿cómo puede alguien asegurarse de ser convincente? Todos escuchamos y hablamos, pero ¿sabemos cómo escuchar y hablar bien?

Si bien una cierta inteligencia racional es necesaria para crear valor antes de distribuirlo, debe ir acompañada de una **inteligencia relacional para dominar las negociaciones difíciles**. Aquí es esencial manejar y apaciguar las emociones en forma adecuada antes de tratar el problema en cuestión. El **Capítulo 6** examina los comportamientos difíciles que comúnmente se consideran agresivos en las situaciones de negociación, y propone algunas respuestas constructivas para enfrentarlos.

El Capítulo 7 ilustra tres contextos en los que las negociaciones pueden volverse aún más complejas: negociaciones que incluyen a agentes que negocian en nombre de otros, negociaciones multipartitas y negociaciones multiculturales. Aquí, más que nunca, es esencial afinar el método personal antes de emprender cualquier acción. La multiplicación de las partes involucradas y la dimensión multicultural evocan conductas instintivas como parte de un reflejo natural de supervivencia. Por lo tanto, es esencial protegerse contra posibles trampas "como se ilustra en el Capítulo 1", prepararse mejor, anticipar e implementar una secuencia de negociación efectiva y resolver continuamente las dificultades asociadas con la comunicación y la relación.

Lógicamente, la parte final del libro, **el Capítulo 8**, trata del último paso de una negociación: **formalizar el acuerdo antes de finalizar las conversaciones**. Este último paso depende de todos los anteriores contenidos en los capítulos 1 a 7. Con demasiada frecuencia, un ambiente tranquilo y la voluntad de pasar a otras cosas nos llevan a un cierre prematuro sin estar atentos a los últimos detalles. En su lugar, es esencial verificar meticulosamente todos los puntos acordados, diseñar un plan de acción que indique con claridad las responsabilidades de cada parte, y enumerar los derechos y obligaciones de todos los involucrados; incluso, asegurarse de que el acuerdo se encuentre dentro de los mandatos de ambas partes.

¡Disfrute leyendo, y ojalá disfrute negociando!

CUESTIONAR
ANTES DE NEGOCIAR

Cómo ir más allá de una práctica instintiva

Va en contra del buen sentido conducir un auto sin haber tomado clases de manejo; o cocinar un plato sofisticado sin haber consultado un libro de cocina; o embarcarse en un viaje a un lugar lejano sin consultar una guía o a alguien que haya viajado a ese lugar. Sin embargo, la mayoría de las personas negocian sin haber tomado clases de negociación, haber leído un libro sobre el tema o consultado con un experto. Vivimos en un mundo donde los conflictos son recurrentes, pero esperamos resolverlos sin tener una mínima idea de cómo surgen o de cómo reducirlos.

La negociación es una práctica instintiva de primer orden. El individuo trata de negociar *ad libitum*, de acuerdo con lo que él o ella considera que es lo mejor y, por lo general, la manera apropiada de hacerlo. La negociación es una actividad social en la cual el instinto ejerce gran influencia, habitualmente con resultados desastrosos. Años de observación ayudan a identificar, entre estas prácticas instintivas, a aquellas más perjudiciales. Sin ser exhaustivos, enumeramos algunas que terminan con consecuencias desafortunadas.

Dictadas por el hábito, estas prácticas son la raíz de las tensiones en las relaciones interpersonales, de los aumentos en los costos de la transacción, de la inhabilidad en progresar, la pérdida de dinamismo en el proceso de negociación, recursos desperdiciados, fracasos de proyectos, riesgo de empañar la reputación de los negociadores y obstaculizar transacciones futuras, recrudecimientos del conflicto; y también, de acuerdos que son difíciles de ratificar y mucho más difíciles de aplicar, y que, generalmente, terminan convirtiéndose en una pérdida de tiempo. La lista podría continuar. Es importante reconocer que una práctica puramente instintiva en la negociación nos expone a sufrir estas repercusiones negativas. Cada individuo debe examinar sus prácticas instintivas, cuestionarlas y modificarlas, si es necesario.

Esta es la razón por la cual el prerrequisito crítico para negociar es cuestionar. La autoconciencia, con reflexiones y dudas sobre nuestras prácticas, permite una mejor evaluación de nuestras habilidades, una cierta distancia del tema, así como una mayor posibilidad de evolucionar. Tal como Descartes escribió en el *Discurso del método,* dudar, es decir, cuestionar, es esencial, "para erradicar de la mente todos los errores que podrían haberse deslizado anteriormente"[1] y sentar bases sólidas. Aquí encontramos el punto de partida para construir un método de negociación personal.

Esta duda constructiva será examinada en este capítulo. Para ayudarnos a identificar al negociador instintivo que llevamos dentro, presentamos diez prácticas intuitivas que son trampas para los ingenuos. El objetivo de discutirlas es

---

1 Descartes, René, *Discours de la méthode pour bien conduite sa raison, et chercher la vérité dans les sciences,* reedición. Vrin, Paris, 1637, p. 84.

proporcionar un esquema de alternativas de negociación apropiadas. Tenga en cuenta que las trampas y los comportamientos alternativos son presentados como ilustraciones aquí. Los comportamientos alternativos se detallan en los capítulos que siguen.

Trampa instintiva #1: Ausencia de un ciclo de aprendizaje

Esta es la primera de las trampas instintivas e impacta sobre todas las demás. La actitud de "dar vuelta la página" es muy común para los no iniciados en la negociación. Pasamos apresuradamente de la negociación del día anterior a otra nueva sin establecer relación alguna. A menudo, esto ocurre cuando la negociación ha sido pobre o el resultado improductivo. Después de todo, es algo muy humano: nadie disfruta de reflexionar sobre el fracaso. Sin embargo, el mismo comportamiento se observa en negociaciones con resultados positivos y coronadas por el éxito, siendo común pensar: "¿De qué sirve reflexionar sobre lo sucedido, si todo transcurrió bien?". Esta actitud surge de una falsa suposición, según la cual el dominio de la negociación puede lograrse únicamente a través de la experiencia continua. Ciertamente, en el camino hacia el progreso, la experiencia es invaluable. Sin embargo, existe una condición: la experiencia debe someterse a un análisis retrospectivo para que tenga valor. De lo contrario, corremos el riesgo de olvidar la clave del éxito, tendiendo a repetir errores. En última instancia podemos actuar de la misma manera todas las veces, es decir, igual de mal, como el músico que tropieza con la misma nota equivocada cada vez que toca una determinada pieza.

Los mejores atletas lo han entendido bien. Después de cada actuación, ven, critican y revisan en cámara lenta los videos del evento. Incluso, algunas veces graban los entrenamientos para analizar su técnica y sus tácticas antes del gran día. Esto los ayuda a obtener dos tipos de información. Primero, identifican sus puntos fuertes, en los cuales se basarán en la próxima competencia. Segundo, identifican sus puntos débiles, en donde hay oportunidad de mejorar, y estos serán prioridad en el entrenamiento. El mismo concepto de analizar la experiencia es utilizado por pilotos de combate que "analizan" su última misión mientras planean la próxima, para mejorar cada vez más su rendimiento. El negociador debe estar inspirado por esos excelentes hábitos.

Aprender lecciones de una experiencia de negociación es solo un paso en todo el proceso. Después de cada negociación y con el fin de mejorar la siguiente, ¿por qué no tomarse un tiempo para reflexionar sobre estas preguntas?

- ¿Qué he aprendido sobre *negociación* en general?
- ¿Qué he aprendido sobre *mí mismo* como negociador?
- ¿Qué debo seguir haciendo y por qué? (Alternativamente: ¿cuáles son mis puntos fuertes? ¿En cuáles debo enfatizar?).
- ¿Qué debo hacer diferente? ¿Por qué y cómo? (Alternativamente: ¿cuáles son mis puntos débiles y dónde hay campo para mejorar?).
- ¿Cuáles son mis *objetivos personales* para mejorar en la próxima negociación?

Sería útil que grabara sus respuestas a estas preguntas en un archivo y las actualizara después de cada negociación, como el registro de un barco. Así estará mejor equipado para prepararse para la próxima negociación, en la cual tendrá tiempo para reflexionar, y así sucesivamente. Podrá poner sus negociaciones exitosas en perspectiva y las lecciones que haya aprendido le servirán en las próximas negociaciones. Aquí hay algunos ejemplos acerca de lo que puede hacer para enriquecer este *virtuoso ciclo de aprendizaje.*

- Observar cuidadosamente negociaciones reales a las cuales tienes acceso. Puede beneficiarse mucho estudiando la conducta de otros. Mantenga un pensamiento analítico, examine la situación como un crítico positivo, que reconoce prácticas ejemplares, y como un crítico negativo, que elimina las insatisfactorias.
- Analice minuciosamente las negociaciones que encuentre en los medios, incluyendo negociaciones reales o en películas y series.
- Lea libros y artículos dedicados a la negociación, con el propósito de definir y refinar su propio método.
- Aborde situaciones profesionales y personales desde el ángulo de la negociación, con el fin de conocer mejor las herramientas presentadas en este libro.

Un constante intercambio entre la experiencia y el análisis le permite al negociador establecer un enfoque personal, deshacerse de reflejos improductivos y adoptar otros métodos más efectivos.

Trampa instintiva #2: Posicionalismo

El *posicionalismo* se puede resumir en: "acepta mi posición", o "hay una sola solución: la mía", o "esto no es negociable". La negociación instintiva campa en su propia posición el mayor tiempo posible, con la esperanza de que la contraparte se agote y ceda. El resultado final es muy raramente el que se esperó. Por lo general, se trata de uno de los siguientes o de la combinación de algunos de estos:

- Las dos partes experimentan el incremento de los costos, hasta el punto de estancar la negociación.
- Ambas partes incrementan el uso de recursos para defender su posición, en detrimento de otros proyectos.

- La relación entre las partes se deteriora.
- La otra parte deja la mesa de negociación.
- Una de las partes concede y evita el trato futuro con la otra; una de las partes cede, perdiendo prestigio, y está determinada a hacer que el otro pague por ello a largo plazo.

En el mejor de los casos, el *posicionalismo* se transforma en una negociación difícil donde cada parte adopta una posición extrema como punto de partida, la mantiene el mayor tiempo posible, se niega a ceder y solo retrocede en pequeños pasos, limitando al máximo cada movimiento, como si representara una amenaza a su reputación. La eficacia de este enfoque es prácticamente nula.

La trampa del *posicionalismo* puede evitarse negociando sobre intereses[2] o, mejor aún, las motivaciones subyacentes del negociador. El Capítulo 2 trata esta idea con mayor detalle. Permítanos ilustrar la diferencia entre *posicionalismo* y negociación basada en motivaciones a través de la siguiente historia.

> **El arbusto de Madagascar.** Un día el gobierno de Madagascar recibió la visita del representante de una multinacional farmacéutica suiza. El enviado explicó que su compañía se preparaba para iniciar la producción industrial de una nueva medicina, hecha de un raro arbusto que solo crecía en Madagascar. La compañía suiza propuso invertir y generar empleo con la condición de recibir los derechos exclusivos de la tierra donde crecían dichos arbustos. Para el gobierno de Madagascar, esta parecía una gran oportunidad ya que anteriormente los arbustos no servían para nada. Iniciadas las charlas, una multinacional de cosméticos estadounidense solicitó reunirse con el gobierno malgache para discutir

---

2   Fisher, Roger y Ury, William, *Getting to Yes: Negotiating Agreement Without Giving In*. Bruce Patton (ed.). Penguin, London, 1981, 1991, pp. 41-57.

sobre los mismos arbustos... La compañía estadounidense hizo una oferta similar con la misma condición: el 100% de los derechos sobre dicha tierra. Enfrentados al dilema de la exclusividad de la tierra, el gobierno de Madagascar propuso que ambos representantes se reunieran para negociar una solución. Pero con un espíritu ferviente de *posicionalismo*, las dos compañías insistían en el dominio total sobre la tierra. Para solucionar el problema, ambas partes tuvieron la idea de crear un sistema de subastas. En este punto, la negociación cayó en un bloqueo. Fue entonces que las posiciones les dieron paso a las *motivaciones*. Cuando la cuestión del uso específico de los arbustos apareció, descubrieron que la producción de medicinas y cosméticos requiere moléculas activas, pero estas son diferentes para cada uno de los productos. Las posiciones de ambas partes chocaron ("queremos todos los arbustos"), pero la verdadera motivación en el asunto era el uso particular de las sustancias, las cuales, afortunadamente, se encontraban en distintas partes del arbusto. El reflejo posicional de los empresarios generó un obstáculo para identificar las verdaderas motivaciones: obtener las sustancias. Por el contrario, una conciencia más aguda de las motivaciones les permitió a ambas compañías buscar la solución para lanzar sus respectivos productos, y los malgaches recibieron el doble de lo que les habían propuesto inicialmente.

Trampa instintiva #3: El enfoque competitivo

El enfoque competitivo se combina a menudo con el *posicionalismo*. "Mi posición debe prevalecer y, para que así sea, debo dominar al otro". En este escenario es evidente que hay una desconfianza *a priori* hacia el otro. De hecho, este enfoque considera todas las transacciones como un juego de suma cero. Inspirado en el pensamiento militar, el enfoque competitivo ve todas las negociaciones como conflictos donde hay un ganador y un perdedor. El "otro" es el enemigo y debe hacerse todo para ganar, porque "negocios son negocios" y todas las tácticas son justificables. ¡Cualquier forma de negociación es denunciada como debilidad o, peor aún, traición!

Si bien nuestra descripción parece exagerada, es importante resaltar que muchos negociadores instintivos favorecen este enfoque. Lejos de promover un camino de asociación, esta concepción de negociación planta las semillas para un ambiente venenoso, de múltiples bloqueos, tensiones y conflictos. La creación de valor se reduce en forma drástica o, simplemente, se desvanece. Si se llega a firmar algún acuerdo, se da en circunstancias de presión, dejando en las partes un sentimiento de haber entregado más de lo necesario y con el deseo de recuperarlo en la próxima ocasión.

La trampa del enfoque competitivo se puede evitar privilegiando un enfoque que sea predominantemente cooperativo[3]. Los capítulos 3 a 6 ilustran este punto. Establecer confianza a partir de tener en cuenta las motivaciones del otro y no solo las nuestras, favorecer la escucha y no el habla, intercambiar información de manera balanceada, comprometerse a largo plazo y mantenerse bajo control, es la clave para un enfoque predominantemente cooperativo.

¿Por qué nuestro enfoque es "predominantemente cooperativo" en lugar de solo "cooperativo"? Si la negociación se concibe instintivamente a través de una perspectiva competitiva del tipo "hay un ganador y un perdedor", la negociación también ha experimentado una revolución de Terciopelo, pacífica, por parte de nuestros colegas de Harvard, Fisher y Ury, quienes abogaron por un "enfoque cooperativo". Fisher y Ury fomentaron una transformación de la batalla de las voluntades en un enfoque más equilibrado, que busca una relación pacífica entre las partes, y recurre a la racionalidad. Métodos para llegar a soluciones basa-

---

3 Dupont, Chistophe, *La négociation – Conduite, théorie, applications.* Dalloz, Paris, 1994.

das en criterios objetivos. El resultado final es un acuerdo mutuamente satisfactorio, inmortalizado por la expresión "ganar-ganar".

Esta teoría, más comúnmente llamada "negociación basada en principios", marcó un punto de inflexión en la forma de concebir la negociación[4]. Pero, como toda teoría, tiene sus límites. En cualquier caso, la práctica nunca se presta fácilmente a la teoría. Por ello sería incorrecto etiquetar la negociación por principios como idealista, ya que muchas de las ideas que presenta son pertinentes y operativas, en especial aquellas relacionadas con la fase de preparación de una negociación. Tal vez sea simplemente demasiado optimista. Piense en la frustración y el desencanto del negociador por principios cuando se enfrenta a otros negociadores que no están tan "basados en principios".

Nuestro propio enfoque integra muchas de las ideas de Fisher y Ury, pero también reúne literatura más realista que intenta resolver algunas de las deficiencias de la teoría de "ganar-ganar". Por ejemplo, la cuestión de dividir el pastel se resuelve solo en parte en el enfoque de Fisher y Ury. A pesar de que uno pueda tener éxito en hacer el pastel más grande, aún necesita ser cortado. Es por esta razón que nuestro enfoque es "predominantemente cooperativo", ya que está lejos de negar las dificultades de dividir el pastel, prefiriendo reconocerlas y enfrentarlas. De hecho, debemos mantener todos los frutos de la teoría de "ganar-ganar" y, al mismo tiempo, aceptar que el resultado final no siempre lleve a una igualdad simétrica *de facto* en la ganancia, una satisfacción absoluta de las motivaciones de todos y una ausencia completa de tensión.

---

4   Mnookin, Robert; Peppet, Scott y Tulumello, Andrew, *Beyond Winning. Negotiating to Create Value in Deals and Disputes.* Harvard University Press, Cambridge, 2000; Colson, Aurélien, "Quelques limites à la négociation gagnant-gagnant", *Personnel,* N° 438, mars-avril, 2003, pp. 50-53.

Trampa instintiva # 4: El enfoque concesivo

Si la revolución de Fisher y Ury sacudió las teorías y las prácticas, no fue solo desafiando los mitos en el sentido de que el mejor negociador es aquel que emplea un truco competitivo, sino también cuestionando los méritos de transigir o "dar y tomar". Si el enfoque de "ganar-perder", que a menudo se traduce en "perder-perder", no es deseable, el habitual "dar y tomar" también tiene sus defectos. El mayor es que se asume que cada parte debe hacer concesiones a la otra y reunirse en el medio para transigir y evitar un conflicto, lo que da como resultado la pérdida de oportunidades de creación de valor (Figura 1.1).

Figura 1.1. Negociación a través de un enfoque concesivo

La dificultad del enfoque concesivo puede evitarse centrándose en la resolución de problemas. Este último enfoque va más allá de una concepción simplista de la negociación en la que la ganancia solo puede adquirirse a expensas de la otra parte, y viceversa; y a la vez les permite a las partes optimizar su satisfacción a través de la creación de valor. No es ni conciliatorio o complaciente ("le doy todo al otro"), ni competitivo ("obtengo todo lo que quiero y la otra parte no obtiene nada"), ni concesivo ("doy algo, la otra parte da algo"), ni de evitar conflictos ("nadie recibió nada") (Figura 1.2).

Figura 1.2. Negociación según un enfoque de resolución de problemas

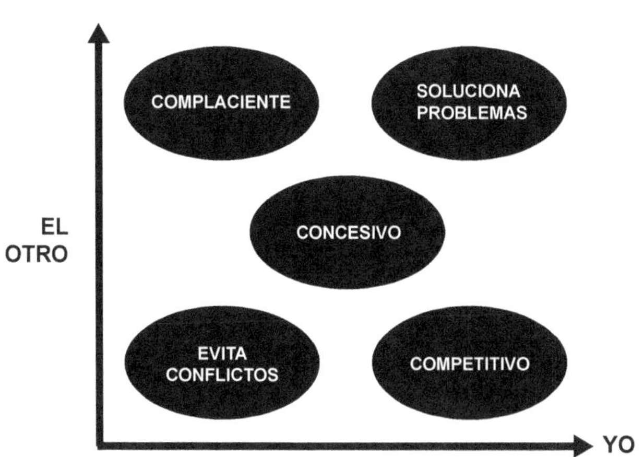

Los Acuerdos de Camp David. En 1978, Israel y Egipto se pusieron a negociar la paz y cada uno exigía la soberanía sobre el Sinaí: Israel por motivos de seguridad, Egipto por razones históricas. Cualquier compromiso involucraba trazar límites y esto tampoco era aceptable para ninguno. Al final, se acordó un plan que permitiría a Egipto tener la soberanía completa del Sinaí siempre que Egipto designara e implementara amplias zonas desmilitarizadas que garantizarían la seguridad israelí.

Es importante reconocer la dificultad de alcanzar el punto óptimo, en la parte noreste del gráfico. Tal éxito requiere de una combinación de buenas técnicas de negociación, circunstancias favorables y una contraparte dispuesta. Sin embargo, es posible avanzar hacia allí, hacia el noreste, y alejarse de un compromiso basado en concesiones. Se necesita una buena comprensión de las motivaciones de todas las partes y la creación de valor a través de opciones imaginativas. Para ilustrar este enfoque, aquí hay un ejemplo que se toma prestado de una negociación basada en principios[5].

---

5   Fisher, Roger y Ury, William, *op. cit.*, pp. 41-42.

El reconocimiento pleno de la soberanía de una nación y de la seguridad de la otra hace la diferencia. En la negociación, este ejemplo muestra la necesidad de resistir soluciones a medio camino. El enfoque concesivo a menudo resulta en situaciones menos satisfactorias, como una comida en la que el cóctel de champaña y el café de postre se sirven a temperatura ambiente. Los Acuerdos de Camp David superaron tanto el *posicionalismo* como el enfoque concesivo. Si bien la negociación sobre posiciones (mantener el Sinaí o recuperarlo) o sobre concesiones fracasó, la negociación que tomó en serio las motivaciones subyacentes (soberanía y seguridad) tuvo éxito.

Trampa instintiva # 5: Mezclar personas y problemas

Cada negociación requiere al menos dos personas que formarán o profundizarán una relación para discutir un problema, una serie de temas importantes. Espontáneamente, muchos negociadores mezclan la sustancia y la relación. Esto puede causar confusión ya que las preguntas sobre el contenido y sobre las personas se confunden:

- Por un lado, un negociador puede verse tentado de hacer grandes concesiones de sustancia por el bien de la relación. Tomemos el ejemplo de una consultora sénior que quiere mantener buenas relaciones con sus colegas al atribuir misiones sin basarse en criterios objetivos (correlación entre la misión y las habilidades de la consultora, la carga de trabajo, el interés en promover una economía de escala entre las misiones atribuidas, etc.), sino más bien basándose en las opiniones y deseos de los colegas. Particularmente, el modo en que se aviene a esto la coloca a merced del posible chantaje "por el bien de la relación": "Haz esto por mí; nos conocemos desde hace mucho tiempo" o "Escucha, somos amigos; no me digas que no puedes hacer esto por mí".

- Por otro lado, *uno puede sacrificar la relación por la sustancia*. El negociador instintivo, ansioso por obtener concesiones en los asuntos en cuestión, puede querer presionar al otro y, por lo tanto, perjudica gravemente la relación. "No importan los baches en el camino; solo me importa conseguir un trato": esta suposición no solo es inexacta, sino que es un buen ejemplo del siguiente escollo, que consiste en enfocarse en el corto plazo.

A veces, la unión de estos dos tipos de actitudes lleva a una táctica de negociación contraproducente y generalizada: una mano de terciopelo en un guante de hierro. El negociador instintivo es voluntariamente agresivo y duro con la otra parte, ya que cree que esta es la manera de ganar en la sustancia. Inevitablemente, sin embargo, se le informará de los efectos desastrosos de tal actitud y, en un intento de hacer las paces, se volverá suave con el problema.

Cuando la negociación trata de solucionar un conflicto, la confusión entre sustancia y relación es aún más pronunciada. El negociador instintivo se olvida de resolver el problema con la persona que tiene enfrente y, en cambio, la ataca, confundiéndola con el problema. El Capítulo 6 presenta una serie de enfoques sobre cómo manejar las tensiones emocionales en este tipo de situación.

La dificultad de confundir la sustancia con la relación puede evitarse privilegiando un enfoque suave con las personas y duro con el problema[6]. Se trata de poner una mano de hierro en un guante de terciopelo.

---

6 *Idem.*

Trampa instintiva # 6: Preferencia por el corto plazo

Esta trampa trata del negociador instintivo que se enfoca solo en el corto plazo, en detrimento del largo plazo. El negociador debería tener en mente el futuro y suponer que dos personas podrían volver a encontrarse en nuestro pequeño planeta. Examinemos la siguiente historia verdadera.

El apartamento del diplomático. Un joven diplomático canadiense es enviado a París para su primera misión. Alquila un apartamento propiedad de un diplomático francés que acaba de ser enviado a una misión en el extranjero, y le paga dos meses de renta de depósito. Después de tres años, el joven diplomático debe regresar a Canadá. Basándose en el hecho de que ha cuidado muy bien del apartamento, duda en pagar los últimos dos meses de alquiler. Después de todo, ya le ha pagado al propietario la cantidad equivalente como depósito de seguridad y necesita el dinero para efectuar un nuevo depósito en un apartamento en Canadá. Los dueños de propiedades, en general, no aprecian tal acción. Al final, decide seguir las reglas al pie de la letra y paga los dos últimos meses de alquiler. Por supuesto, pasarán cuatro meses antes de que su depósito de seguridad sea devuelto. Veinticinco años después, nuestro diplomático es nombrado Embajador de Canadá en Israel. Al llegar a Tel Aviv, hace las rondas para reunirse con sus compañeros embajadores. Cuando llega a la embajada francesa, el embajador francés le parece vagamente familiar. De hecho, el embajador francés es el antiguo propietario del apartamento que alquiló en París...

El peligro de centrarse en el corto plazo se puede evitar suponiendo que la negociación podría continuar indefinidamente. Es esencial tener en cuenta que el intercambio nunca termina, incluso si parece que no hay riesgos a la vista en un futuro próximo. En realidad, es muy probable que se encuentre nuevamente con el mismo negociador o, al menos, con alguien que lo conozca. Esta posibilidad es suficiente para recomendar prudencia y no poner en riesgo la propia reputación a través de un comportamiento competitivo o injusto. "Recuerda el futuro", nos dice el poeta francés Louis Aragon. "El problema con el futuro es que estamos condenados a vivirlo", afirma Woody Allen. Callières, el experimentado diplomático del rey francés Luis XIV y uno de los primeros grandes pensadores de la negociación, escribe:

> "[...] un negociador debe recordar que tendrá más de un asunto con el que lidiar en su vida. Por lo tanto, es de su interés establecer una buena reputación, y debe tratarla como un bien tangible, ya que la reputación será la clave para facilitar los éxitos futuros".[7]

Trampa instintiva # 7: La "solución única"

Incluso si uno resulta capaz de evitar todos los escollos anteriores, con frecuencia está convencido de que "solo hay una solución posible" para el problema en cuestión, y esa es, invariablemente, la "mía". Sin embargo, puede haber muchas otras si elegimos un enfoque que nos permita descubrir una variedad de soluciones y que considere las dificultades más como oportunidades que como obstáculos. El mejor método para hacerlo es imaginando tantas soluciones como sea posible, a través de una tormenta de ideas. Paradójicamente, cuantas más se encuentren, más fácil será identificar la mejor.

La dificultad de la "solución única" se puede evitar estableciendo la regla de la tormenta de ideas para inventar tantas soluciones como sea posible. Durante una negociación, mientras evitamos el posicionamiento y nos centramos en las motivaciones, debemos mantener una actitud

---

7 Callières, François de, *De la Manière de négocier avec les souverains*. Alain Lempereur (ed.). Droz, Geneva, 2002, p. 86.

flexible respecto de las formas de satisfacerlas. Lo peor que puede hacer un negociador es estar encerrado en sus propias certezas y convencerse de que la única buena solución es la que pensó él o ella, o la primera que se puso sobre la mesa. Recuerde que el objetivo del negociador no es alcanzar cualquier acuerdo: es identificar el mejor acuerdo entre todas las soluciones posibles.

Trampa instintiva # 8: Soluciones arbitrarias

Un compañero común de la trampa anterior, y otro reflejo del negociador instintivo, es estar convencido de que tiene razón y de que no hay necesidad de proporcionar argumentos para probarlo. Esto es aún más pernicioso cuando se tiene más poder que el otro. Por ejemplo, si él es el jefe, puede sentirse tentado de imponer su voluntad para obtener una decisión rápida. Pero, al hacerlo, se arriesga a abusar de su poder y ser acusado de arbitrariedad. El hecho de que ejerza más poder no significa que no deba ser responsable de sus acciones; más bien, es justo lo contrario. Cuanto más poder tiene, más responsable debe ser de la racionalidad y legitimidad de sus acciones.

A veces, incluso cuando los niveles de poder están equilibrados, el negociador instintivo evita las explicaciones sobre la racionalidad y la legitimidad de sus acciones, ya que asume inconscientemente que el otro está consciente de ellas. Esta es una percepción inexacta de la realidad. Todos interpretan el mundo según su propia perspectiva particular; por eso calcula mal al pensar que alguien ve las cosas tal como él o ella lo hace. Cuanto más actúa basándose en esta presunción de una visión compartida, más configura el fracaso.

El sentimiento de arbitrariedad puede evitarse justificando las soluciones antes de proponerlas. Es esencial tener claros los principios y argumentos que subyacen tras las soluciones antes de articularlas. Dar *a priori* criterios de justificación que sirvan para anclar una propuesta de solución es mucho más efectivo que tener que dar explicaciones *a posteriori*. Y al proponerle una solución sin explicación previa lleva a que la rechace y a que se niegue a considerar cualquier explicación después. Cuanto más claros sean los negociadores acerca de las razones y los criterios de sus argumentos, más se centrará la discusión en los principios y no dará lugar a una batalla de voluntades.

Trampa instintiva # 9: Exceso de confianza

La experiencia muestra que un negociador a menudo se ve tentado de subestimar las habilidades y la racionalidad del otro, y de sobrevalorar las suyas. Spinoza subraya una tendencia subjetiva a decir que la solución es buena porque la queremos, en lugar de querer la buena solución. Proponemos nuestra propia buena voluntad y racionalidad, mientras le negamos lo mismo al otro. Este sesgo instintivo es un terreno fértil para la mala fe y, desafortunadamente, es común en la negociación.

Algunos ejemplos incluyen:

- Yo hago todos los esfuerzos, él no hace nada.
- Me gustaría estar de acuerdo, pero tengo las manos atadas. Él o ella, sin embargo, podría decir que sí, pero se niega a hacerlo.
- Tengo buenas intenciones. Las suyas están equivocadas.
- Si mi propuesta no es aceptada, es porque no la entiende. Si no acepto su propuesta, es porque es mala.
- Si estoy enojado, es porque él o ella ha ido demasiado lejos. Si él o ella se enoja, es porque no puede controlarse.

Este mecanismo basado en percepciones asimétricas conduce a una disonancia poco saludable al interpretar los comportamientos en la negociación. La misma actitud se percibe de manera radicalmente opuesta dependiendo de quién la adopte, como lo ilustra la Tabla 1.1.

"*L'enfer c'est les autres*" (El infierno son los otros), como resumió Sartre. Por costumbre, el negociador o la negociadora que está convencido de sus buenas intenciones asume, naturalmente, que al negociar con los demás "debería esperar lo peor" de la otra parte. Aquí la negociación es similar a conducir un automóvil: en un accidente, es demasiado fácil acusar al otro, mientras se encuentran buenas razones para disculparse. Esto es lo que Keith Allred[8] describió como la combinación habitual del *sesgo acusatorio* y del *sesgo disculpatorio*.

Esta perspectiva desequilibrada empuja la negociación contra una pared. En tal situación, el negociador instintivo se ve obligado a asumir una conducta competitiva y engañosa basada en las siguientes suposiciones no cuestionadas:

- "La otra parte no será consciente de mi engaño".
- "Incluso si ella es consciente, no se opondrá a mí".
- "En cualquier caso, ella no tomará represalias".
- "Al final, ella lo olvidará".

---

8   Allred, Keith G., "Relationship Dynamics in Disputes: Replacing Contention with Cooperation". En *The Handbook of Dispute Resolution*, de Michael L. Moffitt y Robert C. Bordone (eds.). Jossey-Bass, San Francisco, 2005, pp. 83-98.

**Tabla 1.1 Exceso de confianza de sí mismo
e infravaloración del otro**

Exceso de confianza de sí mismo	*Infravaloración del otro*
1. Yo soy firme. *Es necesario protegerme de las prácticas del otro.*	Él es obstinado. *Él siempre exagera sus exigencias.*
2. Soy sutil. *Yo tengo la capacidad de ser preciso.*	Él hila demasiado fino. *Él complica las cosas solo para molestarme.*
3. Yo tengo buena intuición. *Puedo confiar en mis sentimientos más íntimos.*	Él es completamente inconsciente. *Él comete muchos errores por instinto.*
4. Yo soy claro y abierto. *Yo divulgo información abiertamente.*	Él oculta información. *Él mantiene en secreto información importante.*
5. Yo soy justo. *Vivo por la equidad, nada más.*	Él quiere más de lo que le corresponde. *Él se niega a hacer un acuerdo.*
6. Me siento nebuloso e incómodo. *Creo que él me está engañando.*	Él es un quejoso. *Siempre se está quejando.*
7. Yo soy cuidadoso. *Quiero asegurarme de que alcanzaremos un buen acuerdo.*	Él es demasiado procesal. *Él se niega a un acuerdo justo.*
8. Soy inteligente. *Uso y anticipo tácticas.*	Él es un manipulador. *Él siempre trata de embaucarme.*
9. Yo soy conciliador. *Muestro mi flexibilidad.*	Él es un hipócrita. *Él propone falsas concesiones.*
10. Yo soy pragmático. *Si hubiera cambios, me adaptaría a las nuevas situaciones.*	Él no es confiable. *Él siempre se retracta de lo que dice.*

El problema es que raramente el otro negociador es tan estúpido como pensamos. Como nosotros, nadie acepta ser manipulado.

La dificultad del exceso de confianza en uno mismo y la subvaloración del otro puede evitarse desarrollando un reflejo de autocuestionamiento, otorgando al otro el beneficio de la duda y, finalmente, afinando las propias habilidades para escuchar y hablar. El Capítulo 5 explica cómo superar estas percepciones asimétricas. El Capítulo 6 ofrece varias herramientas sobre cómo manejar las tensiones emocionales que subyacen tras este tipo de comportamientos destructivos.

Trampa instintiva # 10: *Negomanía*

La frase "todo es negociable", que propone la negociación como la única herramienta viable para tomar decisiones, revela una deficiencia frecuente del negociador instintivo. Es esencial determinar qué es negociable y qué no lo es. La *negomanía* es a menudo una cortina de humo para retrasar la implementación de decisiones difíciles. A veces es una excusa para que las partes involucradas se nieguen a aceptar sus responsabilidades y tomen medidas. El peligro de la *negomanía* se puede evitar examinando cuidadosamente una situación para verificar que la negociación es el mejor curso de acción. Aquí hay algunos ejemplos:

- No existe una ley o un precedente establecido que ayude a aclarar la acción apropiada a tomar. Por lo tanto, la negociación sería útil en esta situación. Sin embargo, uno no negocia los resultados de una elección democrática o la implementación de una ley ya promulgada.
- Las diferentes partes son interdependientes: una decisión unilateral no es ni recomendada ni posible y, por lo tanto, la negociación sería útil en este caso.
- No hay ninguna urgencia que excluya una solución negociada. Si hay un incendio forestal, los bomberos

deben actuar de inmediato. Aquí, casi no hay espacio para la negociación. Sin embargo, si el problema es la prevención de incendios forestales, las partes involucradas (bomberos, funcionarios electos, guardabosques, residentes locales, etc.) son la mejor vía para una solución.

- Por razones de eficiencia, los roles y las responsabilidades de las diferentes partes involucradas son favorables para un proceso de negociación. Sin embargo, parece obvio que ciertas decisiones de negocios las tomará el CEO sin una consulta exhaustiva con sus asociados. Esto garantiza la eficiencia, pero también la responsabilidad.

Hay un tiempo para la negociación (discusión sobre la estrategia, misiones, recursos, etc.) y un tiempo para la toma de decisiones y la implementación.

A estos diferentes criterios podemos agregar consideraciones éticas. Por ejemplo, durante la Segunda Guerra Mundial, Churchill y, más tarde, las Fuerzas Aliadas decidieron no negociar con Hitler. La guerra se declaró y continuó hasta la completa rendición del régimen nazi. Sin embargo, fuera de este caso extremo, es importante verificar los juicios de uno acerca de "nunca negociar con los secuestradores de rehenes", ya que pueden no ser defendibles.

De hecho, tenemos la responsabilidad de negociar con los secuestradores cuando hay vidas humanas en juego, aunque solo sea para ganar tiempo con el fin de preparar un asalto armado. No es de extrañar que algunas unidades de negociadores de crisis se hayan creado en muchas fuerzas policiales.

Finalmente, es importante tener en cuenta que la negociación es un modo de tomar decisiones, entre otros posibles. No es el único. Sería absurdo recurrir automáticamente a la negociación sin reflexionar. Terminamos este capítulo enfatizando el hecho de que uno debe cuestionar sus prácticas. Durante los siguientes capítulos, examinamos en detalle cómo evitar todos los inconvenientes mencionados y cómo construir un método de negociación eficiente.

CAPÍTULO 2

PREPARAR *ANTES* DE EJECUTAR

Cómo planificar procesos, problemas y personas

¿Por qué insistir en la preparación en la negociación? Debido a que la calidad de la preparación a menudo determina el grado de éxito (o fracaso) en la negociación, Roger Fisher define las tres claves del éxito en la negociación como "preparar, preparar, preparar". Nada es más cierto y cada experiencia siempre valida este lema.

Prepararse para aumentar la anticipación. Los negociadores prevén las preguntas para hacerle a la otra parte, así como las mejores respuestas para proporcionar. Ponen a prueba el mejor argumento: el más claro, el más legítimo y, por tanto, el más convincente. A esta anticipación de carácter táctico debe agregarse otra de orden logístico. De hecho, la negociación, normalmente una actividad de tiempo completo, dificulta la participación en otras actividades simultáneas, como aquellas que podrían ser útiles para la negociación en sí y que incluyen: investigación y análisis de información, trabajo sobre soluciones alternativas, consulta con un tercero.

Anticipar sin bloquear el proceso. La preparación no debe ir tan lejos como para empujar la negociación hacia el *posicionalismo.* Debe usarse para formular una hipótesis de trabajo en ausencia del otro negociador, y no para forjar una posición a fin de imponérsela. Se trata de darse a sí mismo los medios para adaptarse a las cambiantes realidades del terreno y evitar la sorpresa. Una buena preparación facilita el ajuste progresivo. Nunca le debe dar a un negociador una ilusión de certeza: hasta la mejor preparación requiere una interrogación permanente.

Prepararse, por supuesto. Pero, ¿cómo? Este capítulo propone un método de preparación que ha demostrado ser confiable. Está inspirado en el trabajo de Fisher y Ertel[9] y presenta las siguientes ventajas:

- Es útil, sean cuales sean el *contexto* y el *objeto* de la negociación en cuestión (compra y venta, la gestión de un conflicto social, etc.).
- Es justificable, sea cual sea la *complejidad* (desde una negociación entre dos personas con respecto a un solo tema hasta una negociación multipartita con varios temas en discusión).
- Produce resultados, sea cual sea el *tiempo disponible* para usarlo (desde una hora hasta varios meses, según la importancia de la negociación).
- Moviliza a *una sola persona o a más*: dos (como un agente y su directora que discuten el mandato de una negociación), o un grupo (una delegación), o incluso el otro negociador.
- Aumenta *la eficiencia* cuando el otro negociador emplea el mismo método y, como tal, facilita la negociación.

---

9   Fisher, Roger y Ertel, Danny, *Getting Ready to Negotiate.* Penguin, New York. 1995.

En resumen, este método de preparación cubre las tres dimensiones cruciales de cualquier negociación:

- *¿Quién* está negociando? Esta es la dimensión de la *gente*: porque para poder negociar, debe haber, al menos, dos sujetos. Las relaciones y las emociones juegan un papel importante aquí.
- *¿De qué* se trata la negociación? Esta es la dimensión del *problema*: el objeto mismo de la negociación, sus cuestiones y su contenido.
- *¿Cómo* se negocia? Esta es la dimensión del *proceso*: la organización concreta de las reuniones y la gestión de su progreso.

En estas tres dimensiones hay diez triunfos (Tabla 2.1) que se presentan en los siguientes párrafos.

Para ilustrar estos diez triunfos de preparación, utilizaremos a lo largo de este capítulo un caso centrado en una negociación entre dos compañías ficticias: ESN y CGA.[10]

Tabla 2.1. Los diez triunfos para la preparación

Las personas	1. Relación interpersonal
	2. Relación vertical: mandato
	3. Mapa de las partes interesadas
El problema	4. Motivaciones
	5. Soluciones en la mesa
	6. Criterios de justificación
	7. Soluciones por fuera de la mesa
El proceso	8. Organización
	9. Comunicación
	10. Logística

---

10 Simulación redactada con la colaboración de Julien Favre, a quien le estamos agradecidos.

> **Estudio de caso: el conflicto ESN-CGA.** La compañía de seguros CGA decidió, a fin de reducir los costos fijos, eliminar su Departamento de TI y externalizarlo, a través de un primer plan de reestructuración. Ante la protesta de los empleados y sindicatos, se adoptó un segundo plan: el director del Departamento de TI acordó crear su propia empresa de servicios de TI que incorporaría a la mayoría de los empleados actuales del Departamento de TI de CGA. Por su parte, la nueva empresa ESN se comprometió a ponerse a disposición de CGA, asegurando los equipos del Departamento de TI. Un volumen de ventas garantizó la supervivencia de ESN durante dos años. ESN avanzó confiando en los pedidos de CGA, sin buscar otros clientes. En el tercer año, fuera del marco del contrato inicial, CGA continuó usando los servicios de ESN, pero se quejó de los aranceles cobrados por ESN, que CGA encontró anormalmente altos. CGA ahora amenaza con interrumpir el contrato con ESN y ha comenzado a solicitar ofertas de los competidores. Por otro lado, ESN está teniendo problemas para mantener su salud financiera y, si CGA no continúa enviando pedidos, es posible que deba declararse en bancarrota. Sesenta y ocho puestos de trabajo están en peligro. Dentro de las dos empresas, el clima social es tenso. En solidaridad con los antiguos empleados del Departamento de TI, el sindicato mayoritario en CGA está presionando a la gerencia para que mantenga sus vínculos con ESN. Un representante de CGA y el director de ESN han decidido reunirse para negociar una salida de la crisis.

La dimensión de la "gente": los tres triunfos de la relación

Relaciones personales entre negociadores en la mesa

Para negociar y gestionar un acuerdo, debe haber, al menos, dos personas. La otra persona no puede ignorarme; no puedo ignorar a la otra persona. Ambos nos encontramos en una situación de interdependencia y no podemos resolver el problema sin nuestra cooperación. Para enmarcar esto en términos positivos: nos necesitamos unos a otros para resolver un problema *de manera conjunta*. Las habilidades interpersonales son esenciales para el buen progreso de la negociación.

Por esta razón, es necesario reflexionar sobre la naturaleza de la relación existente antes de que comience la negociación. *Resulta fundamental realizar una evaluación diagnóstica de la relación y buscar posibilidades de mejora para reforzar el "vínculo".* Aquí hay algunas preguntas a considerar:

- ¿Qué relación tenemos con el otro negociador en la víspera de la negociación? ¿Hay alguna? Si es así, en la historia de la relación, ¿cuáles fueron los momentos positivos que puedo recordar? ¿Cuáles fueron los momentos negativos que puedo recordar para evitar repetirlos y/o para aclararlos?
- Si no hay una relación preexistente (en el caso de los negociadores que no se conocen), ¿qué puedo saber sobre la otra persona? ¿Ella acerca de mí? ¿Cuál es mi percepción de la otra persona? ¿Qué percepción tiene ella de mí?
- ¿Cómo puedo mejorar la relación si ya existe o, en el caso contrario, cómo se puede asegurar que la relación incipiente despegue "con el pie derecho"?

De vuelta al caso de estudio de CGA-ESN. En este caso, ya existe una relación. Las dos personas en la mesa de negociación se conocen. Han tenido buenos momentos juntos en CGA. Pero esta buena relación ha sufrido en los últimos meses. La representante de CGA tiene la impresión de que las cartas que envió a ESN sobre lo excesivo de sus tarifas han pasado inadvertidas; ella sospecha que el director de ESN está aliado con el líder sindical en CGA. Por otro lado, el director de ESN ve la situación como una traición y una ruptura del pacto. Ambas partes deberán hacer un esfuerzo desde el comienzo de la reunión para dejar de lado ciertos malentendidos y tratar de construir la negociación sobre la base de su buena relación anterior.

El objetivo es establecer y, luego, mantener una *relación de trabajo*. No es imperativo "y suele ser difícil" que haya una relación de confianza, incluso de amistad, como condición previa para la negociación. A pesar de que la confianza facilita el trabajo del negociador, es posible continuar sin contar con ella usando los otros triunfos.

La relación vertical: la cuestión del mandato

En varios contextos, sobre todo en el profesional, el negociador no negocia por sí mismo, sino en nombre de otra persona. El negociador es a menudo el *agente* de un *principal*. Por ejemplo, un abogado (el agente) negocia en nombre de su cliente (el principal) la solución amistosa de un desacuerdo; un diplomático plenipotenciario, en nombre de su gobierno, un acuerdo bilateral; el CEO de una compañía, en nombre de su junta directiva, la compra de un competidor.

En todos los casos, de manera más o menos formal, el principal establece un mandato de negociación para el agente. Idealmente, el mandato es un agregado de todas las instrucciones que el agente debe respetar. Estas instrucciones tienen en cuenta *los objetivos* que deben alcanzarse y *los métodos* que se utilizarán. El mandato implica un compromiso con un objetivo y con un método. Los objetivos establecidos por el principal pueden encajar con las motivaciones subyacentes del agente negociador, pero no siempre es así. La tensión agente-principal[11] se examina en el Capítulo 7. Para la preparación que involucra una relación vertical, los negociadores deben tener en cuenta los mandatos respectivos que las partes podrían haber recibido de su jerarquía.

---

11 Mnookin, Robert; Peppet, Scott y Tulumello, Andrew, *op. cit.*, pp. 69-91.

> **De vuelta al caso de estudio de CGA-ESN.** El representante de CGA está negociando en nombre de su CEO. Este último ha establecido un mandato para evitar una demostración de fuerza y para dar cuenta de los procedimientos después de la reunión. Por otro lado, el director de ESN está negociando en su propio nombre, pero también en nombre de otros accionistas de ESN que, en su mayoría, pertenecen a la alta dirección de la empresa. Es ante ellos que debe justificar los resultados de la negociación.

El mapa de las partes interesadas

Cuando varios actores están presentes en la mesa de negociación, se habla de negociación multilateral. Este tipo de negociación se aborda en el Capítulo 7. Pero casi todas las negociaciones tienen lugar en un contexto donde, incluso si solo hay dos negociadores en la mesa, hay varios otros actores, algunos de los cuales pueden interferir en el proceso antes, durante o después aun sin su presencia física. Por esta razón, es útil identificar a todos estos actores y calificar las relaciones más o menos estables[12] entre ellos:

- *Relación deferente:* este tipo de relación jerárquica a menudo incluye una relación vertical, un mandato.
- *Relación influyente:* en los negocios, es común requerir información o un favor de alguien con quien no existe una relación jerárquica. En todos los casos, aquí, como la fuerza y la autoridad son inútiles, se necesitan medios de persuasión. Se trata del "arte de los modales elegantes", según la expresión de Callières[13].

---

12 Susskind, Lawrence y Field, Patrick, *Dealing with an Angry Public: A Mutual Gains Approach to Resolving Disputes.* The Free Press, New York, 1996.

13 Callières, François de, *op. cit.*

- *Relación antagónica:* es el caso de relaciones tensas con personas que están luchando entre sí. El riesgo es, entonces, "ser impedidos" por los otros, porque la relación no nos beneficia, y no somos capaces de ejercer una influencia positiva ni un poder jerárquico sobre las otras personas.
- Finalmente, puede existir ausencia de una relación, *una situación de falta de familiaridad mutua,* vulnerable a inclinar la balanza hacia uno de los escenarios anteriores.

De vuelta al caso de estudio de CGA-ESN. Solo hay dos personas en la mesa de negociación: los representantes respectivos de CGA y ESN. Pero las partes involucradas, aquellas que tienen un interés en la negociación y/o quienes pueden influir en la situación con el desarrollo de las discusiones, son mucho más numerosos (Figura 2.1). Dentro de CGA, varios gerentes operativos son responsables de la calidad de los servicios de TI; han transmitido mensajes al negociador. El sindicato mayoritario ha manifestado su oposición a la ruptura de las relaciones comerciales con ESN, en solidaridad con los antiguos empleados del Departamento de TI.

CGA tiene un interés en demostrar a AGA, otra compañía de seguros con la que está tratando de fusionarse, que puede tener éxito en la reducción de costos. CGA sabe que su imagen de marca se vería afectada si el público la considerara responsable de la liquidación de ESN.

Dentro de ESN, los empleados son amenazados por la quiebra y se movilizaron a sí mismos y a sus familias. Desde lejos, los competidores de ESN se encuentran emboscados y favorecen el incumplimiento de las relaciones de CGA con ESN.

Por último, todavía hay otros actores. Preocupadas por el desempleo, las autoridades quieren evitar un plan de cesantía o cualquier medida que viole la ley laboral. La prensa local está ansiosa por obtener información.

En conjunto, estos diferentes actores deben estar representados de manera esquemática, a través de un mapa de relaciones que debe dibujarse antes de cada negociación importante.

Figura 2.1. Mapa de partes interesadas

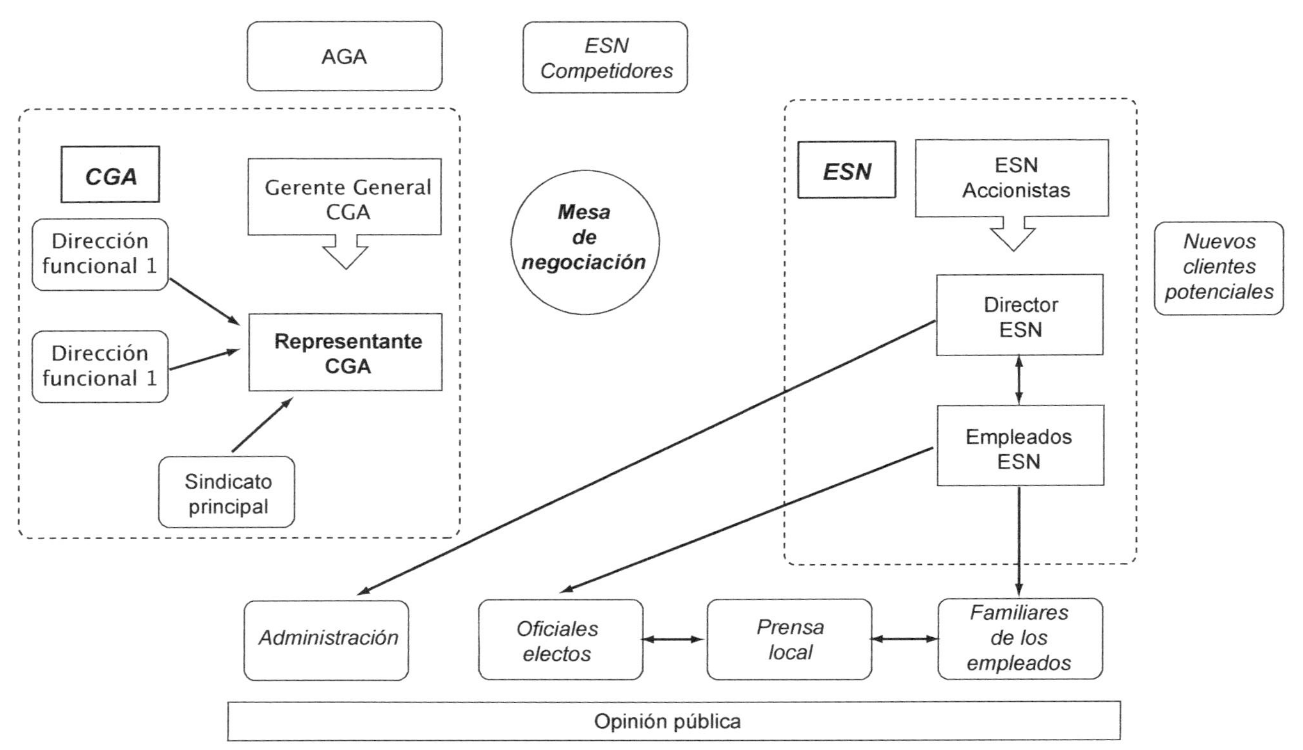

La dimensión del "problema": los cuatro triunfos para lidiar con los problemas

Para anticipar mejor los movimientos de negociación como tales, también se deben examinar cuatro triunfos importantes durante la fase de preparación: las motivaciones de los actores, las soluciones negociables en la mesa, las posibles soluciones fuera de la mesa de negociación y, finalmente, las razones para justificar las soluciones.

Motivaciones profundas

Las motivaciones corresponden a las necesidades subyacentes que nos impulsan a la negociación. Estas conciernen, por ejemplo, a algunos intereses que buscamos satisfacer a través de la negociación. El Capítulo 1 presentó la noción de interés y subrayó la diferencia entre interés y posición.

Muchas teorías de negociación establecen el interés como concepto central[14], lo que confirma la intuición pionera de Callières. Pero este enfoque se ha traducido en una concepción utilitaria que presenta al negociador como un actor estrictamente racional; de la misma manera la economía clásica asume que sus agentes de mercado se mueven por la racionalidad, por un comportamiento lógico que sigue los intereses que son capaces de definir. En economía, como en negociación, la realidad atempera este modelo bastante simplificado, que no se adapta a negociaciones complejas por al menos tres razones. La racionalidad del negociador tropieza con lo siguiente:

- *Principios de ética,* que pueden motivar a las personas a mirar más allá de sus intereses. El elevado aspecto de la razón a veces empuja a los negociadores a favo-

---

14 Fisher, Roger y Ury, William, *op. cit.*; Fisher, Roger y Ertel, Danny, *op. cit.*

recer opciones que contradigan sus intereses, pero que respeten su conciencia. En relación con la reputación del negociador, la ética se abordará en varias partes de este libro.

- *Emociones,* que motivan a un individuo a despreciar la razón. A veces, nuestras reacciones escapan a nuestro juicio hasta tal punto que suplantan nuestros intereses e incluso los ignoran, como veremos en el Capítulo 6. Entre las emociones más frecuentes y perjudiciales en la negociación está la ira ("Dejémoslo así, no me importa"); como sentimientos el deseo de venganza (el otro "pagará"), los celos (para obtener "más que la otra parte"), el orgullo, la voluntad de poder, etcétera.

- *Sesgos cognitivos y problemas de percepción,* que se abordan en los capítulos 5 al 7: incluso sin emociones, nuestro análisis de las motivaciones de la otra persona puede ser engañoso, ya que tendemos a devaluar a la otra parte, a atribuir malas intenciones que pueden estar ausentes, y a rechazar propuestas aceptables.

Callières creía que "la mayoría de la gente actúa de acuerdo con el temperamento más que con la razón"[15]. La observación a menudo confirma esto. En la negociación, las emociones que pueden estar casi ausentes al principio con frecuencia surgen en el camino y, en sucesivas desviaciones, a veces sumergen completamente los intereses racionales que se identificaron al comienzo. Esto lleva a acuerdos insatisfactorios, si los hay. En una empresa, un conflicto social se originó en demandas precisas de un sistema más legítimo de reclutamiento y evaluación. A medida que surgían las emociones, el conflicto se convirtió en una pelea despiadada entre los representantes de los empleados y el CEO.

---

15 Callières, François de, *De la Science du monde.* E. Ganeau, Paris, 1717, p. 184.

El objetivo de los primeros había cambiado en el camino; a partir de entonces, cualquier plan que propusiera el CEO fue rechazado. Lo que pedían era su cabeza "que efectivamente cayó" sin mucho progreso sobre el fondo de un posible acuerdo.

Para abordar estos aspectos, aquí van algunas preguntas útiles para reflexionar en la fase de preparación:

- ¿Cuáles son mis *motivaciones* en esta negociación (mis intereses, así como mis emociones y mis principios éticos)?
- ¿Cuáles son las *motivaciones de la otra parte* hasta donde puedo adivinar? ¿Cómo puedo imaginarlos poniéndome en el lugar de esta persona (sin proyectar mis valores al hacer esto)?
- ¿Cuáles son las *motivaciones de posibles terceros*, que están ausentes de la negociación pero que se verían afectados por el resultado?
- Entre todas las motivaciones señaladas, ¿cuáles corresponden realmente a las *posiciones* que debo analizar con mayor detalle para descubrir las motivaciones subyacentes?

Una vez que se identifican todas las motivaciones presentes, es útil clasificarlas dentro de las siguientes cuatro categorías, ordenadas por dificultad creciente. Tomamos el ejemplo de una negociación entre dos compañías (una fabricante de llantas y otra de autos) que están considerando la construcción de una fábrica en un país emergente:

- *Motivaciones compartidas por ambas partes y compatibles entre ellas.* Las dos compañías desean expandirse en un nuevo mercado, minimizar los costos de establecimiento y vender sus productos allí. Muchas motivaciones compartidas y compatibles las llevan a una empresa conjunta, donde compartirían un sitio para sus fábricas de automóviles y neumáticos, cruzarían los obstáculos administrativos juntas e, incluso, utilizarían personal y servicios de compra comunes, etc.

- *Motivaciones que son diferentes pero compatibles o complementarias:* en lo que respecta a la competencia central, a la primera empresa le interesa producir neumáticos, y a la segunda, los automóviles que están listos para ser conducidos. La primera no podría continuar su negocio sin la presencia de autos que necesitan estar equipados con neumáticos, al igual que la segunda no puede continuar construyendo autos sin los neumáticos para equiparlos. Existe así una interdependencia de intereses. De hecho, difieren, pero también se complementan entre sí.

- *Motivaciones que son similares pero que compiten o son incompatibles:* nuestras dos compañías tienen interés en optimizar su retorno de la inversión y en obtener las mayores ganancias posibles de sus ventas. Si la maximización del ingreso total es un interés común y compatible, los rendimientos separados para cada socio constituyen un interés similar y competitivo. Es necesario determinar el porcentaje que va a cada uno al final: ¿será el 90% para el fabricante de automóviles y el 10% para el proveedor de neumáticos? ¿O el 80% y el 20%? Los problemas de distribución relacionados con este tipo de interés originan las tensiones económicas examinadas en el Capítulo 4.

- *Motivaciones diferentes y contradictorias o, incluso, mutuamente excluyentes:* el proveedor puede sentir que también le interesa vender los neumáticos en este mercado emergente a un competidor del fabricante de automóviles con el que ha establecido otra empresa conjunta.

El arte de la negociación implica explorar estas motivaciones diversas para expandir las combinaciones óptimas de intereses similares y diferentes. Aun cuando dos negociadores tienen una disputa sobre la misma cosa, es posible llegar a un acuerdo si quieren la misma cosa, pero por diferentes motivaciones (es decir, el Capítulo 1 y el arbusto en Madagascar). El negociador debe primero identificar estas motivaciones y luego buscarlas para encontrar soluciones negociables. Finalmente, es importante reflexionar sobre dos preguntas:

- *¿Cómo priorizamos nuestras motivaciones?* Por supuesto, si la otra parte nos pregunta "¿qué es importante para usted?", sería tentador contestar "*todo*". Pero dentro de nosotros, y esto es igual de cierto para la otra parte, hay algunas motivaciones más importantes que otras. Por lo tanto, es esencial clasificarlas en orden de importancia. Este trabajo preliminar debe distinguir entre lo esencial y lo accidental, lo que no podemos transgredir (un interés no negociable) y lo que podemos conceder sin dudar demasiado, si es necesario, para satisfacer el interés de la otra parte o uno de nuestros intereses esenciales a cambio. Esta priorización hará que el futuro intercambio sea más eficiente.
- *¿En qué orden se deben introducir estas motivaciones?* Durante la negociación (si solo dependiera de nosotros), ¿cuál es la mejor manera de proceder? El orden de las cuatro categorías, que se acaban de elaborar, ha resultado efectivo en la mayoría de los casos.

De vuelta al caso de estudio de CGA-ESN. Desde el punto de vista de CGA, el objetivo de la negociación no es simplemente decidir si terminar o mantener su relación con ESN, un enfoque que sería posicionalismo. Entre las motivaciones clave están: reducir los costos operativos de TI, obtener un servicio de calidad, tener acceso a subcontratistas eficientes y fieles, mejorar el clima social interno, preparar la fusión con AGA, mantener una buena imagen pública y evitar ofender a los funcionarios públicos locales.

Desde el punto de vista de ESN, la motivación principal es la supervivencia de la empresa, lo que significa ahorrar empleos, mejorar el servicio y reducir los costos, obtener el reconocimiento de CGA por los esfuerzos ya realizados y ampliar su presencia en el mercado.

Además, como se mencionó anteriormente, hay una multiplicidad de actores involucrados: todos están galvanizados en esta situación por diversas motivaciones.

Posibles soluciones en la mesa (SEM)

La fase de preparación también debe usarse para imaginar soluciones potenciales que idealmente cumplen con las siguientes cinco condiciones:

1. Las soluciones están destinadas a resolver *concretamente* los problemas en juego de la negociación.
2. Su objetivo es *satisfacer* las motivaciones identificadas, idealmente todas las esenciales para uno y la mayor cantidad posible de las del otro.
3. Se pueden discutir con la otra parte en *la mesa de negociación.*
4. En forma independiente, parecen preferibles a la mejor solución *por fuera de la mesa.*
5. Conducen a un acuerdo, por lo cual ambas partes podrían apoyarlas.

Estas soluciones pueden proponerse durante las conversaciones, pero es importante no imponerlas sobre las de los demás. Deben seguir siendo soluciones negociables y no convertirse en posiciones que impidan la discusión. Cada motivación identificada permite varias soluciones correspondientes que son negociables en la mesa. Pueden ser tomadas de una variedad de fuentes, y cuando se combinan con las presentadas por la otra parte, contribuyen a la construcción progresiva de un acuerdo. Las soluciones negociables propuestas se relacionan idealmente con las de la otra parte. La superposición progresiva debe llevar a un acuerdo si la solución propuesta al final del proceso satisface las motivaciones respectivas de ambas partes mejor que cualquier otra alternativa fuera de la mesa a la que cualquiera de las partes pudiera llegar sin recurrir a un acuerdo con la otra.

Algunas soluciones en la mesa se logran con facilidad y no se desvían mucho de la preparación. Pero, por definición, las soluciones aceptables para ambas partes no son obvias: si lo fueran, todos los conflictos que surgen se resolverían rápidamente y no tendríamos reuniones prolongadas para alcanzar un acuerdo que satisfaga a todos. Es por esto que la creatividad –"lo que una vez se llamó 'espíritu fértil'"– acompaña al negociador efectivo. Los acuerdos negociados a menudo se basan en esa calidad que rara vez funciona bien con el estrés y la falta de tiempo. Por lo tanto, es recomendable utilizar una buena parte de la fase de preparación para idear un máximo de soluciones negociables, incluso si otras surgen durante la reunión. Teniendo en cuenta las motivaciones existentes, pueden ser útiles las siguientes preguntas:

- ¿Cuáles son las soluciones negociables que yo podría plantear? ¿Cuáles son las más favorables para mí? ¿Cuáles son menos deseables, pero razonables? ¿Cuáles son las menos deseables, pero aún aceptables?
- ¿Cuáles son las soluciones negociables que, imagino, la otra parte podría proponer? ¿Cuáles son las más favorables para la otra parte a mi modo de ver? ¿Y la menos deseable? ¿La meramente aceptable?
- Entre mis soluciones, ¿cuáles puedo calificar de razonables con toda honestidad? ¿Y entre las de la otra parte? ¿Qué soluciones parecerían aceptables para

ambas partes? Entre estas, ¿cuáles son las más favorables para mí? ¿Y cuáles parecen ser más favorables para la otra parte sin perjudicarme?

- ¿Qué soluciones negociables podría ofrecer un tercero como último recurso? ¿Cuáles son los parámetros para lo que consideraríamos una solución razonable desde la perspectiva de un tercero?
- Debería ordenar estas diversas soluciones: ¿cuál sería el escenario A (la primera ancla), el escenario B, etcétera?

Las respuestas al segundo grupo de preguntas permiten ver el mundo desde el punto de vista de la otra persona. Las que les siguen son importantes porque satisfacen mi necesidad de ponerme en la posición de la otra persona (*empatía*), al mismo tiempo que soy consciente del objetivo de servir a mis motivaciones (*asertividad*)[16]. Me permiten visualizar una *zona de posibles acuerdos* para ambas partes. No debería encerrarme para siempre en un mundo de respuestas que solo incluya las soluciones más favorables para mí, sin tener en cuenta las motivaciones de la otra parte. De lo contrario, correría el riesgo de un estancamiento persistente que conduce al fracaso en la negociación y que, también, pone en riesgo mis propios intereses.

Una solución negociable es más interesante si es integradora: satisface una (o varias) de mis motivaciones al mismo tiempo que satisface una (o varias) de las motivaciones de la otra parte. Estas soluciones integrativas son mutuamente aceptables para ambas partes, ya que cada una ve un interés satisfecho. También hay soluciones descritas como distributivas, que no están orientadas a servir los intereses de ambas partes, sino que favorecen a una u otra directamente. Esta distinción entre integrativo y distributivo

---

16 Mnookin, Robert; Peppet, Scott y Tulumello, Andrew, *op. cit.*

tiene algunos límites, ya que muchas soluciones tienden a tener aspectos tanto integrativos (ambas partes reciben un dividendo) como distributivos (una parte recibe más que la otra). En la empresa conjunta que se mencionó antes, si una ecuación de producción genera 40 millones de libras esterlinas y la otra genera 20 millones, es obvio que la primera es una solución más integrativa que la segunda. Pero independientemente de cuál se elija, la ganancia generada debe compartirse, y esto abre una pregunta distributiva. Un escenario podría implicar una división de 75/25 % (con 30 millones para la compañía A y 10 millones para la compañía B) y un segundo podría ser 50/50 % (10 millones para ambos), que para la compañía B sería idéntico en términos distributivos.

Una solución satisfactoria en términos de una de nuestras motivaciones puede no ser adecuada desde el punto de vista de la otra parte, y viceversa. El arte de la negociación implica adoptar un enfoque decisivo para optimizar el resultado sin poner en peligro a la otra parte, y combinar las soluciones de ambas partes jugando con las diferentes preferencias, siempre que existan. Si hay una solución mejor para la otra parte y que no cambia nada para mí (o al revés), esta es preferible para ambas partes, ya que asegura más valor. Una solución que nos cuesta poco a nosotros pero que ofrece mucho a la otra parte puede combinarse con otra solución que le cuesta muy poco a la otra parte, pero nos ofrece mucho. Las siguientes preguntas pueden ayudarnos:

- ¿Qué es lo que más importa desde mi punto de vista, pero a la otra persona no mucho?
- ¿Qué no importa mucho desde mi punto de vista, pero le importa mucho a la otra persona?
- Habiendo identificado estas prioridades, ¿en qué compensaciones puedo pensar? ¿Dónde podría hacer concesiones indiferentes para mí y, sin embargo,

significativamente beneficiosas para la otra persona? De la misma manera, ¿qué concesiones puede hacer la otra parte que son insignificantes para ella, pero muy significativas para mí?

Estas combinaciones y compensaciones hacen que la negociación sea un mecanismo para crear valor, en lugar de simplemente dividirlo. El Capítulo 4 lleva esta idea más allá. Para fomentar la creatividad en la búsqueda de soluciones negociables, una sesión de *tormenta de ideas* valdría la pena, especialmente si se participa en la preparación del grupo.

Siete sugerencias para una tormenta de ideas eficiente

1. Deben participar todos los miembros del grupo.
2. La discusión debe ser libre. Hacer espacio para todas las ideas, incluidas las que parezcan tontas.
3. Las propuestas de soluciones no deben ser criticadas ni evaluadas.
4. Las ideas deben provenir de todo el grupo, no solo de algunas personas.
5. La presentación de una propuesta no significa estar personalmente comprometido a llevarla a cabo.
6. La evaluación de las diversas ideas y la elección de algunas de ellas deben reservarse para después de la sesión de tormenta de ideas.
7. Se debe elegir un facilitador para garantizar que se cumplan las seis pautas anteriores.

Este método de intercambio de ideas también es útil para crear varios escenarios posibles para el proceso de negociación, pero con dos condiciones. Por imaginativas que sean las soluciones negociables, deben pasar las siguientes dos pruebas.

- *Deben ser realistas.* Después de encontrar una cantidad máxima de soluciones posibles, debe sometérselas a una verificación de la realidad. ¿Son legales estas soluciones? ¿Técnicamente viables? ¿Tenemos los recursos (financieros, materiales, humanos) y el tiempo para implementarlas?

- *Deben respetar el mandato.* Cuando negociamos en nombre de otra persona, nuestro mandato puede dictar o prohibir ciertas soluciones. Es imperativo tener en cuenta esta obligación y, si es necesario, suspender la negociación para volver al director y demostrar que las restricciones actuales del mandato no proporcionan un margen de maniobra suficiente.

De vuelta al caso de estudio de CGA-ESN. CGA y ESN trabajarán en diferentes combinaciones de volúmenes de negocios, cargos por servicios y periodos de tiempo que podrían extender la relación de "protección", con base en una afiliación entre las dos compañías. Corresponde a ESN reducir sus cargos y cumplir con el precio de mercado. CGA, que se beneficia con una gran red, puede ayudar a ESN a encontrar otros clientes. Dado que CGA está buscando reclutar algunos trabajadores, podría dar prioridad a algunos de los "exalumnos" entre los empleados de ESN. Esto podría contribuir a reducir los costos operativos de su beneficiario, así como demostrar al sindicato mayoritario que mantiene su solidaridad con los "exalumnos" del Departamento de TI.

Una vez que se presenten todas las soluciones negociables, es aconsejable reflexionar sobre dos elementos adicionales para abordar problemas sustantivos y validar soluciones negociables: primero, todas las soluciones disponibles fuera de la mesa de negociación, la mejor de las cuales indica el límite de lo que es aceptable como una solución negociable; segundo, los criterios para decidir si una solución es aceptable o no desde la perspectiva de la otra parte, en otras palabras, las razones o los principios que se utilizan para anclarlas.

Soluciones fuera de la mesa (SFM)

Entre las trampas instintivas examinadas en el primer capítulo está la *negomanía,* es decir, la opinión de que la negociación es la única forma de satisfacer las motivaciones. De manera similar, los negociadores pueden creer que esta negociación es la única manera posible. Sin embargo, hay alternativas, aparte de la negociación en cuestión, que cada parte puede implementar unilateralmente, en ausencia de un acuerdo con la otra parte. Esto es lo que llamamos *soluciones fuera de la mesa de negociación.*

A veces, estas soluciones fuera de la mesa no son tan geniales, por lo que las soluciones negociables parecen atractivas por contraste. Pero el conocimiento de las soluciones fuera de la mesa, como medida de realismo, es importante en la negociación: cuanto más familiarizados estamos con la calidad "buena o mala" de las soluciones fuera de la mesa, más capaces somos de juzgarlas pragmáticamente, en comparación con las soluciones que vienen de la mesa de negociación.

Las soluciones fuera de la mesa varían según el contexto profesional y el tema de la negociación. Las que siguen se encuentran entre las más frecuentes:

* *La elección de liderar otra negociación con otra parte y concluirla.* Por ejemplo, deseo comprar un nuevo automóvil de marca X y, después de haber visitado varios concesionarios, me doy cuenta de que puedo obtener el mismo vehículo en la frontera a un precio un 5% menor de lo que proponen los concesionarios locales con los que he estado negociando.
* *Utilización de la fuerza,* que se manifiesta de varias maneras dependiendo de las circunstancias. Podemos tomar como ejemplo un desacuerdo entre un padre y su hijo sobre cómo manejar un sábado por la no-

che. El padre decide cerrar con llave la puerta de la habitación de su hijo, lo que lo obligaría a permanecer allí hasta el domingo por la mañana (una primera manifestación de fuerza); cuando todos duermen, el hijo abre la ventana para reunirse con sus amigos, una respuesta en represalia (una segunda manifestación de fuerza).

- *Bloqueo*, recurriendo a una huelga, por ejemplo.
- *Recurrir a una autoridad externa* con la prerrogativa de imponer una solución: dos profesores de la misma universidad, que no están de acuerdo en cómo usar una beca que recibieron, piden al decano que resuelva el problema por ellos.
- *Apelación a la ley*, al litigio del juez competente: después de varios intentos por resolver una disputa con su inquilino, el propietario de una finca que ya no recibe el pago del alquiler presenta una demanda en el tribunal.
- *En el campo de las relaciones internacionales*, las sanciones económicas, el bloqueo de activos financieros y, finalmente, la guerra, con el fin de incrementar intensidad, son soluciones que están fuera de la mesa.

Los negociadores generalmente tienen varias soluciones posibles fuera de la mesa a su disposición. Entre ellas, es útil identificar la mejor solución fuera de la mesa, ya que constituye un punto de referencia para la próxima negociación y otras que la preceden:

- *Establece una solución de respaldo*, un "Plan B" si, por una u otra razón, la negociación no llega a un acuerdo.
- *Es un punto de referencia* que puede servir como una piedra de toque para evaluar cualquier posible acuerdo: no tengo ninguna razón para aceptar un acuerdo negociado que no satisfaga mis motivaciones, ni su-

pere mi mejor solución fuera de la mesa. A la inversa, me interesa aceptar el acuerdo negociado que mejor satisfaga mis motivaciones, incluso si este acuerdo negociado no es absolutamente satisfactorio.

- *Me muestra mi verdadero poder en la negociación:* cuanto mejor sea mi *mejor solución fuera de la mesa,* es decir, satisfaga mis motivaciones, mejor será mi capacidad para satisfacer mis altas demandas en la negociación y mayores serán mis posibilidades de alcanzar un acuerdo favorable. Por el contrario, si mi *mejor solución fuera de la mesa* es mala cuando la *mejor solución de la otra parte es mejor,* estaré en una posición débil.

Esta mejor solución fuera de la mesa ha sido comúnmente etiquetada como "BATNA" (mejor alternativa a un acuerdo negociado, por sus siglas en inglés: *Best Alternative to a Negotiated Agreement*[17]); sin embargo, debe tenerse en cuenta que cualquier acuerdo es "negociado" (por lo tanto, no es necesario hablar de "acuerdo negociado") y que esta solución alternativa puede ser otro "acuerdo" con otra persona. De ahí nuestro deseo de evitar esta expresión, aunque se haya convertido en muy habitual.

Para determinar la mejor solución fuera de la mesa, será útil hacerse estas preguntas en el curso de la preparación:

- Para satisfacer mis motivaciones, ¿qué puedo hacer además de la negociación en curso? ¿Cuáles podrían ser las soluciones que dependan únicamente de mis deseos y acciones, soluciones de autoayuda, por así decirlo?
- ¿Cuáles serían todas las consecuencias de cada una de las soluciones fuera de la mesa que he identificado, si tuviera que recurrir a ellas?

---

17 Fisher, Roger y Ury, William, *op. cit.*

- Entre todas las opciones identificadas y analizadas, ¿cuál es la mejor?, es decir, ¿cuál satisfará mejor mis motivaciones?
- Desde mi punto de vista, de acuerdo con la información que tengo disponible, ¿qué puede hacer el otro negociador sin mí? ¿Qué soluciones dependen únicamente de él? ¿Cuáles serían las consecuencias de sus soluciones fuera de la mesa (especialmente las que me afectan)? Entonces, ¿cuál es, según mi información, la mejor solución de la otra parte fuera de la mesa?
- ¿Cómo puedo mejorar mi mejor solución fuera de la mesa? A la inversa, ¿qué puedo hacer para reducir la relevancia o debilitar la viabilidad de la mejor solución de la otra parte fuera de la mesa?

De vuelta al caso de estudio de CGA-ESN. Para ESN, las soluciones por fuera de la mesa incluyen: búsqueda de otros clientes, llamado a la ayuda gubernamental para mantener el empleo, implementación de un plan para la reducción de costos (que podría resultar en despidos), liquidación a largo plazo, lanzamiento de una campaña de prensa o movimiento de huelga a costos de CGA.

Para CGA, la solución más sorprendente fuera de la mesa sería seguir adelante con las ofertas de la competencia y trabajar con nuevos proveedores de servicios. Pero esta solución alternativa tiene consecuencias negativas para varias de las motivaciones antes mencionadas.

Aquí, las mejores soluciones fuera de la mesa para ambos actores son mediocres. Por lo tanto, ambas partes tienen un gran interés en concluir un acuerdo negociado en conjunto.

Criterios de justificación

Los criterios de justificación son puntos de referencia que pueden ser reconocidos por todas las partes presentes, así como por terceros. Las teorías de negociación hablan de criterios objetivos, criterios de legitimidad, razones, principios, estándares o argumentos. Pero la idea sigue siendo la misma. Estas fuentes de justificación ayudan a alguien a anclar una solución negociable o una solución por fuera de la mesa con más objetividad y confieren legitimidad más allá del control de las partes. Por definición, ciertos criterios de justificación pueden servir como estrategias subjetivas, pero en general ponen a las partes en pie de igualdad, en oposición a una relación de poder puro que está dominada por el que golpea su puño sobre la mesa con más fuerza. Pueden actuar como una espada, para justificar una demanda, o como un escudo, para oponerse a las ofertas de otro negociador.

De vuelta al caso de estudio de CGA-ESN. La negociación entre CGA y ESN se basa, ante todo, en un entorno legal: especialmente el derecho laboral y el derecho de la competencia. El precio de mercado para los servicios de TI ofrece un punto de referencia. Finalmente, es posible que las dos compañías acuerden nombrar a un experto externo, que podría brindar una opinión ilustrada sobre, por ejemplo, el valor de los servicios.

Dependiendo del contexto profesional y del tema de la negociación, los criterios varían. A continuación algunas herramientas que podrían usarse para el anclaje de sus soluciones negociables:

- *Principios, razonamientos y cálculos que se reconocen por unanimidad.* Por ejemplo, si el pago por jornada laboral de un consultor en una empresa son 3.000 libras esterlinas y se necesitan 10 días hábiles para completar el proyecto, el cálculo llevaría a una oferta financiera de 30.000. Para sonar convincente, sería mejor enumerar los proyectos planificados, el número de días laborables y el pago por día laborable, en lugar de simplemente anunciar la cifra de 30.000 libras esterlinas sin explicar la razón detrás de esto.

- *Puntos de referencia, medidas, evidencias, índices.* Si se conoce la progresión de la relación "precio por metro cuadrado" de una alfombra persa, se puede cotizar el precio para cualquier tamaño con poco riesgo de error.
- *Indicadores económicos, precios establecidos por el mercado o por guías de clientes.* Para una negociación sobre el precio de reventa de un automóvil usado, la cotización dada por una guía de referencia de coches usados sirve como criterio para anclar el precio.
- *Ley (estatutos, directivas, reglamentos, decretos) y jurisprudencia.* Es mejor buscar la ley aplicable antes de las negociaciones, en lugar de que un juez lo explique en un juicio posteriormente.
- *Estándares profesionales.* Por ejemplo, cuando un abogado y un cliente negocian los honorarios, generalmente es el abogado quien solicita una compensación.
- *Contratos estándar.* Tradicionalmente, el propietario de una finca somete a su inquilino a un contrato aprobado por el sindicato de propietarios y la asociación de defensa de los inquilinos.
- *Precedentes, ejemplos pasados, costumbres.* Suponiendo que el año pasado una empresa haya realizado un contrato de compra con un proveedor que estipulaba la entrega de cierto volumen de un producto a un cierto nivel de precio, el precio del año pasado podría proporcionar una referencia durante la negociación anual para la renovación del contrato de compra, con una posible disminución de las ganancias de productividad esperadas o un aumento de la inflación.
- *Valor "financiero" de la mejor solución fuera de la mesa.* Cuando el primer comprador potencial le hace una oferta para la compra de su casa, de alguna manera, cualquiera sea la oferta, tal precio propuesto inevitablemente ejerce un fuerte impulso en las negociaciones subsiguientes con otros compradores po-

tenciales. Fija el precio mínimo por debajo del cual no venderá, así como una referencia "objetiva" para cualquier otro posible comprador que deba, o desee, superar la primera.

Se debe explorar un conjunto de criterios antes del inicio de la negociación, ya que está vinculado al anclaje (Capítulo 4), lo que facilita la aceptación de soluciones negociables.

La dimensión del proceso: los tres triunfos para ejecutar la reunión

Con demasiada frecuencia, los negociadores fracasan porque, al creer que su enfoque tiene una base sólida y legítima, no cuidan la forma de proceder durante las reuniones, incluidas las etapas necesarias, la comunicación requerida y, aún menos, la logística. Por el contrario, la observación y la experiencia demuestran que la elección de un proceso *ad hoc* es importante para el éxito.

Organización

Como este libro pretende hacer énfasis en que el tiempo es una variable fundamental en la negociación, las reuniones deben establecerse para continuar o "seguir adelante". De ahí la necesidad de distinguir entre los pasos introductorios y los que se seguirán en el Capítulo 3. Pero, a partir de ahora, nos centramos en la utilidad de establecer una agenda para la negociación.

Esta agenda nunca debe dejarse al azar. Requiere más de una rigurosa "prenegociación". Hay dos enfoques:

- En el enfoque *crescendo,* los temas se tratan en orden creciente de dificultad. Al comenzar con los temas menos delicados, los que son más propicios para llegar a un acuerdo, los negociadores ponen todas las posibilidades de su lado. Se dan cuenta de que un acuerdo entre ellos (aunque sea parcial) es posible, mejoran su relación y crean un capital de confianza, que les ayudará a abordar los problemas más difíciles que les esperan.

- El enfoque *decrescendo* contrarresta las desventajas del método anterior. Es posible que uno de los negociadores no permita que el punto más sensible sea "presionado" en la lista de elementos. Una de las partes puede sospechar que es una estratagema del otro negociador para ganar tiempo o irse por las ramas. El método inverso trata así con el punto más sensible al comienzo; se basa en la esperanza de que, una vez resuelto, el resto funcionará con mayor facilidad y rapidez. Este enfoque es arriesgado, pero a veces es el único aceptado.

Otros aspectos del proceso y de la gestión del tiempo deben anticiparse según el contexto. Una fecha límite o un plazo definido se podrían establecer, y negociar por adelantado como una marca de cierre. De ahí la tendencia a "detener el reloj" unos minutos antes de la hora de finalización en algunas negociaciones colectivas u otras negociaciones multipartitas importantes, a fin de continuar la negociación hasta el final.

> **De vuelta al caso de estudio de CGA-ESN.** ESN y CGA tienen interés en resolver su disputa rápidamente. Después de verificar el tiempo que cada uno tiene disponible, los dos negociadores comenzarán enumerando los puntos que desean abordar y luego los clasificarán en un orden lógico, ya sea mediante una serie de preguntas –inversiones con un impacto en los costos operativos de ESN, por ejemplo– o un listado de dificultad creciente. Tal agenda programará el tiempo para

> presentar los hechos al comienzo, seguido de una sesión de preguntas
> y respuestas para aclarar cualquier malentendido. Las interrupciones
> en las reuniones programadas alentarán a los negociadores a regresar
> a sus respectivos directores para obtener más información.

Comunicación

Es la piedra angular de toda la negociación. No es posible negociar sin un intercambio de información, es decir, sin comunicación. Todo el Capítulo 5 está dedicado a esto. Como espacio para la empatía y asertividad, la comunicación combina escuchar y hablar. En la planificación de una negociación, la comunicación debe anticiparse cuidadosamente.

Escuchar para obtener información

¿Qué información necesito? Lo que puedo obtener antes de la negociación requiere investigación. Luego está la información solo disponible en el otro negociador. Algo de esto puede validar o repudiar ciertas suposiciones que tengo sobre las motivaciones de la otra parte, o sobre las soluciones fuera de la mesa.

Para obtener esta información, ¿qué preguntas debo hacer? ¿En qué orden? Algunos negociadores preparan una lista de preguntas, lo que tiene beneficios triples: evitar el olvido, controlar en la medida de lo posible el orden en que se formulan las preguntas (si esto es importante) y ayudar a enmarcar bien las preguntas (estar familiarizado, por ejemplo, con la sensibilidad del sujeto, el contexto o el interlocutor).

Hablar para proporcionar información

La fase de preparación debe utilizarse para determinar el proceso de transmisión de información, que puede resumirse en tres preguntas: ¿A quién? ¿Qué? ¿Cuándo? Yo determino con quién voy a hablar (considerando mi grado de confianza en la otra persona según nuestra relación personal, así como la relación de la otra persona con mi organización), lo que puedo decir (información pública, privada, estratégica, confidencial), y cuándo hacerlo (inmediatamente, más tarde, nunca). Para entrar en mayor detalle, será útil considerar los siguientes aspectos.

- ¿Qué *información* tengo disponible que le interesará al interlocutor o interlocutores?
- ¿Qué sé sobre la capacidad de esta persona para tratar la información que se le confía? ¿Cuál es mi grado de confianza en ella y su discreción?
- Entre la información que les interesa, ¿qué es útil decirles *lo antes posible*? Podría tratarse de ayudarlos a comprender nuestro enfoque, nuestras motivaciones, para justificar conductas pasadas, etc. La revelación muy temprana de cierta información prepara la comunicación, facilita el establecimiento de una relación y también alienta a la otra persona a actuar en forma recíproca transmitiendo rápidamente información de su lado.
- ¿Qué *información estratégica* se debe proporcionar y *en qué condiciones*? Podría ser útil en algún momento de la negociación proporcionar información a cambio de otra información.
- ¿Qué *información confidencial* no debe ser comunicada? ¿Por qué? ¿Qué respuesta puedo ofrecer si me la piden?

De nuevo, los negociadores elaboran su respuesta a los puntos más sensibles para tener el control de la información que transmiten. La precisión de la información es particularmente importante cuando la comunicación no es solo una cuestión de la relación entre los negociadores, sino también de la relación con los principales, o, *a fortiori*, con los medios de comunicación. Una sola pieza de información revelada inapropiadamente a la persona equivocada en el momento equivocado ha demostrado ser catastrófica para el resultado de una negociación.

> **De vuelta al caso de estudio de CGA-ESN.** ESN necesita comprender mejor la carga de trabajo en CGA para poder proponer servicios relevantes; CGA desea conocer la estructura de costos de ESN para comprender mejor la razón detrás de los altos precios. Por ejemplo, para responder a una solicitud de CGA para un nuevo producto –arquitectura de red– ESN necesitaba invertir en equipos y educación interna, lo que ha tenido un impacto desfavorable en los precios. ESN cree que CGA debe asumir la responsabilidad directa porque su demanda de servicios más allá de los previstos en el contrato inicial ha generado sobrecargos.

Logística

La experiencia demuestra que los problemas logísticos pueden ser un factor determinante en el fracaso de una negociación. Esto es cierto incluso en el más alto nivel. Sería lamentable, después de abordar los nueve triunfos anteriores, arriesgarse a fracasar solo porque se haya descuidado una de las condiciones materiales de la reunión.

> **La importancia de la logística en el Proceso de Oslo.** En enero de 1993, la relación entre israelíes y palestinos era tan mala que la negociación abierta era impensable: según la opinión pública en ambas comunidades, la negociación sería equivalente a la traición. Sin embargo, en ambos lados, Yitzhak Rabin y Yasser Arafat sabían que tal *impasse* era intolerable. El ministro noruego de Asuntos Exteriores propuso hospedar a sus representantes en Oslo. Las dos partes aceptaron con una condición, que las negociaciones se mantuvieran en secreto. Del lado israelí, solo tres ministros del gobierno estaban

al tanto de las conversaciones. Para garantizar este secreto, tomaron drásticas precauciones logísticas. Los noruegos cambiaron continuamente el sitio de las negociaciones para evitar atraer la atención de la prensa. Las mansiones aisladas alrededor de Oslo fueron requisadas varias veces por el Servicio Secreto Noruego; sus propietarios pensaron que estaban hospedando a hombres de negocios del Medio Oriente que habían llegado para firmar contratos comerciales e ir a esquiar. Para llegar a Oslo, el jefe de los negociadores israelíes, Uri Savir (1998), ideó una táctica más creativa. Una vez fue a París en forma oficial para reunirse con posibles inversores. En su itinerario, el primer día se reservó para una "agenda privada". Después de llegar al aeropuerto, un automóvil de la embajada lo llevó a su hotel. Una vez en su habitación, se apresuró a deshacer la cama, retornó rápidamente al vestíbulo y se subió a un taxi que lo llevó de regreso al aeropuerto. De incógnito, tomó un vuelo a Oslo, donde negoció durante dieciséis horas sin parar antes de volver a París y regresar a su habitación de hotel.

En las transacciones, algunas negociaciones también deben prestar mucha atención a la discreción. Este es el caso de las discusiones que preceden a la compra de una compañía importante por otra, particularmente cuando las empresas están listadas. Como anécdota, los aviones privados permiten que las principales compañías organicen viajes con más discreción que las aerolíneas regulares.

Incluso, si la mayoría de las negociaciones no exigen tal grado de secreto, los problemas logísticos siguen siendo dignos de mayor preocupación. Aquí hay una muestra de preguntas para reflexionar sobre:

- *¿Dónde debería tener lugar la negociación?* ¿Cuál es el sitio más adecuado? El aspecto simple de decidir reunirse en las instalaciones de uno de los negociadores o de un tercero (pero ¿cuál?) a veces es parte del objeto de una "prenegociación". La elección del sitio está influenciada por el grado de discreción deseado, así como por la conveniencia. Por ejemplo, para una consulta de expertos organizada por una corporación farmacéutica, se eligió un hotel ubicado cerca de un aeropuerto de Nueva York.

- *¿Qué tipo de habitación necesitamos?* La sala debe ser seleccionada de acuerdo con el número de negociadores presentes. No debe ser tan grande para que se sientan perdidos, ni tan pequeño para que se sientan sofocados. De surgir la necesidad, ¿cuántas habitaciones? Si se asignan varias salas, las delegaciones tienen la posibilidad de configurar sesiones estratégicas separadas o de dividirse en subgrupos para tratar diferentes cuestiones en paralelo.

- *¿Qué recursos logísticos debemos prever?* Esto incluye recursos técnicos (conexiones a Internet, etc.), así como suministros de alimentos. En 1988, durante una negociación de un acuerdo sobre Nueva Caledonia, Michel Rocard, el entonces primer ministro francés, dio la bienvenida a las delegaciones de los negociadores en su residencia oficial con estas palabras: "El Hôtel de Matignon tiene comida para varios días y espacio suficiente para instalar colchones. Como resultado, nadie se irá de aquí antes de la conclusión del acuerdo [...]"[18].

- *¿Qué mesa?* La forma de la mesa o su ausencia tiene un impacto insospechado en el progreso de la negociación. Por ejemplo, en Rumania, se recibieron dos delegaciones en un palacio oficial en el centro de Bucarest. En la sala había una mesa de unos tres metros de ancho y unos treinta metros de largo. Esta configuración dificultó que una persona sentada en un extremo de la mesa pudiera ver a alguien en el

---

18 Belmont, Charles, "Les Médiateurs du Pacifique". En *Modèles de médiateurs et médiateur-modèle*, Alain Pekar Lempereur (ed.). ESSEC IRENE, Paris-Cergy, 1999, pp. 8-13.

extremo opuesto. En tales condiciones, era difícil esperar una comunicación eficiente e intercambio de información, incluso dentro de una sola delegación.

- *¿Cómo disponer los asientos?* Las cuestiones de protocolo son influyentes aquí, pero también hay otros factores. Recordamos, por ejemplo, algunas reuniones de expertos. Inicialmente, se eligió el orden alfabético. Parecía lo más simple y menos controvertido. Luego, después de enterarse de que uno de los protagonistas tendía a hablar de manera inapropiada, el facilitador decidió mover al protagonista a su lado, vigilarlo y, de ser necesario, tocarlo en forma ocasional para calmarlo.

- *¿Qué equipo es necesario?* Todos los negociadores deben estar preparados para llevar todo el material esencial para el trabajo en cuestión, incluidos los documentos (con copias suficientes), muestras, planos, computadoras, enchufes, etc. También es importante cuidar el material "común": pizarra, retroproyector o videoproyector para computadora, etc. Es mejor hacer las presentaciones lo más organizadamente posible y guardarlas en la computadora antes de que comience la sesión, a fin de evitar problemas técnicos que puedan interferir con la reunión.

De vuelta al caso de estudio de CGA-ESN. Para ESN y CGA, la logística no es demasiado importante. Corre por cuenta de los dos negociadores equiparse con todos los elementos necesarios para una buena comunicación, especialmente los registros contables que aclaran la estructura de costos de ESN. Al elegir una ubicación, un sitio neutral se adaptaría mejor a la negociación: podría ser adecuada una sala de conferencias en la Cámara de Comercio más cercana.

***

No hace falta decir que la preparación es una inversión y un costo a corto plazo con altos rendimientos a mediano plazo. Cuanto más se acostumbra uno a la preparación metódica, más se familiariza con el método y sus diez triunfos, más rápida resulta la preparación y más tiempo se gana. En esta perspectiva, sería beneficioso hacer uso del cuadro de preparación, presentado al final de este capítulo.

Cómo aumentar el poder de negociación propio es una pregunta frecuente. Una verdad no reconocida es que una buena parte del poder proviene de la preparación. Aquellos que se esfuerzan por comprender los diferentes aspectos presentes en la negociación "la gente en la mesa o fuera"; lo que negocian "los problemas de la negociación", y cómo negocian "el proceso de negociación" ya han establecido gran parte de su poder. Se anticiparon, se hicieron decenas de preguntas, imaginaron cientos de respuestas y crearon una agenda que, sin ser fijamente rígida, ayuda a orientarse. No han cerrado una sola puerta, sino que han abierto múltiples vías.

<table>
<tr><td colspan="5" align="center">10 TRIUNFOS PARA LA PREPARACIÓN</td></tr>
<tr><td align="center">PERSONAS
*</td><td colspan="2" align="center">2. MANDATO</td><td colspan="2" align="center">3. MAPA DE PARTES INTERESADAS</td></tr>
<tr><td>1. RELACIONES ENTRE NEGOCIADORES</td><td>Para mí</td><td>Para el otro</td><td colspan="2"></td></tr>
<tr><td>Diagnóstico de la relación

Acciones por mejorar</td><td>¿Mis objetivos?

1.
2.
3.

¿Restricciones o información confidencial?</td><td>¿Quién es su jefe?

¿Cuáles son las instrucciones del otro agente?</td><td colspan="2"></td></tr>
<tr><td></td><td colspan="4" align="center">4. MOTIVACIONES</td></tr>
<tr><td></td><td colspan="2" align="center">Mías</td><td colspan="2" align="center">Del otro</td></tr>
<tr><td></td><td colspan="2">-
-
-
-</td><td colspan="2">-
-
-
-</td></tr>
<tr><td align="center">PROBLEMA
*</td><td colspan="2" align="center">5. SOLUCIONES EN LA MESA (SEM)</td><td colspan="2" align="center">6. JUSTIFICACIÓN</td></tr>
<tr><td></td><td colspan="2">1.
2.
3.
4.</td><td colspan="2">1.
2.
3.
4.</td></tr>
<tr><td></td><td colspan="4" align="center">7. SOLUCIONES POR FUERA DE LA MESA (SFM)</td></tr>
<tr><td></td><td colspan="2">Mi SOFUM, mi mejor solución</td><td colspan="2">Su SOFUM, su mejor solución</td></tr>
<tr><td rowspan="3" align="center">PROCESO
*</td><td colspan="2" align="center">8.
ORGANIZACIÓN DE LA REUNIÓN</td><td align="center">9.
COMUNICA-CIÓN</td><td align="center">10.
LOGÍSTICA</td></tr>
<tr><td align="center">Agenda</td><td align="center">Métodos</td><td>Preguntas   Informa-ción</td><td></td></tr>
<tr><td>1.
2.
3.
4.</td><td>1.
2.
3.
4.</td><td>1.   1.
2.   2.
3.   3.
4.   4.</td><td></td></tr>
</table>

CAPÍTULO 3

HACER LO ESENCIAL *ANTES* DE LO OBVIO

Cómo lidiar con el proceso

Así como una persona es concebida, nace, vive, atraviesa muchas experiencias y, en última instancia, desaparece para convertirse en un recuerdo, todas las negociaciones abarcan un ciclo. Siguen *un proceso en el sentido más amplio*, desde el momento en que parece necesario negociar hasta el instante en que la negociación deja de existir. Esta progresión está vinculada a la articulación de una estrategia de negociación, una que está mejor organizada y preparada, como se describe en el capítulo anterior. Toda esta estrategia se pone en práctica mediante movimientos tácticos que tienen lugar en la mesa de negociación. Estas acciones prescriben otro proceso, esta vez en el sentido más estricto, que corresponde a una secuencia organizada de operaciones durante las reuniones, que llamamos *secuencia de negociación*. Parecido al ajedrez, este nuevo proceso consiste en el movimiento de las piezas de los jugadores para superar los desafíos planteados por sus intercambios.

¿Cómo se gestionaría mejor el proceso? ¿Cómo se construiría una secuencia de negociación óptima? ¿Cuáles son los pasos a seguir? ¿Cómo prevenir los *impasses*? ¿Cómo superarlos una vez que aparecen? ¿Cómo ahorrar tiempo, o por lo menos evitar perderlo? Estas son todas las preguntas respondidas en este capítulo.

Ciertamente, es posible proponer una *secuencia de negociación típica* que se pueda aplicar a la mayoría de las situaciones. La segunda sección de este capítulo tratará de hacerlo utilizando las diez herramientas de preparación analizadas en el Capítulo 2. Sin embargo, por muy útil que sea, esta secuencia típica es insuficiente. En realidad, la negociación es, por naturaleza, diversa y, en parte, imprevisible. Para moverse de un lugar a otro de manera concertada, varios caminos son posibles, cada uno con sus propias vicisitudes. Además, la secuencia de negociación rara vez es dominada por ambos negociadores; ella misma es negociada y no es realista esperar que se siga una hoja de ruta única. Finalmente, las negociaciones tienen su parte de sorpresas y nuevos desarrollos. Un negociador no necesita nada más que no saber qué dirección adoptar para desconcertarse y, por lo tanto, cometer errores.

En resumen, parece insuficiente tener una sola secuencia en mente para enfrentar *todas* las formas en que se puede desarrollar la negociación.

Por otro lado, la experiencia y la observación han permitido el surgimiento de *diez principios de estructuración* que guían al negociador para avanzar con la mínima probabilidad de riesgo, independientemente de los obstáculos encontrados a lo largo del proceso. En cualquier etapa en que se encuentre la negociación, estos *diez principios actúan como un mapa y una brújula para ayudar a mantener el rumbo*. Contribuyen a ajustar su preparación con relación al intercambio con la otra parte y en caso de una eventual sorpresa. Se presentan en la primera sección de este capítulo.

Además de una secuencia de negociación típica y estos principios de estructuración, también debemos confiar en las propias habilidades del negociador, en sus principios rectores, su intuición, la profundidad de su carácter, su habilidad para aprovechar las oportunidades ofrecidas por diversas circunstancias y, en una palabra, su *adaptabilidad*. Esta capacidad humana conduce a soluciones apropiadas. Es el sentido de *qué hacer, con quién, cómo y cuándo*, lo cual resume el arte y el genio de un negociador.

Diez principios estructurantes para seguir adelante

Estos principios son una elaboración de la misma idea: *el negociador debe tratar lo esencial antes de preocuparse por lo obvio*, en lugar de simplemente hacer lo obvio mientras olvida lo esencial.

Lo obvio, por etimología, significa "lo que se puede ver desde lejos" y que, como resultado, se impone automáticamente a nosotros. La paradoja es que, si lo obvio se puede ver desde lejos, al final lo perdemos totalmente de vista. Hemos perdido la cuenta de las negociaciones estropeadas por el comportamiento dictado por su influencia y por los obstáculos creados por su prevalencia. El problema con el comportamiento obvio es que él mismo no se cuestiona como tal. Se impone a nosotros, y con frecuencia a otros, con el choque de deseos que lo acompaña. Debe hacerse, no porque se haya demostrado que debe ser hecho, sino porque nuestro instinto nos hace proceder de tal manera, como durante mucho tiempo fue "obvio" que el Sol giraba alrededor de la Tierra. La historia, particularmente la de las ciencias, está salpicada de verdades controvertidas, o cuando menos matizadas, que contradecían o modificaban la opinión obvia.

En lugar de implementar automáticamente lo obvio, un negociador debe lidiar con lo esencial: lo que está en el centro de la negociación y que será indispensable para su progreso y éxito. En resumen, para avanzar hay prioridades entre los comportamientos. Por lo tanto, las matemáticas de este *método de negociación* residen en: primero lo primero. Revisemos, uno por uno, estos principios que son fundamentales en cualquier momento de una negociación para poder estructurar la secuencia de la manera más efectiva posible.

Preparación *antes* de acción

Este primer principio fue el tema principal del Capítulo 2. Aquí podemos agregar dos elementos.

Por un lado, la secuencia de negociación puede y debe incluir tiempo para una preparación renovada. De hecho, la preparación inicial puede volverse obsoleta. El contexto de una negociación específica se ve afectado por la nueva información, la llegada o salida de un participante, un cambio repentino en el mercado o una modificación inesperada en el entorno legal. En estos casos, es mejor prepararse una vez más que actuar de inmediato. A veces, una simple interrupción será suficiente para permitir que la situación se reconsidere y se identifiquen las implicaciones clave; otras veces, el aplazamiento es necesario.

> **Un ejemplo de un ajuste radical dictado por las circunstancias.** A fines de 1996, en Francia, uno de los autores estaba asociado al Diálogo Nacional para Europa, una amplia consulta organizada por el ministro de Asuntos Europeos de Francia, Michel Barnier[19]. A lo largo de varios meses, esta iniciativa, desarrollada en medio de los resultados mixtos del referéndum para el Tratado de Maastricht, dio paso a muchas reuniones públicas sobre el futuro de Europa. Cada una de estas reuniones regionales tuvo que estar

---

19 Lempereur, Alain, "Bilan du Dialogue National pour l 'Europe. Essai sur l 'identité européenne des Français". En *L'Année europ éenne*, 1998, pp. 254-260.

bien preparada porque los representantes de las tesis nacionalistas se comportaron con vehemencia e incitaron al acalorado debate. Dicho esto, la disolución de la Asamblea Nacional fue el más inesperado de todos los desafíos. Se anunció justo en medio de la redacción del informe. De repente, este informe, concebido sin ningún motivo partidista para presentar el estado de la opinión pública francesa acerca de la cuestión europea, generaba el riesgo de crear posiciones explosivas a lo largo de la campaña electoral. Se decidió que era necesario esperar. Se declaró una "pausa"... y el cambio fue radical: ya no escuchamos sobre este Diálogo y las elecciones tomaron un lugar central.

En respuesta a desarrollos imprevistos o nuevos, el sabio negociador conoce cómo organizar el tiempo para una nueva preparación, que tambіén corresponde al tiempo para la reflexión. En un sentido más amplio, el proceso de negociación se convierte en una sucesión de negociaciones en la mesa y en los periodos de preparación. La preparación y la negociación se entrelazan, especialmente en el contexto de la "negociación perpetua", tan importante para el cardenal Richelieu. El escenario europeo ilustra esta recurrencia con maratones agrícolas, consejos europeos, por no mencionar una gran cantidad de reuniones con expertos en todas las materias para preparar directivas y regulaciones. Dada la variedad de campos (asuntos exteriores, seguridad interior, justicia, finanzas, agricultura, etc.) y niveles (jefes de Estado, ministros, representantes permanentes, la Dirección General de la Comisión Europea y expertos), las negociaciones europeas necesariamente se cruzan entre preparación y negociación.

Además, *la preparación debe realizarse incluso cuando no se prevé una negociación específica.* Por eso es importante prepararse para la negociación *en general.* La preparación para una crisis potencial encaja bastante bien con estos criterios. El mejor momento para prepararse para la resolución de un conflicto social no es cuando explota, sino mucho antes. Todas las formas de anticipación pueden ser beneficiosas desde esta perspectiva.

La educación continua ha demostrado ser efectiva en la adquisición de herramientas de preparación. Las grandes empresas incorporan módulos de negociación en los seminarios de capacitación ofrecidos a sus empleados, no solo para prepararlos para las negociaciones que realizarán con sus colegas a partir del día siguiente, sino también para aquellas que se llevarán a cabo con clientes y proveedores. Los módulos de negociación les permiten a los participantes experimentar en negociación a través de simulaciones, aprovechar la oportunidad de evaluar sus errores y aprender de estos, tomar conciencia de sus fortalezas, familiarizarse con nuevas técnicas y, a través de todo ello, prepararse para las negociaciones que enfrentarán en sus vidas profesionales. Simular hoy la realidad de mañana favorece una clara anticipación de lo que está en juego en la negociación.

Coalición *antes* de participación

Este principio se aplica cada vez que el negociador participa en una negociación que involucra a un gran número de partes. Tal es el caso de las organizaciones multilaterales, cuando hay varias docenas de delegaciones o incluso casi doscientas, como en la Organización de las Naciones Unidas (ONU). Ningún negociador puede gestionar tantos representantes en forma simultánea, *a fortiori* si hay varios temas para discutir. Las combinaciones que contienen tantas variables escapan incluso a los matemáticos más brillantes y dan como resultado el caos. Por esto es que la tarea de *construir coaliciones precede a la participación* en tales negociaciones. Es un subprincipio de la necesidad de prepararse antes de la acción.

Este principio de movilización preliminar, cuando los negociadores se encuentran cara a cara con representantes de otras entidades cruciales, es esencial cuando no tienen la mayoría en el proceso de toma de decisiones. Tomemos el ejemplo de la adopción de una directiva por parte de la Unión Europea (UE), compuesta por veintisiete estados miembros. Supongamos que los intereses de un país lo convierten en un defensor militante de la adopción de la directiva. En lugar de negociar con otros veintiséis países en sesión, es imperativo que su representante comience por convencer a varias otras naciones clave para garantizar la mayoría. Él debe formar una coalición antes de intervenir en la sesión plenaria. Una negociación multipartita que se prepara de esta manera está casi terminada antes de que se inicie oficialmente.

Las coaliciones tempranas presentan otra ventaja relevante: definen las reglas que se deben cumplir durante la sesión plenaria. También constituyen una excelente manera de ganar terreno de antemano: asociarse con un aliado desde el principio lo involucra en la elaboración de soluciones, así como en el formato de la decisión final. Esta participación ascendente, en forma de coaliciones, debe ir acompañada de participación descendente, en la sesión plenaria, donde se lo invita a expresarse. Por lo tanto, para quienes hayan contribuido a apropiarse de la decisión final, será fácil ponerla en práctica y prever sus consecuencias.

Este mecanismo de consulta aplica de manera implícita el principio de coaliciones tempranas. La asociación, tan precoz como sea posible, es primordial para el éxito en casos como la reforma de grandes proyectos de instalaciones comunitarias. "No es porque consultemos que podemos aprobar un proyecto, pero es casi seguro que, sin una consulta, no podríamos hacerlo", explicó el exprimer ministro francés Michel Rocard cuando fue entrevistado acerca de un gran programa de infraestructura en los alrededores de

Cergy, cerca de París.[20] Las compañías farmacéuticas consultan de antemano a las autoridades científicas y administrativas para evitar el rechazo una vez que su producto está a punto de ser lanzado en el mercado. Del mismo modo, las empresas que prevén una fusión que podría afectar a la competencia y crear una posición dominante en Europa consultan con las autoridades antimonopolio, en particular la Dirección General de Competencia de la Comisión Europea, que indica en qué condiciones es legal su fusión.

El principio de coaliciones también se aplica a la gestión del cambio en las empresas. Tomemos el caso del gerente que no consideró necesario formar coaliciones tempranas con las partes interesadas de su empresa y luego se encontró aislado durante las negociaciones con los empleados. No pidió a los miembros de su comité ejecutivo que explicaran el propósito de sus reformas a los empleados, ni se reunió con los representantes de estos. Negoció durante la sesión en lugar de delegar la tarea a su director de Recursos Humanos. Hizo los preparativos en total aislamiento y su forma de liderazgo, que no tenía en cuenta la necesidad de cooperación, fue denunciada por el sindicato. Convencido de la superioridad de su posición, se encontró con una huelga a cuestas y una amplia cobertura mediática. Este gerente tuvo dificultades para defender su comportamiento ante la junta directiva, especialmente porque no había solicitado su opinión acerca de su estrategia solitaria.

En términos de proceso, la búsqueda de coaliciones utiliza canales más o menos oficiales. Como regla general, ocurre tras bastidores, durante encuentros informales en los pasillos de la periferia de la negociación. Por todas estas razones, siempre que las negociaciones involucren a múltiples partes, cuanto más tangibles sean nuestros logros antes

---

20 Carlo, Laurence de y Lempereur, Alain P. *La Francilienne, Multi-media Case Study*, CD-Rom. ESSEC, 1999.

de que la mesa se llene, mejor. Dedicado a negociaciones complejas, el Capítulo 7 trata sobre la gestión de coaliciones.

Poniendo a las personas *antes* que todo lo demás

Cuando comienza una reunión, la relación entre los negociadores presentes en la mesa es primordial y esta debe ser la preocupación, ante todo por una simple razón: *si no hay relación, no hay posibilidad de una buena negociación.*

Estableciendo la relación

Referirse a una relación supone, como mínimo, un punto de contacto para el intercambio de información. El "establecimiento del contacto" constituye una prioridad que es familiar a los negociadores de crisis policiales cuando se enfrentan a situaciones extremas como, por ejemplo, alguien asaltando un banco o reclusos que se rebelan dentro de una penitenciaría. En estos contextos, a través de dicho contacto el negociador crea una relación de confianza en un intento de devolver a los secuestradores a un estado mental más razonable.

Fuera de estos casos extremos, el *contacto* ya ha sido establecido. Pero, ¿ha sido creada la *relación?* Un error frecuente es considerar a la persona frente a nosotros como un componente simple de "negocio". El peligro de la expresión "relación comercial" es que la segunda palabra y todos sus cálculos tienden a eclipsar a la primera, aunque la "relación" sea el requisito previo. Tenemos que abordar la relación por sí misma y olvidarnos de los negocios por un momento, para dedicarnos no a la persona que enfrentamos, sino a la que está *con* nosotros en un proceso.

En la negociación debemos personalizar antes de racionalizar. Debemos desconfiar de un enfoque impersonal que ignore a la otra persona, o incluso la use, porque "los negocios son negocios". Los negociadores no son intercambiables, es importante tomarse el tiempo para conocer a la otra persona. El otro negociador importa y su importancia debe ser reconocida.

El negociador es una persona animada por sentimientos y emociones, situada en una historia y que posee un punto de vista único impulsado por esperanzas, temores, ambiciones, una cultura, etc. Por eso la relación es tan crucial. Una buena relación ayuda a comprender las motivaciones del otro, que son la fuerza motriz detrás de la negociación. También ayuda a revelar nuestras propias motivaciones al otro. Tomemos el ejemplo de un médico que recibe varias visitas de representantes farmacéuticos que promueven los beneficios de su respectivo medicamento para los pacientes. En general, este médico les da muy poco tiempo a estos representantes, cuyos argumentos de venta le aburren rápidamente. Sin embargo, si él manifestara un interés personal en uno de ellos, podría descubrir que es padre de un niño discapacitado y que eligió realizar este llamado porque cree en las virtudes de la medicina y en el papel de las compañías farmacéuticas en la promoción de investigaciones orientadas a ayudar a los discapacitados. Con estas pocas palabras, el médico habría aprendido acerca de los valores personales de este representante. La relación de confianza inculcada por el simple hecho de hablar con él por un instante lo ayudaría a comprender mejor la relevancia de los argumentos profesionales que seguirán. Le tranquilizaría la base ética del llamado de esta persona, debido a lo que habría descubierto.

A veces, los negociadores deben crear relaciones con personas de las que se dice que son "difíciles"[21]. A menudo dudamos en hablar con ellas y rara vez las conocemos.

---

21 Ury, William, *Getting Past No.* Random House, London, 1991; Stone, Douglas; Patton, Bruce y Heen, Sheila, *Difficult Conversations*, Penguin, New York, 1999.

Sin embargo, en cada ostra descansa la posibilidad de una perla. Los grandes negociadores son, ante todo, excelentes abridores de ostras. Abren lo que otros consideran "cerrado" para siempre. Aun así, uno debe encontrar el ángulo de enfoque correcto. Como nos recuerda Callières[22], el filósofo estoico griego Epicteto (55-135) sugiere que cuando luchamos con nuestro hermano, debemos abordar el asunto desde lo que nos hace hermanos antes que desde la base de nuestra disputa. Una copa con frecuencia tiene dos asas, una que se está quemando, por la cual no podemos sostenerla, y otra que está fría y que podemos agarrar. Un buen negociador sabe cómo agarrar la copa por donde está fresca cuando su contenido está caliente y sabe cómo calentarse cuando está frío. El arte de las relaciones se basa en saber cuándo controlar las emociones y cuándo invocarlas.

Cultivando relaciones

En la medida de lo posible, las relaciones deben desarrollarse fuera de una negociación particular. Así, cuando surge un tema, la relación, suficientemente profundizada antes en un contexto sin tensión, facilita el trabajo por venir. Cuando Richelieu evocaba el concepto de negociación "perpetua", también quería poner énfasis en la necesidad de negociar independientemente de objetos particulares, "solo" por el bien de la relación. Los buenos negociadores siguen cultivando relaciones. Por lo tanto, prevalece el concepto de negociación "en barbecho": al igual que un agricultor labora su tierra sin sembrar para dejarla descansar, el negociador debe dejar de lado los problemas y cultivar las relaciones por sí mismas, aunque no haya ninguna negociación "obvia" o solicitud específica, ni ningún problema

---

22 *The Encheiridion or Manual of Epictetus.* Loeb Classical Library ([1928], 1985), vol. II, pp. 526-527; citado en Callières, *op. cit.*, p. 163.

pendiente. La paciencia ayuda a conocer y entender al interlocutor. Planta las semillas para el futuro, cuando habrá una necesidad de negociar "algo".

La prioridad otorgada a las relaciones fue un punto clave en todas las grandes obras diplomáticas de los siglos XVII y XVIII. En su *Discurso sobre el arte de negociar*,[23] Antoine Pecquet subraya que la primera tarea de un embajador que llega a un país extranjero es reunirse con su interlocutor clave (a menudo el ministro de asuntos exteriores) y luego con todos los demás embajadores presentes en la capital. El objetivo de estas visitas nunca fue discutir el corazón de los asuntos en cuestión, sino más bien construir relaciones.

Hasta la actualidad, la "diplomacia del cóctel" conserva este papel en el campo de la diplomacia internacional: los cócteles y las recepciones les permiten a los diplomáticos cultivar relaciones con sus contrapartes mientras comparten información de manera informal. Del mismo modo, los jefes de Estado suelen asistir a los funerales de sus congéneres para expresar su estima por los fallecidos y dar fe de la amistad que une a sus pueblos, pero también porque estas ceremonias les ofrecen una ocasión no oficial para reunirse en el mismo momento y lugar, para forjar y profundizar las relaciones.

La importancia de las relaciones también se encuentra en los negocios, ámbito en el que las cenas han dado paso a los desayunos, ambos etiquetados como "de negocios". Estas comidas no ocurren por la alegría de aumentar los gastos. Su función es permitir una mejor comprensión de los interlocutores, para probar suavemente sus motivaciones, durante la comida, "entre la pera y el queso", como lo expresan los franceses. Estas comidas pueden significar afecto, a través de una muestra de respeto, que no puede ser reconocido de otra manera. También son un medio para

---

23 Pecquet, Antoine, *Discours sur l'art de négocier.* Nyon Fils, Paris; reedición ESSEC IRENE, Paris-Cergy, 2003.

decir no, con elegancia. Todas las demás formas de socialización, como los partidos de tenis o golf, una invitación a un importante partido de fútbol o un balcón en la ópera, convergen en este desarrollo de relaciones. Con el mismo espíritu, otros gestos (una nota amable, una botella de vino o un ramo de flores) a menudo obrarán, para una negociación, mucho mejor que otros mil euros en el balance final de la empresa.

Restablecer relaciones. Debido a que las relaciones son cruciales, cualquier cosa que pueda restaurarlas después de una crisis debe hacerse. Una disculpa es un ejemplo digno de mención. Con demasiada frecuencia, los negociadores se resisten a tales acciones, incluso cuando las circunstancias lo requieren: piensan que admitir sus errores los pondrá en una posición de debilidad. En realidad, desde la perspectiva de la otra parte, una disculpa no es una debilidad sino un reconocimiento de un error previo. Es un reconocimiento sin el cual la negociación es incómoda, y que demuestra honestidad y buena fe. La experiencia ha demostrado que una disculpa, formulada con sinceridad, es la concesión menos costosa. Solo afecta el ambiente de negociación, no la sustancia. Aún mejor: una concesión de este tipo de nuestra parte a menudo es retribuida por una concesión de la otra parte.

Cuando se bloquea la negociación porque la relación entre las partes se ha deteriorado, y si todos los esfuerzos anteriores han fallado, quedan dos opciones. La primera es dar un tiempo a la situación. Mazarino, más tarde retomado por Talleyrand, se refería al "tiempo para sí mismo". El tiempo no borra todo, pero contribuye al apaciguamiento de las pasiones, a los cambios de comportamiento y al resto que con frecuencia supera los obstáculos. Algunas culturas alientan la virtud de la paciencia en la negociación. El tiempo es su amigo. En contraste, otros lo asimilan al dinero y a veces les parece innecesario desarrollar una relación, por lo cual buscan terminar rápidamente. Consideran que el número de relaciones es más importante que su calidad. Este enfoque puede ir acompañado de un mayor número de transacciones, pero rara vez por relaciones duraderas.

Otra opción, más inmediata, es cambiar los negociadores, con la esperanza de que el sucesor sepa cómo construir una relación de trabajo. Por naturaleza, este reemplazo debe ser ejecutado con tacto para evitar una ofensa. Un ejemplo fuerte de ello se encuentra en el conflicto israelí-palestino, en el que el primer ministro israelí Ariel Sharon consideraba a Yasser Arafat, el presidente de la Autoridad Palestina, *persona non grata*. Arafat tuvo que nombrar a Mahmoud Abbas, con quien los gobiernos israelí y estadounidense estaban dispuestos a negociar, para que las discusiones se reanudaran, cuando menos por un tiempo.

Tensiones en las relaciones. La ira, los ataques verbales, los insultos y la agresividad indican tensiones interpersonales. Las emociones y sus manifestaciones, más o menos activas, ocupan un lugar importante en la negociación. Esta es la razón por la que el Capítulo 6 está dedicado a la gestión de las tensiones emocionales; entendiendo sus orígenes, analizando sus consecuencias y sabiendo cómo evitarlas por medio de técnicas apropiadas. A continuación encontrará algunos efectos negativos que estas tensiones pueden producir en la negociación.

- La ansiedad, la frustración y la ira conducen a una escalada que es incompatible con la discusión y la reflexión; la comunicación entre las partes se vuelve imposible.
- Las percepciones de la realidad se vuelven cada vez más problemáticas y sesgadas en ambos lados; todos los eventos son vistos a través de un filtro de prejuicio inicial; estos sesgos alteran la capacidad de uno de apreciar situaciones y, por lo tanto, de tomar de-

cisiones; las diferencias se exacerban y los puntos de convergencia se devalúan o se ignoran; se vuelve difícil para las partes ver compatibilidad o complementariedad entre sus respectivos intereses.
- Sintiéndose amenazada por el otro, cada persona tiende a atrincherarse en su posición, olvidando sus verdaderas motivaciones y obstruyendo así la negociación.
- La relación se deteriora y luego se interrumpe, poniendo fin a las conversaciones, lo cual hace que la negociación sea impredecible.

En estas situaciones, la prioridad debe ser *encarar estas tensiones emocionales antes de abordar el tema*. Extraer los productos horneados de un horno caliente requiere un guante manopla. "Ponerse el guante para el horno", en la negociación emocional, consiste en tomar las emociones en serio en vez de asumir que no nos queman. Algunas personas pueden soportar mucho, pero ninguna soportará todo para siempre. Así como el proverbio judío nos lo recuerda: "Uno puede cargar un objeto pesado por un corto tiempo, un objeto ligero por mucho tiempo, pero no un objeto pesado por mucho tiempo".

Por lo tanto, cuando "la olla se calienta" en la negociación, tenemos que cuidarla, para que no se caliente demasiado y se arruine el estofado. Debemos actuar con rapidez, por encima de todo lo demás. Una vez que la temperatura aumenta, debemos bajar el calor o retirar la olla de la cocina. El verdadero arte de cocinar es saber cuándo es suficiente. Siempre podemos volver a poner el plato en el horno, pero nunca "descocinar" lo que está quemado.

Proceso *antes* de resolución de problemas

Si debemos ocuparnos de las relaciones, las emociones y la escucha, ¿cuándo podemos tratar con la sustancia? Hay una tendencia entre la mayoría de los negociadores a agarrar el toro por los cuernos. En otras palabras, a atacar inmediatamente los problemas. Pero seguramente hay en realidad mucho tiempo para hacerlo, especialmente si se trata de un asunto complicado. Nuestro *método de negociación* atiende los pasos preliminares. Cuanto mayor sea el número de personas involucradas y de temas que se discutirán, más importante será tratar *la manera de negociar* y no solo el contenido. Es mejor comenzar lentamente para acelerar el proceso siguiente, que retrasarse porque se inició con demasiada premura. Saber cómo construir relaciones lleva tiempo y también lleva tiempo un buen proceso.

Más de una negociación ha fracasado, no por sus problemas, sino por la ausencia de un proceso claramente definido. El proceso en la mesa de negociación consiste en la agenda, una línea de tiempo y ciertas reglas de conducta. Establecer una agenda contribuye a romper el hielo y determinar los puntos a tratar para definir el alcance de la negociación. Si a las partes se les permite introducir puntos en cualquier momento dado, existe un gran riesgo de nunca concluir. Sin embargo, la negociación necesita una conclusión, o al menos una nueva ronda; de manera similar a lo que propuso Montesquieu, la ley se establece no solo por lo que es justo, sino también por lo que está concluido. El cronograma determinará el tiempo asignado a cada punto, previendo cuándo es necesario que los negociadores traten los temas en los subcomités y cuándo deben regresar a la sesión plenaria. Los acuerdos de Taba entre palestinos e israelíes, aunque eran bilaterales, reunieron a doscientos negociadores para abordar diversos puntos de desacuerdo. Podemos imaginar la complejidad del proceso. Antes de participar en una discusión sobre el tema, tenían que ponerse de acuerdo sobre la manera de continuar, algo que no era tarea fácil.

Negociación entre minoristas e industria en Francia. Imagine un minorista (C) que está negociando la compra de yogurt con un proveedor (D). A primera vista, no hay nada más sencillo: convocamos a dos negociadores que se reúnen cara a cara y acuerdan un precio y un volumen. De hecho, el proceso es significativamente más complicado para que el yogurt llegue a la mesa del desayuno. Las cantidades varían en decenas de millones de unidades. Si el acuerdo contiene un error en el volumen o en el precio, las consecuencias podrían ser enormes para los ingresos de una o ambas compañías. No solo hay dos negociadores "solitarios" que participan de este proceso, sino un equipo de cada lado. Una posible secuencia de negociación es la siguiente: cada lado reúne a sus especialistas (E) en calidad, fechas de vencimiento, logística y transporte, protección de la cadena de frío, ofertas promocionales, pago y su aplazamiento, etc. Estas personas pertenecen al equipo de C (EC) o al de D (ED). Ayudan al "jefe de la delegación" de C (JDC) o D (JDD), ya sea físicamente en la mesa de negociación, listos para intervenir una vez que se discuta su especialidad, o virtualmente, a través de una preparación exhaustiva en su área de pericia (Figura 3.1).

Figura 3.1

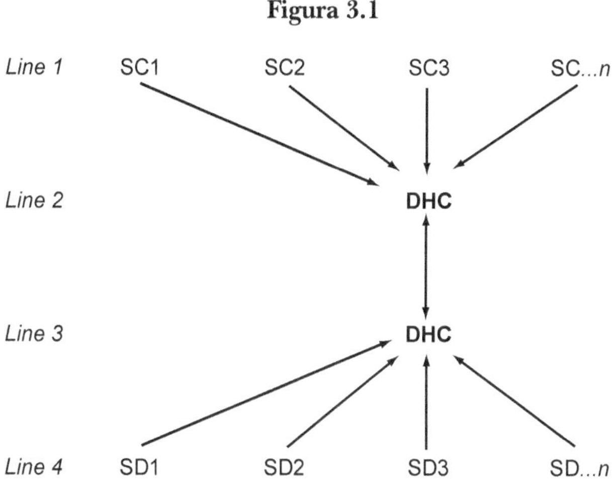

Este proceso (preparación interna, seguida de una negociación externa, con posibles interrupciones durante las sesiones) parece inevitable, pero se pueden considerar otros métodos. Durante una conferencia sobre negociación entre la industria y los negocios, organizada por ESSEC IRENE, el siguiente proceso fue presentado por Rémy Gérin, presidente de una empresa líder en el sector minorista en Europa (Figura 3.2).

- En el primer paso, las negociaciones preliminares por sector tienen lugar entre especialistas, con el cuidado de explorar todas las soluciones posibles y conservar las más útiles para ambas partes, sin necesariamente definirlas con precisión o hacer un compromiso final.
- A continuación, en el paso dos, internamente, estos especialistas informan sus descubrimientos y recomendaciones a sus jefes de delegación (JDC y JDD). Luego arbitran entre las diferentes opciones presentadas.

Figura 3.2

Paso 1

Línea 1	EC1	EC2	EC3	EC...n
Línea 4	ED1	ED2	ED3	ED...n

Paso 2

JDC

Línea 2   EC1   EC...n

Línea 1   EC2   EC3

Línea 3   ED1   ED2   ED3   ED...n

Línea 4   JDD

- En el paso tres, el proceso se abre con una reunión entre los dos jefes de delegación. El beneficio de este proceso de tres pasos es que se ha despejado el camino para los voceros y, sobre todo, las soluciones creativas han surgido con mayor facilidad. Si hay cinco negociaciones que abordan cinco temas tratados por expertos, existe una mayor posibilidad de que estos deseen encontrar mejores soluciones, como las que los portavoces nunca habrían soñado.

Aclaremos que el proceso no es neutral y que puede influir en la resolución de problemas. En el Congreso de Viena, en 1814, Talleyrand logró convencer a las grandes potencias victoriosas (Austria, Inglaterra, Prusia, Rusia) de que Francia, aunque derrotada, debería ser aceptada en la mesa de negociación. La presencia de los "derrotados" en las negociaciones representó una "victoria" procesal. Esta fue de corta duración porque la venganza procesal de los cuatro vencedores consistió en considerar la asamblea plenaria nada más que como una ratificación de los resultados alcanzados en reuniones privadas entre ellos.

Escuchar *antes* de hablar

Tenemos la tentación de escribir: "Olvídate de hablar y, más bien, concéntrate en escuchar". Todo discurso es inútil si la otra parte no está lista para escuchar. A menudo, el otro no quiere escuchar hasta haberse expresado. Es un fenómeno común que consiste en querer "sacarlo del pecho primero". Pero, ¿dónde está el problema de dejar que los demás se expresen antes de nosotros? ¿Nuestro objetivo es hablar primero o ser escuchados?

Contrariamente a lo que algunos consideran obvio, el buen negociador no es el que más habla, habla primero o dice todo. Talleyrand hizo del "arte del silencio" una de sus claves para el éxito. Al escuchar, reunía información y preparaba cuidadosamente su respuesta. La experiencia subraya la importancia de escuchar antes de hablar. Dejemos que el otro hable primero si así lo desea:

- Quizás reconozca la cortesía de este gesto con respecto a la relación.
- El periodo de escucha nos permitirá aumentar la información a nuestra disposición. Quizás algunas de sus motivaciones queden claras.

- Tal vez dirá cosas que nosotros hubiéramos sugerido, propondrá lo que habríamos pedido. Son más razones para permitirle que hable primero, para que podamos "conceder" o consentir en lugar de sugerir o exigir.
- Al contar con información tan nueva y precisa, podemos presentar mejor nuestro caso, de manera personalizada y convincente.
- En cualquier caso, en nombre de la reciprocidad, después de haber escuchado, tenemos un fuerte precedente que servirá de trampolín para que podamos expresarnos y ser escuchados.
- Finalmente, hablar en segundo lugar nos impide exponernos sin razón, reservar la revelación de cierta información o guardar una refutación para el momento óptimo.

Sin ser cínicos, hay que aplazar la vanidad humana. El otro orador quiere oírse tanto como sea posible y tomar el control de la conversación. El error es asumir que el otro quiere escucharnos, dado que le gusta su propia voz encantadora, como se muestra en la fábula de La Fontaine *El cuervo y el zorro*. Queriendo impresionar al zorro con su hermosa voz, el cuervo abrió la boca y dejó que su sabroso queso cayera al suelo, donde estaba el zorro, muy feliz de recogerlo.

Incluso en el caso extremo de los rehenes, la prioridad del negociador es escuchar al secuestrador para obtener la mayor cantidad de información posible sobre su perfil psicológico, situación logística, equipo, sus intenciones, el estado de los rehenes y los motivos que incitaron dicha actuación. Esta información indispensable se adquiere a través de la escucha activa (Capítulo 5).

Esta fase de escucha también ayuda a descubrir la perla dentro de la ostra. Incluso en la posición más irracional suele haber un grano de razón. Una vez que se descubre este grano, se debe aislar, cuidar, regar y nutrir. Talleyrand, cuando estaba en desacuerdo, nunca discutía con la otra parte, ya que estaba convencido de que no serviría para nada. Buscaba en el discurso del otro aquellos puntos que pudieran apoyar los suyos y luego se enfocaba, lo más que podía, en aquellos elementos compartidos.

Agrandar el pastel *antes* de cortarlo

Al manejar los problemas en las negociaciones, es esencial evitar reducirlos solo a la división del valor existente. Un reflejo *obvio*, especialmente en tiempos difíciles, es decir: todo lo que pueda reivindicar al principio de la negociación habrá sido tratado y logrado; por lo tanto, debo tomar la parte del león para evitar que el otro la obtenga.

Este enfoque se lleva al extremo cuando una parte se apodera unilateralmente de todo el valor disponible antes de que comience la negociación, simplemente para estar en la llamada posición de poder. Tal es el caso de las ocupaciones, la anexión de territorios y las huelgas preventivas. Pero lo que ganamos por la fuerza o el exceso, rara vez se puede conservar de manera legítima. Veamos el ejemplo de una toma de posesión hostil.[24] Se adquiere la empresa objetivo, pero sin haber podido negociar los términos de la fusión, el respeto por su identidad, el destino de su personal o la distribución de responsabilidades dentro de la nueva organización. Con un rayo, la empresa adquirente busca imponer su voluntad sin discusión. ¿Pero qué pasa en las próximas semanas y los meses por venir? Líderes clave en la empresa adquirida renunciaron, llevándose con ellos

---

24 Beaufort, Viviane de, y Lempereur, Alain Pekar, "Negotiating Mergers and Acquisitions in the European Union". En Pervez Ghauri y Jean-Claude Usunier (eds.), *International Business Negotiation*. Pergamon, Oxford, 2003, pp. 291-324.

conocimiento y clientes; la productividad cae; aumenta el absentismo. Al querer adquirir todo el valor disponible, el comprador corre el riesgo de encontrarse con una cáscara vacía por la que pagó mucho. Es una verdadera victoria pírrica.

Las relaciones comerciales pueden conducir a esta lógica de apropiación pura, guiada por el desprecio de las necesidades de los demás. Si un vendedor engaña a alguien, jugando con su ignorancia, y vende una vieja guirnalda de Navidad por una cantidad exorbitante, mejor para ellos, dirían algunos. El comprador debería haber sido más astuto: *caveat emptor*. Esta táctica explotadora presenta muchos problemas y su iniciador corre varios riesgos. Primero, tal preferencia por el corto plazo va a contaminar relaciones futuras y cualquier acuerdo puede no ser válido. Negarse a colaborar, compartir nada, o muy poco, es el mejor medio para alienar a los demás, a menudo sin apelación. Estos otros, si la experiencia se repite, formarán una coalición y buscarán un efecto búmeran. Esta es la razón por la cual el poder dominante en un sistema hegemónico a veces se encuentra en una posición delicada, apartada, para beneficio de otro poder. La insistencia desenfrenada en reclamar todo el valor para uno mismo conduce a la pérdida de reputación y credibilidad personales.

Antes de cualquier esfuerzo individual para adquirir valor, uno puede probar un enfoque diferente que consiste en trabajar con la otra parte en pos de encontrar medios para crear valor, juntos. En otras palabras, según el contexto, el objetivo es tratar de producir más, en mejores condiciones para todos, crear un sistema en el que cada parte colabore en la toma de decisiones y agregue su experiencia.

Si bien es esencial, este proceso preliminar de creación de valor no es instintivo. Se necesita tiempo para sentirse cómodo con su lógica y para que la otra parte se adhiera a ella también. Que es esencial no es una ilusión. ¿Quién diría que Europa está mejor hoy, después de medio siglo de cooperación y construcción negociada, en su conjunto, en comparación con el medio siglo anterior, hasta 1945, que estuvo marcado por la competencia nacionalista y las dos guerras mundiales en las que fue la víctima principal? ¿Quién hubiera pensado, en 1945, que Alemania y Francia podrían "crear valor juntos" en lugar de atacarse mutuamente? Uno tenía que intentarlo para creerlo, creando confianza entre los nuevos aliados y favoreciendo el comercio, la interacción humana y la interdependencia política.

Para las corporaciones, esta lógica de creación de valor requiere el establecimiento de alianzas estratégicas. En el sector industrial, por ejemplo, las compañías aeronáuticas nacionales europeas unieron fuerzas para crear Airbus, y luego EADS, para competir con sus homólogos estadounidenses en lugar de agotarse en la competencia interna. Tras varias décadas de rivalidad en los cielos transatlánticos, Air France y Delta Airlines se unieron para crear Skyteam. Uno se basa en el otro y viceversa, cuando sus intereses lo dictan. Los pasajeros de Delta llegan a África u Oriente con facilidad, gracias al servicio regular de Air France. Por otro lado, los pasajeros de Air France disfrutan de un viaje más fácil en América del Norte gracias a Delta. También les interesa a los clientes, que acumulan millas de viajero frecuente.

Incluso, y, sobre todo, en situaciones de conflicto se debe crear valor antes de que se considere su distribución. Un mediador recuerda una polémica situación entre empresas en la que intervino. Las apuestas estaban en los millones de dólares. Trabajó con las partes para intensificar sus relaciones comerciales y generar más ganancias entre ellas, de modo que la brecha que se derivaba de su conflicto inicial se redujese considerablemente. Consideremos que la compañía A le está pidiendo 100 unidades de un producto a la compañía B. Si estas dos empresas, a través de una nueva alianza en torno de un determinado producto, crean 80 piezas para la compañía A, el conflicto se basa únicamente en las 20 restantes. Por lo tanto, una colaboración tan inesperada facilitó la resolución de la disputa.

La clave en la resolución de problemas es crear valor primero. Obviamente, uno debe distribuir el valor creado juntos. Pero, por lo menos, un pastel más grande dará rebanadas más generosas y quizás el espíritu de colaboración desarrollado durante la fase de creación de valor pueda permanecer en la fase de distribución. Todos estos aspectos de la creación de valor preliminar y la posterior distribución se detallan en el Capítulo 4.

Inventar soluciones *antes* de tomar decisiones

Debemos ser capaces de concluir una negociación. Más importante aún, debemos conocer el momento adecuado para hacerlo. Sin embargo, demasiadas negociaciones concluyen prematuramente: los negociadores se contentan con el primer acuerdo identificado sin buscar uno mejor. Sin embargo, el objetivo de la negociación no es encontrar un acuerdo: es buscar el mejor acuerdo posible, uno que optimice los intereses de los presentes. Las negociaciones apresuradas dejan valor en la mesa. No explotan todos los medios posibles para hacer más grande el pastel.

Tres factores son útiles para explicar el cierre prematuro de tantas negociaciones. Primero está la creencia generalizada de que el éxito de una negociación puede medirse por su rapidez. La experiencia demuestra que el buen negociador no avanza demasiado rápido. El segundo factor es el alivio: regocijándose de haber encontrado una salida, los negociadores agarran la primera solución que acuerdan. El tercero es la fatiga: cansados de su batalla, los protagonistas ceden ante el primer acuerdo.

Debemos protegernos de tal prisa, que da lugar a acuerdos que están demasiado cerca del punto de equilibrio y apenas satisfacen a una o ambas partes. Estos son acuerdos "uf", como en "uf, se ha llegado a un acuerdo y ahora esto finalmente ha terminado". Antes de cerrar la discusión, debemos verificar si no hay otro camino que pueda conducir hacia un mayor valor agregado. ¿Cómo podemos asegurarnos de que hemos maximizado nuestras posibilidades de encontrarlo? El compromiso no debe terminar antes de que se hayan explorado muchas soluciones. Este llamado a la creatividad requiere una lluvia de ideas. Es lo que la retórica denomina la fase *inventio*. Debemos comenzar inventando escenarios que luego serán evaluados en función de la medida en que satisfacen las motivaciones de ambas partes.

La fórmula de un acuerdo *antes que* los detalles

William Zartman y Maureen Berman[25] distinguen *la fórmula* de *los detalles* en la negociación. La fórmula constituye la expresión clara del objetivo compartido de los negociadores, del cual extraen su verdadera motivación. Es importante encontrar una fórmula simple para definir los términos del intercambio lo más rápido posible en el curso de la negociación. De la fórmula surgen los detalles del acuerdo, derivados del principio general, moldeados a cada dimensión del problema.

El pasaje a la semana laboral de 35 horas en un fabricante de automóviles francés. La fórmula del acuerdo tenía que resolver una ecuación en la cual la prioridad de la compañía era solucionar la jubilación anticipada de sus empleados y la del gobierno francés era convertir una compañía modelo a la semana laboral de 35 horas. Se encontró la fórmula: la asistencia del gobierno para el financiamiento de la jubilación anticipada se combinaría con la rápida reducción de la carga de trabajo semanal. Una vez que se determinaron los términos del intercambio, todo lo que quedaba eran los detalles. No fue fácil, pero se cumplió con lo esencial, la fórmula.

---

25 Zartman, William y Berman, Maureen, *The Practical Negotiator.* Yale University Press, New Haven, 1992.

Las relaciones internacionales ilustran el desafío de pasar de la fórmula a los detalles. En el conflicto que ha enfrentado a Israel con sus vecinos durante tanto tiempo, la fórmula "paz por territorio" resume el marco en el que se han desarrollado sucesivas negociaciones. Algunas veces con éxito, como fue el caso en Camp David en 1978, cuando Israel devolvió el Sinaí a Egipto a cambio de un tratado de paz bilateral. Otras veces sin él, como en el caso del acuerdo de Oslo por el cual Israel debía devolver algunos territorios ocupados a los palestinos. Pero los detalles de esta fórmula no se pudieron acordar: el porcentaje de territorio que se devolvería a los palestinos, el calendario de la entrega y la división de la soberanía sobre estos territorios, en particular en lo atinente al manejo de la seguridad, continuaron siendo puntos de fricción.

Un último ejemplo lo dan las negociaciones, en Sudáfrica, entre Nelson Mandela y Frederik de Klerck en 1991-1992, durante el periodo de transición que debía abolir el *apartheid* y establecer un régimen justo. El principio de una organización democrática de instituciones se estableció mediante una *fórmula simple:* "una persona / un voto", casi tan pronto como ambos dirigentes se encontraron por primera vez, y luego comenzaron las verdaderas negociaciones en torno de los *detalles*.

Evaluar la mejor solución por fuera de la mesa *antes* de concluir

A pesar de los esfuerzos por inculcar confianza al centrarse en las relaciones y escuchar con atención, a pesar de un proceso efectivo, de un enfoque para crear valor e inventar soluciones, hay momentos en que la negociación no produce un resultado que satisfaga las motivaciones de ambas partes. En este punto, debemos distinguir entre sentirse decepcionado o inefectivo "sensaciones bastante comunes en la negociación" y tener la impresión de correr en círculos.

En este caso nos referimos a esto último. La negociación, incluso cuando está bien guiada, no conduce mágicamente a un acuerdo. Si lo intentamos todo para que este sea *constructivo, atento, productivo* e *inventivo,* y a pesar de estos esfuerzos la solución no es satisfactoria, sería aconsejable poner fin a las discusiones.

"Poner fin" significa *concluir* y no *romper* las negociaciones. "Romper" significa, además de la incapacidad de alcanzar un consenso, la humillación personal y el final dañino e inútil de la relación. Debemos convencernos a nosotros mismos de que si cambian algunas condiciones, con ayuda del tiempo, no solo estaremos dispuestos a reabrir la discusión, sino que podríamos ser los primeros en intentar hacerlo. *Por lo tanto, debemos ser firmes frente al problema, sin ser duros con las personas, ni definitivos respecto del proceso.* En el concierto de negociaciones en curso, nunca hay una ruptura completa; como mucho hay "suspensiones" o "aplazamientos", conclusiones hasta tanto se convoque una nueva reunión.

Teniendo en cuenta esta precaución acerca del uso de dichos términos, nunca concluimos negociaciones, ni siquiera en forma momentánea, sin evaluar completamente lo que significará tal conclusión desde el punto de vista de la satisfacción de nuestras motivaciones. Es en este punto en que la noción de *la mejor solución por fuera de la mesa* presentada en el Capítulo 2 entra en juego. No debemos concluir una negociación sin verificar de manera calmada y realista el valor de esta mejor solución alternativa. O, en otras palabras, nuestra capacidad para satisfacer nuestros intereses fuera de la mesa de mejor modo que la solución propuesta.

Tengamos cuidado con una constante en la negociación: la sobrevaluación de esta mejor solución alternativa. ¿Cuántas veces hemos visto a presidentes de empresas y líderes sindicales subestimar el costo de una huelga? Antes de finalizar una negociación, incluso de manera temporal, debemos examinar una última vez con prudencia y claridad nuestra mejor solución alternativa, para *evaluar verdaderamente* el valor que garantiza.

Validar los compromisos *antes* de levantar la sesión

Ya sea por la euforia de haber encontrado un acuerdo o la frustración surgida de negociaciones interminables, a menudo nos apresuramos a concluir, a veces hasta el punto de acortar los momentos finales que deben dedicarse a la concreción de un acuerdo. Por eso debemos trabajar en *formalizar nuestro compromiso antes de partir.*

Debemos controlarnos y evitar sucumbir al atractivo de la premura cuando estamos tan cerca de la meta. No hay nada peor que dos partes que pensaron que se entendían, pero que no se expresaron en un documento común que sea preciso y releído por ambas. Es una puerta abierta a malas interpretaciones, nuevos conflictos e innumerables discusiones futuras con respecto a las respectivas responsabilidades.

Los negociadores deben consolidar el acuerdo, a menudo a través de un documento. Escribirlo puede llevar tiempo, pero esta tarea establece obligaciones recíprocas y reduce el riesgo de una implementación ambigua. El tiempo rara vez es un amigo de la memoria, ya que pueden aparecer muchas inexactitudes; es esencial aclarar los derechos y deberes recíprocos por escrito.

> **El contrato del proveedor.** Un desafortunado ejemplo proviene de un fabricante de equipos que obtuvo un contrato para producir una parte de la cabina para una compañía aeronáutica. Una vez que el proveedor había asumido todos los gastos de I + D para la creación de dicho equipo, incluida su primera entrega al cliente, y comprado y configurado el equipo necesario para producirlo, en el medio del ciclo de producción se encontró subcontratado en beneficio de otra empresa del sector. En ninguna parte de su contrato se decía

que debía mantenerse durante todo el ciclo de producción. Todo el plan de negocios y los márgenes habían sido calculados a lo largo de diez años y ahora, cinco años después, el contrato había finalizado. El proveedor se criticó a sí mismo por no haber formalizado bien el acuerdo, ni especificado la compensación a pagar en caso de rescisión anticipada del contrato. Desde entonces, ha adoptado una lista de verificación de 15 puntos que se aplica en cada acuerdo.

Esta claridad es indispensable, incluso cuando se interrumpen las negociaciones. Al final de cada sesión, vale la pena anotar un resumen preciso de lo que se supone que cada parte debe lograr antes de la próxima reunión. Cuando se suceden varias sesiones distintas, es importante capitalizar el impulso entre ellas.[26] Una técnica útil al respecto es permitir una pausa antes del final de la jornada laboral para sintetizar y luego presentar los elementos esenciales cubiertos en todo el documento. Esto sirve para recordar a los negociadores lo que han logrado juntos, así como para resaltar los puntos en los que convergieron. Ganamos mucho con este resumen, al incluir los deberes de cada parte para la preparación de la próxima sesión: uno buscará información sobre algún tema, otro producirá las actas, un tercero las revisará y comunicará algunas observaciones por escrito, etc. En esencia, es un plan de acción que evitará comenzar de cero al reanudar la negociación y que incluso permitirá el progreso entre ahora y entonces. El simple hecho de establecer un horario de reunión, una ubicación y la agenda cristaliza la disposición de las partes para buscar los modos de llegar a un acuerdo.

---

26 Dejemos el caso en el que no hay nada, por lo menos nada de fondo, que capitalizar entre una sesión y la siguiente... Encargado de liderar las negociaciones entre las partes en conflicto en la ex-Yugoslavia, Richard Holbrooke pasó mucho tiempo iniciando sus sesiones de este modo: "Bien, estamos aquí donde estuvimos la última vez, es decir, más o menos donde estuvimos la vez anterior".

Le invitamos a poner en práctica estos diez principios en sus futuras negociaciones. Ahora nos queda analizar el desarrollo de una negociación.

Una secuencia típica de negociación

En el Capítulo 2, la fase de preparación identificó diez triunfos clave que conforman el esqueleto de nuestra secuencia típica de negociación. Incluyen: motivaciones, soluciones negociables en la mesa, criterios de justificación y soluciones fuera de la mesa. La secuencia consta de siete pasos, que se desarrollarán más adelante en este libro. De hecho, es en el desarrollo de la secuencia en lo que nos centraremos en este momento. Esta secuencia permite un proceso de cuestionamiento, al cual se espera que el acuerdo aporte la respuesta final.

Paso 1: Introducir la reunión, estableciendo la relación y organizando el proceso

El comienzo de una secuencia de negociación contiene varios elementos vinculados a su contexto profesional y cultural particular. Consiste en responder las preguntas: ¿quiénes somos?, ¿cómo vamos a negociar?, y especialmente en:

- Saludarse, presentarse, sentarse y pasar unos minutos hablando para (re)establecer la *relación*.
- Preparar una *agenda* que establezca una lista de elementos para ser discutidos (o para recordar aquellos que ya han sido tratados, con la posibilidad de actualizarlos con nuevos desarrollos).
- Preparar una línea de tiempo; permitir descansos para hacer llamadas telefónicas urgentes, comunicarse con sus electores, buscar nuevas instrucciones, comer, etc.

- Revisar o proponer *principios* que deben aplicarse cuando sea necesario. Por ejemplo, recordarse mutuamente la confidencialidad de las discusiones, las reglas para interrumpir la sesión, los métodos de trabajo (como la lluvia de ideas), pero también principios como los que mencionamos en la primera parte de este capítulo.

Paso 2: Conocer los hechos y obtener información

¿Qué nos ha reunido para negociar? El objetivo de este paso es compartir información, tomar conciencia de los diferentes puntos de vista y difundir eventuales malentendidos.
Una de las partes presenta su versión de los hechos y los resultados deseados, luego la otra procede a hacer lo mismo después de repetir lo que el primero ha dicho para asegurar que se entendió. Cada uno responde las preguntas del otro. Este paso requiere habilidades de comunicación efectivas, que se presentan en el Capítulo 5.

Paso 3: Analizar las motivaciones

¿Qué motivaciones están presentes? Basado en los hechos presentados, el objetivo de este paso es identificar las verdaderas motivaciones de las partes interesadas. Al hacer preguntas, el negociador debe revisar cuidadosamente cada posición para descubrir sus motivaciones fundamentales (ilustradas en el siguiente diálogo).

Una entrevista de trabajo
Reclutador: Entonces, ¿lo que es importante para ti es el salario?
Candidato: Recibir un salario adecuado, sí, pero también hay otras cosas.
R: Un salario apropiado, y otras cosas, ¿tales como?
C: Mi esposa no regresará al trabajo por otros tres meses y tengo que pagar el alquiler. Tampoco quiero sentar un mal precedente en mi carrera.

> R: Tu preocupación es que, si tu salario es demasiado bajo, no te permitirá cumplir con tus obligaciones financieras, especialmente en tu situación actual, y que podría crear una referencia si te presentas en otro lugar en el futuro.
>
> C: Exacto, pero no es solo una cuestión de salario, mi título también es importante.
>
> R: ¿El reconocimiento de tu estatus es esencial?
>
> C: Bueno, necesito un título del que pueda hablar.
>
> R: ¿Qué quieres decir?
>
> C: Lo que es importante es que pueda usarlo para mis clientes, pero también más adelante, si salgo de la empresa.
>
> R: Entonces, en resumen, tienes una necesidad inmediata de dinero, con fines temporales; también necesitas un salario y un título que podrían ser aprovechados más adelante en tu carrera; finalmente, te gustaría un título que los clientes potenciales respetaran.

Una vez que se han identificado las motivaciones, se pueden organizar de acuerdo con las categorías que se explicaron en el Capítulo 2. Este paso facilitará el análisis posterior.

Paso 4: Imaginar soluciones negociables en la mesa

¿Cómo podemos satisfacer las motivaciones de ambas partes? Teniendo en cuenta las motivaciones analizadas, los negociadores deben trabajar juntos para imaginar soluciones negociables capaces de satisfacerlas.

- Invitar a la otra parte a presentar el mayor número de soluciones posibles. Al mismo tiempo, maximizar el valor creado en la mesa de negociación al aprovechar todas las variables disponibles.
- Si acepta, dejar que la otra parte sea la primera en presentar las soluciones negociables que ha pensado. Si ella prefiere esperar, pase al siguiente punto.
- Después de haber indicado los criterios por los cuales están justificados sus principios fundadores com-

partidos, ofrecer las soluciones negociables que haya pensado.
- Pedirle a la otra parte que proponga soluciones complementarias.
- Presentar las soluciones acordadas por ambas partes, en particular aquellas que son mutuamente beneficiosas y favorecen una distribución justa.
- Para todas las motivaciones insatisfechas, imaginar soluciones negociables, preferiblemente aquellas que sean beneficiosas para ambos.
- Si parece imposible imaginar soluciones mutuamente beneficiosas, intercambiar propuestas que satisfagan las motivaciones de una parte sin que le cuesten mucho a la otra.

Paso 5: Evaluar posibles soluciones gracias a los criterios de justificación

¿Qué solución elegir y por qué? Una vez que se ha explorado el mayor número posible de soluciones, llega un momento para su evaluación respectiva mediante el uso de criterios de justificación. Estos criterios también servirán para asignar la distribución de valor.

Paso 6: Si es necesario, despejar el camino con soluciones fuera de la mesa

¿Qué pasa si ningún acuerdo funciona? No es raro que este paso surja antes en la secuencia. Si la negociación está obstruida, a veces es útil discutir las soluciones disponibles fuera de la mesa, en forma más o menos explícita: en particular, invocar a las mejores entre ellas, para hacer que la otra parte sea más realista y reduzca sus expectativas. De acuerdo con la situación, recordarle a la otra parte su mejor solución fuera de la mesa, especialmente si es apenas satisfactoria; e

indicar que, si es necesario, se verá obligado a recurrir a su mejor solución fuera de la mesa si sus motivaciones no se abordan de mejor manera en la mesa de negociación.

Paso 7: Concluir la sesión

Este paso se desarrolla con más detalle en el Capítulo 8. En este punto, indicamos tres formas que se pueden adoptar.

1. Se llega a un acuerdo: es importante estructurarlo y ponerlo por escrito.
2. No se llega a un acuerdo y las partes no desean continuar con la negociación. Como mínimo, uno debe ser consciente de dos aspectos:
   - *Por un lado, tratar de ponerse de acuerdo acerca del desacuerdo.* En otras palabras, aclarar las razones del fracaso de la negociación. Esta falla se debe a diferentes aspectos del problema (motivaciones contradictorias, una solución excelente fuera de la mesa para una de las partes o ambas), de la relación (un clima tenso que prohíbe la colaboración) o del proceso (un método ineficaz). Esta aclaración facilita la posible reanudación de las negociaciones en mejores condiciones.
   - *Por otro lado, cuidar la relación.* Una negociación que falla es una cosa. Lo que es mucho peor es una negociación que falla y daña las relaciones hasta el punto de evitar cualquier contacto futuro. Aquí, una vez más, un enfoque a corto plazo (ver Capítulo 1) conduce a futuros fracasos.
3. No se ha encontrado un acuerdo, pero las partes desean continuar negociando.
   - Establecer un informe de los avances que se hicieron durante la reunión para comenzar desde una base sólida en el próximo encuentro.

- Señalar los puntos de contención.
- Especificar la hora y el lugar para la próxima reunión, de acuerdo con una agenda basada en los dos puntos anteriores.
- Si es necesario, definir las tareas que cada parte debe realizar antes de la próxima reunión para facilitar la negociación (por ejemplo: recopilar nueva información, presentar una oferta técnica más detallada).

Esta secuencia típica de negociación de siete pasos, respaldada por los diez principios de estructuración descritos anteriormente, solo compensará parcialmente la ausencia de algunas cualidades esenciales mantenidas por el negociador, tema de la última sección de este capítulo.

El manejo del tiempo, aprender a adaptarse

Los principios de estructuración que acabamos de mencionar subrayan la necesidad de esto: *lo esencial* primero, y luego *lo obvio*. Por lo tanto, la manera en que se ponen en práctica durante una secuencia de negociación típica otorga una impresión de orden y fluidez. La realidad de las negociaciones, a menudo dinámica, contradice esta impresión y reduce las expectativas.

Prepararse para la secuencia de negociación es prever los flujos y reflujos de los principios en coordinación con los avances y las obstrucciones de la secuencia en su conjunto. El negociador requiere maleabilidad para aplicar tales principios y avanzar la secuencia sin quedar atrapado en una rigidez excesiva. Tal inflexibilidad nos empujaría a dictar el proceso a la otra parte y, debido a que desconocemos su impaciencia o desacuerdo respecto de cómo avanzar, terminaría por alienarlos.

Entonces, ¿cómo es posible avanzar mientras se mantienen los principios de la secuencia y la flexibilidad de su ejecución? El negociador debe ejemplificar la adaptabilidad. Hábil, sabe adaptarse a diferentes circunstancias y negociadores. Si, por ejemplo, el otro representante desea tratar el problema inmediatamente, dejando poco o nada de tiempo para el desarrollo del proceso o de la relación, sus buenas intenciones corren el riesgo de ser consideradas como demoras innecesarias.

Pero si este rápido inicio significa descuidar la relación y el proceso, el negociador debe estar atento durante toda la negociación a todas las señales posteriores que indiquen la necesidad de regresar a estos. Por un lado, si la otra parte está nerviosa o cansada, se le exige, casi a su pesar, que reintroduzca el principio de "poner a las personas antes que todo lo demás", y se le sugiere tomarse un descanso y un café. Por otro lado, si hay una obstrucción, se debe regresar al principio de "proceso antes del problema", proponiendo una discusión sobre la mejor manera de proceder. Si la otra parte no escucha mientras habla, debe usar la escucha activa y tomar el asiento del pasajero –dejando al otro manejar al comienzo sin insistir en hablar.

Los principios que hemos mencionado deben ser equilibrados. Hacemos *esto* primero, tanto como sea posible, luego *aquello*. Pero a veces hacemos *aquello* primero, siendo conscientes del riesgo que corremos, y luego llegamos a *esto*, para volver a *aquello*, y así sucesivamente.

En este punto, el negociador se enfrenta a menudo con una situación asimétrica, donde la otra parte se detiene en lo que es obvio a nuestros ojos, pero impide lo esencial para la negociación que debemos seguir *juntos*. A la otra parte no le importa la relación y, como resultado, ambos sufrimos. Por lo tanto es necesario, como nos recordará el Capítulo 6, que el negociador se encargue de ello hasta cierto punto. La paciencia del negociador es otra cualidad de oro. Consiste en poder volver a visitar, sin forzar a la otra parte, algunos principios que fueron descuidados al comienzo, pero cuya ausencia está afectando el éxito de la negociación.

La combinación de una secuencia de negociación típica, los principios de estructuración y la adaptabilidad del negociador se asemejan a una pieza de *jazz* interpretada por varios intérpretes: cada uno sabe a dónde ir al unísono, reconoce los temas estructurantes e improvisa *ad libitum* "pero juntos" para desarrollar un ritmo armonioso y adaptarse a las necesidades creativas del flujo de la música.

CAPÍTULO 4

OPTIMIZAR EL VALOR CONJUNTO
ANTES DE DIVIDIRLO

Cómo lidiar con el problema

El Capítulo 1 subrayó los riesgos asociados con un enfoque competitivo, que impide la creación de valor, daña la relación entre los protagonistas y, a menudo, da lugar a un callejón sin salida. También podemos recordar que la teoría de la *negociación por principios* presentada por Fisher y Ury[27] valora mucho la cooperación y, al mismo tiempo, reconoce que la implementación de este enfoque en el mundo real enfrenta varios obstáculos. Por lo tanto, nuestra elección es una *estrategia dominada por la cooperación*, pero que no ignora las tensiones relacionadas con la distribución del valor, un tema que se desarrollará más adelante en este capítulo.

La base de nuestra metodología, que destaca lo esencial antes que lo obvio, se ilustra en el siguiente ejemplo. Contrariamente a lo que es un reflejo típico en ellos, los ne-

---

27 Fisher, Roger y Ury, William, *Getting to Yes: Negotiating Agreement Without Giving In*. Bruce Patton (ed.). Penguin, London, 1981, 1991.

gociadores deben comprometerse a crear valor juntos, *antes* de intentar dividirlo. La ganancia *conjunta* que generan está ligada a la ganancia *individual* que esperan obtener de las negociaciones. El objetivo de la negociación no es solo dividir el pastel: primero es aumentar el valor disponible y *luego distribuirlo*. Son raras las negociaciones puramente distributivas, en las cuales es imposible, de una manera u otra, aumentar el tamaño del pastel. En todos los demás casos hay medios para crear valor, los cuales deben ser explotados. *Negociar bien es multiplicar antes de dividir, sumar antes de restar.*

Crear valor antes de distribuirlo consiste en procesos distintos que podemos clasificar, para simplificarlos, en dos grandes categorías.[28] Por un lado, la creación de valor requiere una *cooperación* fundada en la apertura al otro y en la divulgación de información, "lo que conlleva un cierto grado de riesgo", con el fin de crear ganancias para el otro y para nosotros mismos. Por otro lado, la distribución de valor asume alguna forma de *competición* entre los negociadores, por la cual se decide quién obtiene qué parte. La tensión entre la cooperación para aumentar las ganancias comunes y la competición para aumentar la participación propia constituye el "dilema del negociador".[29] Para ilustrar este dilema, inspirado en el dilema del prisionero[30], consideremos la siguiente

---

28 John Nash, The Bargaining Problem, (*Econometrica*, 1950), 18 (2).

29 Lax, David y Sebenius, James, *The Manager as Negotiator.* The Free Press, New York, 1986.

30 El *dilema del prisionero* es un problema fundamental de la teoría de juegos que muestra que dos personas pueden no cooperar incluso si ello va en contra del interés de ambas.

   Fue desarrollado originariamente por Merrill M. Flood y Melvin Dresher mientras trabajaban en RAND en 1950. Albert W. Tucker formalizó el juego con la frase sobre las recompensas penitenciarias y le dio el nombre del "dilema del prisionero" (Poundstone, 1995).

   Es un ejemplo de problema de suma no nula. Las técnicas de análisis de la teoría de juegos estándar, por ejemplo determinar el equilibrio de Nash, pueden llevar a cada jugador a escoger traicionar al otro, pero ambos jugadores obtendrían un resultado mejor si colaborasen.

situación. Si solo comparto información con el otro, como resultado me arriesgo a sufrir; si ambos compartimos nuestro conocimiento, aumentamos las posibilidades de encontrar una solución óptima; y si ninguno de nosotros comparte información, corremos el riesgo de no poder resolver el asunto en cuestión. Esta tensión entre cooperación y competición representa un desafío fundamental que es inevitable en la negociación.[31] Esquemáticamente, dos negociadores (A y B) pueden elegir entre cooperación y competición, y producir uno de los siguientes cuatro resultados.

Este experimento ilustra que la cooperación de ambos negociadores (+, +) es mutuamente beneficiosa (sin ser necesariamente óptima) a través de la creación completa de valor y su distribución equitativa. La competición de un negociador que se encuentra frente a la (++, –) o (–, ++) crea el riesgo de que el negociador en competición se aproveche de la situación. Finalmente, la decisión de ambas partes de competir crea un daño mutuo (–, –) al impedir cualquier creación de valor.

Tabla 4.1. El dilema del negociador

		Negociador B	
		Cooperación	Competición
Negociador A	**Cooperación**	A: + B: +	A: – B: ++
	Competición	A: ++ B: –	A: – B: –

En el *dilema del prisionero iterado,* la cooperación puede obtenerse como un resultado de equilibrio. Aquí se juega repetidamente, por lo que, cuando se repite el juego, se ofrece a cada jugador la oportunidad de castigar al otro jugador por la no cooperación en juegos anteriores. Así, el incentivo para defraudar puede ser superado por la amenaza del castigo, lo que conduce a un resultado cooperativo (fuente: https://es.wikipedia.org/wiki/Dilema_del_prisionero).

31 Mnookin Robert, Peppet Scott y Tulumello Andrew, *Beyond Winning. Negotiating to Create Value in Deals and Disputes* (Cambridge: Harvard University Press, 2000), pp. 9-43.

¿Por qué, si produce resultados tan positivos, la cooperación no es una segunda naturaleza para los negociadores? Hay dos razones para esto. Por un lado, el negociador, instintivamente, evita mostrarse cooperativo, porque esta postura conlleva algunos riesgos. Este instinto explica por qué muchos negociadores siempre dudan en mencionar el primer precio. Están preocupados de que el otro se beneficie a sus expensas y, por lo tanto, esperan con la iusión de lograr el mejor resultado posible. Cooperar implica dar el primer paso, mostrando las cartas de uno. En resumen, debemos quitarnos la armadura para avanzar más rápidamente. En contraste, la lógica competitiva, que no dice nada, ofrece pocas sugerencias y toma la mayor cantidad posible del otro, es percibida generalmente como el mejor medio para limitar el riesgo. El "dilema del negociador" revela la otra razón que explica la tendencia a adoptar una actitud competitiva: es la elección entre minimizar los potenciales riesgos y maximizar las posibles ganancias. Muchos negociadores adoptan un enfoque competitivo para protegerse contra el peligro de que el otro sea también competitivo. Desde su punto de vista, este sigue siendo un enfoque puramente defensivo, pero desde la perspectiva del otro a menudo parece ofensivo y, en consecuencia, comienza un círculo vicioso competitivo que lleva a ambas partes a un equilibrio de "perder-perder" (−, −).

Además, el equilibrio de la cooperación es *inestable*: el primer negociador que rompe el equilibrio se vuelve competitivo y se beneficia de la ventaja del primer impulso. La siguiente metáfora es una excelente ilustración de este fenómeno.

Esto contradice la creencia de ciertos negociadores de que sus acciones no influirán en las de la otra parte. Por el contrario, si uno de los negociadores adopta una estrategia competitiva, existe una gran posibilidad de que el otro siga su ejemplo para protegerse y reducir su exposición al riesgo.

> **El carril de emergencia.** En un embotellamiento, el conductor que utiliza el carril de emergencia puede sobrepasar a todos los demás. El primero en hacerlo obtiene una ventaja inmediata sobre aquellos que dudan en seguirlo debido a preocupaciones sobre el deber cívico o la policía. Dicho esto, varios motoristas pronto van tras el liderazgo del primero. Si todos deciden seguir esta maniobra competitiva, el carril de emergencia también se bloquea. El resultado final es que la competitividad generalizada elimina el potencial de que alguna persona se beneficie de la situación.

En cambio, y contrariamente a los deseos de las personas que actúan de buena fe, el equilibrio del comportamiento competitivo es *estable*. El primer negociador que rompe el equilibrio intentando fomentar la cooperación corre el riesgo de estar en desventaja respecto de la otra parte. Esto puede considerarse en el contexto de otro ejemplo que involucra a los automovilistas.

> **La rotonda del Arco de Triunfo.** La plaza Charles de Gaulle en París es una pesadilla para los turistas. Imagine al conductor no experimentado que entra en la rotonda y, una vez en el flujo del tráfico, se detiene para permitir que otros pasen, ya que cree que, a su vez, le permitirán pasar. Desafortunadamente, se decepcionará pronto porque en la rotonda del Arco de Triunfo nadie es recompensado por su cooperación. Como resultado, los conductores son competitivos y avanzan sin dejar pasar a los demás. A primera vista, este sistema parece funcionar a través de un enfoque competitivo, con muy pocos accidentes de parachoques.

Es demasiado fácil para los negociadores caer en la competición, lo que dificulta el retorno a la cooperación. Para superar este dilema debemos descomponer la secuencia de negociación en dos fases distintas: primero, una fase de creación de valor en la que ambos negociadores deben atreverse a mostrar cooperación; luego una fase de distribución del valor en la que cada uno adopta un enfoque competitivo. Por lo tanto, el buen negociador elude el dilema mencionado y sabe cómo alternar entre una cooperación inicial y la competición subsiguiente. Además, estas fases de creación y distribución de valor pueden sucederse: creamos valor y luego lo distribuimos; y en el siguiente punto comenzamos de nuevo, creamos valor y lo distribuimos, y así sucesivamente.

> **Tráfico.** El ejemplo de la rotonda del Arco de Triunfo parece ofrecer una visión puramente egoísta del comportamiento humano. Pero, al observar el sistema más de cerca, vemos a los conductores involucrarse en una secuencia de dos tipos de micromovimientos: cooperativo, frenando para permitir que otros pasen, y competitivo, acelerando para superar a otros conductores. Esta compleja interacción de maniobras, aunque horroriza a los turistas, crea una ecuación aparentemente imposible por la cual el tráfico logra circular y, finalmente, la fluidez predomina.

Detrás de esta doble necesidad de cooperación y competición se encuentra una *lógica global para resolver problemas*. La razón que la fundamenta es ampliar el tamaño del pastel antes de dividirlo en rebanadas. A través del uso de los principios de este capítulo, que propone optimizar el valor conjunto *antes* de dividirlo, la negociación busca alcanzar el siguiente objetivo: la porción que cada parte puede lograr por sí misma es menor que la utilidad total que se deriva de la negociación.

Creando valor

La fase de creación de valor de la negociación es el periodo cooperativo por excelencia. Se basa en varios de los principios que se han visto en capítulos anteriores, y lo que es más importante, se trata de una fase de preparación que permite comprender las motivaciones y fomentar soluciones creativas en la mesa de negociaciones, lejos de un juego de suma cero. Estas herramientas suponen que existe un flujo de información entre las partes y no hay renuencia a compartir el conocimiento.

Fuentes de creación de valor

Comencemos usando un ejemplo para ilustrar la importancia de la creación de valor.

El atleta de alto nivel. Las discusiones entre un equipo deportivo de primera y un atleta no se limitan al salario. Los protagonistas, antes de mencionar una cifra, comparten el interés de buscar otros medios para crear valor. Podemos imaginar muchas acciones, que podrían ser tomadas tanto por el equipo como por el jugador, las cuales les proporcionarían beneficios adicionales, directa o indirectamente. El jugador podría reunir a sus patrocinadores y al equipo, o viceversa. Si el jugador marca el gol que le permite al equipo ingresar a los *playoffs*, debido a que esa situación aumenta las ventas de boletos, podría recibir un bono. Dado que los fanáticos adoran leer sobre los jugadores, usar sus camisetas y comprar todo tipo de productos relacionados, resulta obvio que en esta área el jugador y el equipo podrían unirse para aumentar sus flujos de ingresos. El jugador estaría motivado por este enfoque, dado que aumentaría el valor de su marca, mientras que el equipo también vería ventajas similares. Al abordar estas oportunidades, queda claro que la riqueza se puede crear por encima y más allá del salario base del jugador, y, como resultado, el proceso de negociación se vuelve más fluido e interesante.

Este ejemplo ilustra la importancia de la creación de valor. Consiste en transformar una negociación monovariable en un proceso con *varias variables*. La creación de valor implica una conciencia acerca de la complejidad de la negociación. Un negociador experto puede reconocer las áreas en las que se puede crear valor y luego aprovecharlas para optimizar el resultado para ambas partes. Existe una metodología específica en la creación de valor. Los siguientes cinco elementos funcionan como herramientas en este proceso.

Creación de valor mediante el aprovechamiento de las diferencias

El supuesto de que las similitudes facilitan un acuerdo es engañoso. La mayoría de los acuerdos se basan en las diferencias que existen entre las partes. Aquí hay un ejemplo simple: compro una *baguette* porque prefiero eso a tener un euro, y para el panadero es todo lo contrario. La negociación se basa en el mismo concepto: uno debe identificar las diferencias en las preferencias y el intercambio entre ellas. Hay varios tipos de estas diferencias que se deben buscar.

1. Diferencias de recursos
Dos negociadores tienen recursos diferentes, pero complementarios. Imagine dos agricultores: uno está abrumado por su producción e incapacidad para satisfacer la demanda, mientras que el otro está desempleado y tiene un equipo que no se utiliza. Este último puede alquilar sus servicios y equipos al primero, permitiendo así que ambos optimicen su situación. Este sigue siendo el principio fundamental de las cooperativas agrícolas en las que los agricultores obtienen los beneficios de tales acuerdos y economías de escala, lo cual nos lleva a hacer las siguientes preguntas, tanto antes como durante una negociación:

- *¿Qué recursos tengo que podrían ayudar al otro?*
- *¿Qué recursos tiene el otro que podrían ayudarme?*

2. Necesidades diferentes
Lo que representa una ganancia significativa para un negociador puede parecer poco beneficio para el otro. Por ejem-

plo, una actriz puede aceptar menos dinero a cambio de que su nombre aparezca en letras más grandes en los carteles de la película. La mayor difusión que esto genera es más valiosa para la actriz y le ahorra al productor fondos muy necesarios.

Una asociación entre una empresa y un instituto de investigación. Una gran empresa le pide a un instituto de investigación que estudie la resolución de conflictos. El costo de tal estudio es como una gota en un balde para la empresa, pero proporciona al instituto fondos para varios estudiantes de doctorado. El estudio resultante representa poco costo para el instituto dado el nuevo personal que ha adquirido y, sin embargo, ofrece una perspectiva invaluable para la firma. El retorno que genera esta perspectiva se traduce en mayores ganancias para la compañía.

Varios acuerdos se basan en este tipo de necesidades diversas entre las partes. Las preguntas clave son las siguientes:

- *¿Qué puedo hacer que me cueste poco y sea un gran beneficio para la otra parte?*
- *¿Qué puede hacer el otro a un bajo costo para él, pero de gran beneficio para mí?*

3. Diferencias en las preferencias de tiempo
La gestión del tiempo puede ser una manera de reducir las dificultades.

La influencia del tiempo en las elecciones. Los funcionarios gubernamentales que buscan imponer cambios en un grupo profesional específico pueden preferir implementar tal modificación antes o después de una próxima elección, en función de si prevén una respuesta positiva o negativa. Si una empresa sufre de problemas de flujo de fondos, puede preferir trabajar en una entrega just-in-time en lugar de buscar costos más bajos por unidad. Si un vendedor necesita dinero, puede ofrecer un descuento si se paga en efectivo; a la inversa, un comprador puede estar dispuesto a pagar más si se le otorga un periodo más largo para hacerlo.

Aquí, es cuestión de preguntar:

- *¿Cuáles son mis preferencias temporales con respecto a los intereses en juego?*
- *¿Me imagino las preferencias del otro con respecto al tiempo?*

4. Diferencias con respeto al riesgo

Los negociadores pueden tener diferentes puntos de vista con respecto al riesgo; algunos aceptan niveles de riesgo más altos que otros. Compañías como las aseguradoras obtienen ganancias al cubrir los riesgos de otros. El negociador que acepta un mayor riesgo lo hace a cambio de una prima, mientras que aquellos que buscan evitar el riesgo tienen que aceptar un mayor costo o un menor beneficio. Las garantías extendidas operan con este modelo, como cuando el comprador, buscando evitar el riesgo a largo plazo, le paga una prima al vendedor. Por lo tanto, podríamos hacer las siguientes preguntas:

- *¿Cuál es mi actitud general hacia el riesgo y, en particular, en el contexto actual? ¿Cuál es el propósito de aceptar o mitigar el riesgo?*
- *¿Cómo puedo evaluar la tolerancia al riesgo de la otra parte?*

5. Diferencias en la evaluación de la probabilidad de un evento futuro

Dos negociadores pueden evaluar de manera diferente la probabilidad de que cierto evento ocurra en el futuro.

El alquiler de una sala de conciertos. Tomemos el ejemplo de un organizador de conciertos y el propietario de un lugar. El propietario y el organizador tienen diferentes evaluaciones del posible éxito del evento. El propietario, previendo el fracaso del evento, busca una tarifa fija y elevada para el alquiler. El organizador, esperando vender todas las entradas, está feliz de quedarse con un porcentaje más alto de las ventas de boletos a cambio de la tarifa inicial más alta.

Hora de preguntar:

- *¿Cuál es mi evaluación de la probabilidad de un evento futuro y sus características?*
- *¿Cómo evalúa el otro tal ocurrencia?*

Creación de valor mediante la realización de ganancia económica conjunta

La negociación puede crear valor al permitir que las personas trabajen juntas y generen ganancias económicas, ya sea reduciendo los costos o ampliando su oferta de servicios.

1. Economías de escala y sinergias
Consisten en agrupar recursos o funciones para reducir el peso de los costos en cada parte. Esta lógica subyace y alimenta muchas fusiones corporativas.

Una fusión. Dos compañías que se fusionan obtienen mejores precios de sus proveedores si agrupan sus pedidos. Este mismo principio se aplica a los centros de compras en relación con los proveedores más pequeños. Del mismo modo, compartir la investigación permite que dos empresas promuevan productos de mayor calidad a un costo menor.

La ubicación de una fábrica. Un importante proveedor de componentes electrónicos ubicó su fábrica inmediatamente al lado de la de su cliente principal. Como resultado de esta elección, pudieron reducir los costos de transporte y eliminar el riesgo de las demoras que se derivan de eventos imprevistos, como las huelgas.

En todos estos ejemplos, los negociadores reflexionan sobre sus actividades respectivas y buscan formas de reducir costos. Es cierto que no estamos hablando realmente de crear valor, sino de mantener bajos los costos. En cualquier caso, estas acciones tienen un efecto positivo en los balances de ambas partes al final del año.

> **Las máquinas de impresión del diario Le Monde.** Un último ejemplo nos llega de la industria editorial. El diario francés Le Monde logró aumentar la rentabilidad de sus impresoras al compartirlas con Les Echos. Esta economía de escala fue posible porque Le Monde imprime por la mañana, mientras que Les Echos lo hace durante la noche. Vemos en esto una combinación de economías de escala y requisitos de tiempo compatibles.

Aquí está la pregunta clave para hacer con respecto a la sinergia:

- *¿Podemos unirnos en la búsqueda de tareas que previamente estaban separadas o eran inviables de una manera que reduzca los costos?*

2. Economías de alcance

Estas consisten en una extensión de los servicios provistos por ambas organizaciones y que se puede ofrecer con facilidad a un tercero.

> **Coaching.** Si una empresa de consultoría es responsable de capacitar a los profesionales de una organización, puede extender sus operaciones para incluir el coaching, con el fin de completar su gama de servicios a un costo mínimo para ambas partes.

> **El paquete de oferta.** Las compañías aéreas a menudo trabajan con cadenas hoteleras para ofrecer paquetes completos que satisfagan las necesidades de sus clientes. El costo total del paquete es menor que el de los componentes individuales, ya que se compran simultáneamente. Además, las compañías que participan en estas alianzas realizan transacciones directas sin tener que pagar las tarifas de los agentes de viajes.

Aquí hay algunas preguntas clave para hacer:

- *Según mi actividad actual, ¿cómo puedo extender mi oferta a un bajo costo para mí, pero con un beneficio significativo para él?*
- *¿Cómo puede el otro extender su oferta a un bajo costo y a la vez producir ganancias significativas para mí?*

Creación de valor gracias a acuerdos postacuerdos

La fase de creación de valor puede basarse en acuerdos intermedios definidos a lo largo del proceso pero que no constituyan el resultado final. El propósito de la negociación no es llegar a cualquier acuerdo, es encontrar el mejor acuerdo posible, dados todos los factores presentes en la mesa. En términos económicos, representa encontrar el acuerdo óptimo que aumente la satisfacción de una parte sin deteriorar la de la otra. Sería sorprendente que el primer acuerdo producido por dos negociadores fuera, de hecho, la mejor solución posible. Sin embargo, la mayoría de los negociadores creen que sí. Este fenómeno, llamado *cierre prematuro*, debe ser desafiado, ya que pone en la mesa un valor no reclamado.

Por lo tanto, es necesario considerar el primer acuerdo como un punto de partida sobre el cual se construyen los arreglos preferibles. De hecho, el primer acuerdo proporciona una sensación de seguridad que permite a los negociadores profundizar más en sus motivaciones y pensar con amplitud para buscar un acuerdo óptimo. Permitir más tiempo para negociar puede aumentar el valor para ambas partes al generar soluciones nuevas y creativas que, a su vez, incitan a las partes a profundizar en sus motivaciones. En el peor de los casos, los negociadores vuelven al primer acuerdo. En el mejor de los casos, alcanzan las estrellas. Así, la expresión "acuerdo postacuerdo".

Creación de valor mediante la prevención de conflictos recurrentes

Cuando nos enfrentamos a un conflicto, hay una tendencia a centrarse en los elementos más visibles de las tensiones: todos quieren limitar los efectos inmediatos del conflicto y, cuando es necesario, reparar el daño que se ha hecho. Entonces todo comienza de nuevo. En este enfoque miope, nos contentamos con restaurar el equilibrio competitivo que existía antes del trastorno. No se crea ningún valor y, debido a que las mismas causas a menudo producen los mismos efectos, no es raro que se reanude el conflicto.

La lucha contra el crimen. La lógica del conflicto recurrente incluye muchos ejemplos. Para combatir el crimen, algunos enfoques incorporan mayor vigilancia policial, legislación más estricta o cárceles adicionales. Estos enfoques pueden generar resultados, pero ignoran las causas subyacentes. Por lo tanto, el crimen persiste. Otro enfoque es atacar tanto las causas como los síntomas del crimen. Este enfoque integrador busca sensibilizar a todas las partes interesadas –familias, educadores, asociaciones–, renovar la capacitación laboral y crear un concepto mejorado de urbanismo. Este enfoque limita el crimen a largo plazo y logra un efecto más positivo en la sociedad.

Con este mismo espíritu, la resolución de conflictos en la negociación debe ser preventiva. Abordar y exponer las fuentes del conflicto evitará los costos del desorden y, por lo tanto, creará valor.

Estos sistemas de anticipación y prevención pueden arrojar, paradójicamente, nueva luz sobre el conflicto. Cuando estos procesos se ponen en marcha, a menudo hay un efecto catártico que cristaliza los conflictos ocultos y luego permite cambios de paradigmas. En estas situaciones, es necesario que las partes interesadas eviten soluciones temporarias y busquen cambios profundos para resolver los verdaderos problemas en cuestión. Las soluciones creativas que no existían antes del conflicto se vuelven necesarias y requieren el compromiso de todas las partes para evitar problemas recurrentes.

> **Un sistema de prevención de conflictos.** En momentos de conflicto social, más allá de las preocupaciones puntuales, la discusión debe ampliarse para incluir las causas subyacentes que originaron el conflicto. Solo a través de este enfoque se pueden evitar futuros conflictos. En lugar de mantenernos en una lógica binaria, "o acuerdan con todo o hacemos huelga", los sindicatos podrían convenir con la gerencia para crear un sistema de prevención de conflictos. Estos sistemas intervienen en el momento adecuado, es decir, emiten una alerta temprana y disipan las tensiones que, de otro modo, conducirían al descontento social. Se recomienda el monitoreo constante de las tensiones sociales para prever los problemas. Si es necesario, los intercambios se pueden organizar con la ayuda de un mediador. Este enfoque consiste en hacer todo para que la negociación tenga lugar antes de que se desate una crisis social.

Creación de valor a través del proceso

Incluso en situaciones altamente restringidas, existe al menos un medio para crear valor: reducir los costos de negociación. Este es el punto central del proceso en sí. Desde una perspectiva económica, la negociación es un costo transaccional: involucra a dos o varios negociadores, requiere de tiempo y otros recursos. Este costo es compartido entre las partes y ambos tienen un interés financiero en reducirlo. Negociar sin perder tiempo, divulgar información en forma recíproca y poner las cartas sobre la mesa es un ejemplo de cómo minimizar los costos. Por ejemplo, si un cliente y un proveedor aceptan un acuerdo de provisión de servicios con contratación de libro abierto *(Open Book Contracts)*, todo lo que queda es decidir el margen.

El Capítulo 7 examinará los costos de transacción debidos al uso de intermediarios; en particular, la estructuración de tarifas, lo que afecta la creación de valor final y su asignación.

Ya sea que se refiera a encontrar diferencias en el apalancamiento, posibles economías de escala y alcance, la prevención de conflictos o la racionalización del proceso, una condición permanece para la creación de valor: un intercambio eficiente de información.

El papel del intercambio de información

El intercambio de información supone buenas habilidades de comunicación, que se examinarán en profundidad en el Capítulo 5. Abordemos lo esencial.

1. Importancia de la relación
El intercambio de información a menudo requiere una relación de trabajo entre las partes. Cuanto mejor es la relación, mejor es también el intercambio de información, y viceversa, situación que evoca un círculo virtuoso. Por eso, construir una relación de confianza a largo plazo es una preocupación constante.

2. Clasificación
Durante la fase de preparación, el negociador debe clasificar su información de menos importante a estratégica y confidencial. Esto le permitirá saber qué decir, en qué orden y cuándo.

3. Preguntas y soluciones creativas
La información es como un banco de peces que solo puede capturarse lanzando una red. Como negociadores, debemos hacer una serie de preguntas para que emerjan las motivaciones de la otra parte. Debemos ofrecer varias soluciones ante cualquier duda. Esta técnica nos permite, indirectamente, recuperar información de la otra parte. Si

solo ofrecemos una opción, corremos el riesgo de enfrentar una respuesta por sí o por no. Al ofrecer varias soluciones, en cambio, podemos conocer por qué algunas son mejores que otras y discernir las razones que determinan las decisiones de la otra parte. Idealmente, el impacto de estas opciones debería ser el mismo para mí, de modo que me resulte indiferente la elección. Como se muestra en la Figura 4.1, si el eje U-yo representa la utilidad que obtengo de la negociación y el eje U-otro representa lo que obtiene el otro, vemos que las diferentes soluciones (S) le ofrecen diferentes niveles de utilidad, mientras que estos permanecen constantes para mí.

Figura 4.1. Múltiples ofertas equivalentes

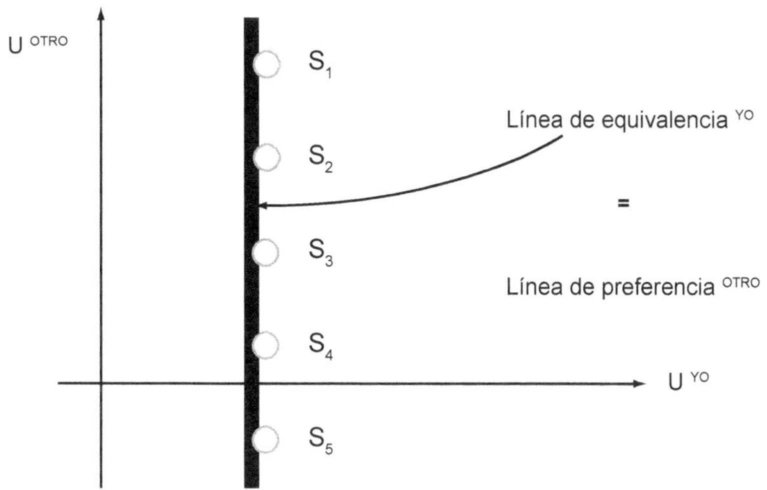

Mi línea de equivalencia es, por lo tanto, una línea de preferencia para el otro. Debo esperar a que el otro rechace ciertas soluciones y explique por qué prefiere las restantes. Al ofrecer varias soluciones equivalentes a las otras, podemos comprender mejor sus preferencias. Esta información puede ser invaluable a medida que la negociación avanza.

4. Dar y recibir

El intercambio de información debe ser mutuo. Frente a un muro de silencio, pocas personas proporcionan información libremente. Dicho esto, debemos estar dispuestos a atrevernos a dar el primer paso para iniciar el proceso de intercambio de información. Debemos revelar parte de nuestra información accesoria o periférica, en otras palabras, información que está disponible públicamente. Este riesgo calculado es esencial para crear una relación recíproca.

La gestión eficaz y prudente de la información encuentra su metáfora en la alcachofa. La parte más tierna de esta verdura es el corazón; para alcanzarla, se deben quitar las hojas exteriores, las cuales se vuelven más deliciosas a medida que se acercan al centro. La gestión de la información es igual. Debe entregarse pieza por pieza, comenzando con lo menos atractivo, para luego ir acercándose al corazón del asunto. Imaginemos dos negociadores, cada uno con su propia alcachofa.

Si ninguno pela la alcachofa, existe un gran riesgo de que no se alcance un acuerdo o que el acuerdo final no sea óptimo. Si los negociadores no pueden revelar sus verdaderas motivaciones, tendrán dificultades para encontrar las soluciones más fructíferas. Por lo tanto, es esencial que la información sea compartida.

Si solo una parte pela la alcachofa, la otra parte podría aprovecharse de la información que se le proporciona. Esto conduciría a un acuerdo desigual que dañaría la relación entre las partes. El intercambio unilateral de conocimientos conduce a la explotación unilateral y al abuso.

Esta advertencia, que tiene dos caras –la necesidad de compartir información y el peligro de hacerlo–, determina claramente un dilema. La solución está en establecer un acuerdo mutuo para compartir información, *un acto común de pelar la alcachofa.* Revelando capa tras capa, hasta que se alcance el corazón, cada parte alienta a la otra a seguir el ejemplo actuando con espíritu de reciprocidad. Las primeras capas obran como medio para construir la base de la relación y generar confianza antes de avanzar hacia elementos más estratégicos.

Cuando sea necesario, el principio de reciprocidad se debe exponer explícitamente: "Entiendo que no estás seguro de revelarme esta información y a mí me ocurre lo mismo. ¿Por qué los dos no revelamos información simultáneamente?".

5. ¿Qué hacer cuando todo lo demás falla?
Llamar a un tercero es otra forma de manejar este dilema. Los negociadores acuerdan proporcionar a un tercero la información que necesitan intercambiar, pero que, en el presente, dudan de compartir. Las negociaciones se reanudan una vez que el tercero ha acusado recibo de la información de ambas partes. Así, esta solo se divulga cuando todos han proporcionado los documentos necesarios.

Estas fuentes de creación de valor, facilitadas por un buen intercambio de información, deberían conducir a un pastel más amplio para todos los involucrados. Posteriormente, nos enfrentamos a la tarea de cortar el pastel, y es en este punto que debemos hacer una pregunta difícil: ¿cómo manejar el cuchillo?

Valor de distribución

No porque el pastel sea más grande la distribución resultará fácil gracias a algún precepto mágico. Cuando los frutos son más tentadores, las apuestas y las peleas se vuelven más importantes. La teoría "ganar-ganar" subestima la reaparición de la competición. Por eso, respecto de distribuir el valor en la mesa, señalaremos algunas de las tácticas más comunes para las negociaciones difíciles. Si bien la competición parece la base de esta fase, en la medida de lo posible, las herramientas ofrecidas buscan mantener una lógica cooperativa para resolver problemas.

Las tácticas habituales de negociación

Una breve advertencia que debe tenerse en cuenta. Este capítulo elige no ignorar las tácticas que están en uso. Al hacerlo, nuestro propósito no es aprobarlas o recomendarlas, sino permitirle a usted, nuestro lector, familiarizarse con ellas. El objetivo es ayudarlo a reconocer cuándo se están aplicando en el contexto de una negociación. Esta advertencia no se basa simplemente en preocupaciones morales, sino también prácticas: la experiencia ha demostrado que la manipulación corre el riesgo de arruinar la reputación de un negociador. Dicho esto, no hay nada que impida que estas tácticas caigan en las manos equivocadas...

Para cada una de estas trece tácticas, describiremos el truco subyacente, el riesgo implicado en su uso y, finalmente, la respuesta adecuada. Esta respuesta, que es nuestra principal preocupación, está compuesta por los siguientes ingredientes:

- ***Consejo 1:*** *Tener toda la información posible a disposición.* La información es la mejor prevención contra estas tácticas competitivas. Evita muchas trampas y se vuelve contra el usuario de tácticas manipuladoras. Reunir y analizar esta información también requiere una preparación rigurosa.
- ***Consejo 2:*** *Construir una relación.* Estas tácticas se usan con menos frecuencia entre negociadores que tienen una relación de larga data y que es altamente valorada.
- ***Consejo 3:*** *Negociar el proceso.* No debemos dudar en nombrar, incluso por alusión, la táctica que se está

utilizando. Esto sugiere al otro que somos conscientes de su estrategia y no estamos dispuestos a dejarnos engañar. También comunica que no seremos víctimas de la táctica y trataremos de volver al tema principal.

Táctica 1: Anclaje poco realista, o la táctica más utilizada
El truco: el otro negociador anuncia una cifra poco realista en un intento de anclar la negociación en una zona que le sea favorable. Esta táctica busca modificar nuestras percepciones y convencernos de que hemos malinterpretado la zona de posibles acuerdos.

El riesgo: el destinatario podría abandonar la negociación con la creencia de que encontrará un mejor resultado en otro lugar. Incluso si ambos individuos permanecen en la mesa, se perderá tiempo.

La respuesta: pedirle al otro negociador que justifique su cifra y explique sus cálculos o criterios. Será atrapado y forzado a ceder o hacer *bluff.* En contraste, también podemos contrarrestar su cifra con un ancla igualmente extrema. Ante un precio excesivo, algunos compradores sugieren una cifra negativa para subrayar lo absurdo del valor inicial. Finalmente, si existe una buena solución fuera de la mesa, ¿por qué no negociar en otro lugar?

Táctica 2: Hacer que alguien apueste contra sí mismo
El truco: hacemos una oferta y, sin considerarla, el otro negociador nos pide que la reconsideremos, alegando que es tan irrazonable que no puede responderla. Puede repetir este proceso circular varias veces para obligarnos a hacer nuevas concesiones en cada ocasión, mientras que él no ofrece nada a cambio.

El riesgo: el destinatario se irá debilitando mientras no se dé cuenta de la táctica.

La respuesta: invocar el principio de reciprocidad e insistir en una contraoferta por cada una de las que se proporciona.

Táctica 3: Grandes concesiones exigidas a cambio de pequeñas.
El truco: hacemos una concesión y el otro negociador responde con una mucho más pequeña, lo que le permite perder menos terreno que nosotros. El compromiso es grande por un lado y mínimo por el otro. Dependiendo de las variables involucradas, puede ser difícil evaluar las concesiones.
El riesgo: nos debilitamos si no nos damos cuenta de la táctica.
La respuesta: nombrar explícitamente la táctica y tener en cuenta que el principio de reciprocidad se aplica a los esfuerzos de cada parte y no simplemente al número de concesiones. Urgen criterios de justificación. Pedir un descanso para reflexionar acerca del valor real de la concesión.

Táctica 4: Enlace
El truco: esta técnica consiste en sacar una nueva demanda de la nada y vincularla con las apuestas existentes. En una negociación en el Medio Oriente, una de las partes exigió la liberación de un prisionero en los Estados Unidos, a pesar de que la liberación del prisionero no tenía nada que ver con el asunto en cuestión.
El riesgo: esta táctica puede hacer que una posición parezca irracional. Se puede provocar al otro negociador para que agregue demandas no relacionadas adicionales, lo que conduce a un punto muerto en la negociación o a un perímetro extendido.
La respuesta: decidir con cuidado una agenda acordada mutuamente, antes de la negociación o al comienzo de esta. No vacilar en etiquetar algunas solicitudes como fuera del alcance de la discusión y volver al tema en cuestión. Si lo peor empeora, sugerir un conjunto separado de negociaciones para abordar los asuntos no relacionados.

Táctica 5: Mentir y "bluffear"
El truco: esta táctica se corresponde con una tergiversación de las soluciones que existen fuera de la mesa o de las con-

diciones establecidas en el mandato del negociador. Este sugiere una imposibilidad de ceder, porque no se le permite o porque puede obtener algo mejor en otro lugar.

El riesgo: el Capítulo 5 explora más a fondo los riesgos asociados con mentir o "bluffear". Basta con decir que el mayor peligro es la pérdida de credibilidad y la mala reputación.

La respuesta: nada reemplaza la información precisa que permite verificar las declaraciones del otro. Como mínimo, vale la pena analizar lo que parece una mentira. Si el otro dice X, no vacilar en mostrar interés en X, solicitar información adicional sobre el tema e incluso buscar pruebas de X. Si el otro invoca una cláusula de contrato que se aplica a los pagos en efectivo, ¿por qué no pedir ver uno de esos contratos? Si un candidato dice tener una mejor oferta de otro reclutador o buscatalento, pedir que la muestre. Las preguntas son una forma efectiva de probar la veracidad de un pedido, ya que a veces una declaración aparentemente falsa es, de hecho, válida. En cualquier caso, es mejor evitar la denuncia de la declaración directamente y tratar de examinarla con cuidado. Si la otra parte sugiere que tiene una mejor solución fuera de la mesa, es recomendable decirle que se respeta su situación y que uno cumplirá la oferta en una fecha posterior si su otra solución desaparece por cualquier motivo.

Táctica 6: La pista falsa

El truco: un negociador presenta un determinado elemento como esencial para él mismo, la "pista falsa", cuando en realidad no lo es. Más tarde, él "sacrifica" esta condición a cambio de una gran concesión.

El riesgo: el otro negociador puede dedicar una gran cantidad de tiempo a debatir cuestiones que no son importantes para él. Puede caer en la trampa y entablar una extensa discusión sobre puntos que parecen importantes, pero en realidad son triviales. Otro riesgo es que los asuntos sin importancia parecen esenciales al calor de la negociación y esta se estanca en artículos previamente inocuos. Por último, pero no menos importante, el negociador puede caer en su propia trampa si el destinatario se da por vencido y ofrece la "pista falsa".

La respuesta: al enfrentarse a una sospecha de pista falsa, es útil pedir a la otra parte que explique sus motivaciones en profundidad. Si el otro insiste, es posible comunicar que tales demandas pueden cumplirse, pero a costa de otras que están en juego. Al invitar al otro a priorizar sus objetivos, uno puede deshacerse rápidamente de cualquier pista falsa.

Táctica 7: Un favor por el bien de la relación

El truco: un negociador enfatiza la importancia de la relación cuando busca una concesión sobre el tema: "amigo, por favor, haz esto por mí". Para mantener la relación, podemos ceder a la demanda, pero arriesgándonos a que esta táctica se repita en el futuro.

El riesgo: esta táctica frustra al destinatario y puede empujarlo a cuestionar el valor de la relación. El verdadero riesgo es encontrarse sin lo concedido y haber dañado la relación en el proceso. Lo que preocupa de esta táctica es que personaliza el problema y convierte a la otra persona en un instrumento de debate.

La respuesta: simplemente volver al principio descrito en el Capítulo 1: distinguir el problema de las cuestiones sobre las personas en la mesa. La respuesta fluye elegantemente desde este enfoque: "No querrás que piense que solo estás pidiendo esto porque soy tu amigo. Sé que no te ofenderías si lo rechazara, especialmente porque somos amigos".

Táctica 8: Policía bueno / policía malo

El truco: esta táctica está inspirada en la técnica de investigación por la cual un inspector critica a un sospechoso, le grita e insulta y luego abandona la habitación para calmarse.

Mientras tanto, un segundo inspector, que parece amistoso en comparación, le dice a la persona que sería prudente cooperar con él para no ser sometida nuevamente al abuso del otro. En situaciones donde dos negociadores representan a un grupo determinado, se puede jugar un escenario similar. Un negociador, el "policía malo", rechaza cualquier concesión y toma una línea muy dura. El otro negociador, el "policía bueno", luego busca negociar con la otra parte, que está más proclive a hacer concesiones dada la vehemencia del policía malo.

El riesgo: hay varias debilidades con esta táctica. Requiere una interacción perfecta entre los negociadores y, a menudo, los lleva a centrarse en sus roles en lugar de hacerlo en los problemas de la negociación. Pierden su habilidad con la otra parte, que se confunde y no sabe con quién tratar, si con el policía bueno o con el malo.

La respuesta: si se enfrenta a este escenario, debe pedir a las dos partes que coordinen mejor sus esfuerzos y posiciones. Darles tiempo y luego regresar a la mesa, una vez que estén en sintonía entre sí.

Táctica 9: Un pie afuera

El truco: después de haber invertido un tiempo significativo en la negociación, el otro negociador pretende dejar la mesa. Él amenaza con irse, a menos que se hagan concesiones significativas. Posteriormente, cada vez que se le pide algo, actúa como si tuviera un pie afuera. Esta táctica es una forma de desestabilización, como se examina en el Capítulo 6, y tiene un impacto emocional significativo.

El riesgo: este curso de acción aumenta la tensión en la relación y puede volverse en contra de su autor. Cuando una de las partes dice "Me voy", la otra parte puede decir "Adelante", agregando así obstáculos en el proceso de búsqueda de un acuerdo.

La respuesta: el autodominio sigue siendo la mejor respuesta.

Tomar esta situación con calma y verla como una oportunidad para hacer un descanso y reflexionar. Es importante decirle a la otra parte que seguirás estando disponible y que esperas volver a la negociación cuando él esté listo. En realidad, todo se basa en el verdadero valor de las soluciones que existen fuera de la mesa en este escenario.

Táctica 10: Mis manos están atadas
El truco: el otro negociador afirma que le encantaría satisfacer tu solicitud, pero que su mandato o las políticas de la empresa le prohíben hacerlo.
El riesgo: esconderse constantemente detrás de tales cláusulas disminuye la credibilidad de la otra parte. Comienza a parecer impotente e incapaz de armar un acuerdo. Además, queda claro que esta es una situación peculiar cuando solo aparecen estas restricciones si el asunto está a tu favor.
La respuesta: si el otro se esconde detrás de su mandato, puedes ofrecer tu ayuda para armar juntos un argumento que pueda llevar a su director, con el fin de presentar el acuerdo alcanzado. Si esto falla, puedes sugerir que tú podrías continuar las negociaciones con el superior de la otra parte, enfatizando que te asegurarás de señalar cómo él se mantuvo en su mandato.

Táctica 11: Ofertas crecientes
El truco: al igual que en el caso visto, en el que la parte te hizo negociar contigo mismo y apostar contra ti mismo, con esta táctica el otro hace una oferta y la revisa una vez que ha sido aceptada. A través de sucesivos incrementos, él busca nuevas concesiones pidiendo un poco más cada vez que se satisface su última solicitud. Esto es similar al aumento de ventas que se produce cuando compramos un automóvil. Al seleccionar un modelo, se nos pregunta si deseamos agregar aire acondicionado y luego ventanas eléctricas, asientos de cuero, etcétera.

El riesgo: un negociador no siempre detecta esta táctica en la primera ronda de solicitudes. Dicho esto, una vez que se da cuenta de que él es el único que hace concesiones, es probable que solicite un esfuerzo significativo de la otra parte para compensar, o simplemente se aleje de la mesa.

La respuesta: al igual que con las otras tácticas, el mejor enfoque es detectarlo temprano y reforzar la noción de reciprocidad. Si la otra persona busca una concesión, insista en que ella le ofrezca también una a cambio, para que haya un equilibrio en el esfuerzo realizado por ambas partes.

Táctica 12: El ultimátum

El truco: el otro negociador presenta una oferta que es "lo tomas o lo dejas". Te obliga a comparar la oferta con tu mejor solución fuera de la mesa. Una variación de esta táctica, llamada "Boulwarism", lleva el nombre de su inventor, Lemuel Boulware, y consiste en proponer una "oferta que es la primera, justa, firme y final".

El riesgo: la ventaja es que se gana tiempo, pero el riesgo es que se cierra la discusión prematuramente y se impide cualquier posible intercambio. Si tu solución fuera de la mesa es mejor, te arriesgas a abandonar la negociación sin ningún otro procedimiento, dejando a la otra parte varada. De lo contrario, te sientes obligado a aceptarla.

La respuesta: la contramedida depende de las soluciones fuera de la mesa. Si el otro es consciente de que tu alternativa es mala, buscará aprovechar este hecho. El valor de tu mejor solución fuera de la mesa le servirá como una justificación donde anclar su pobre oferta. Siempre existe la posibilidad de buscar los criterios de justificación del otro y hacer una contraoferta sobre la cual él pueda tratar de comenzar a negociar. Como regla general, siempre es mejor mantener en secreto la mejor solución fuera de la mesa.

Táctica 13: La cereza del pastel

El truco: al final de la negociación, una vez que el acuerdo está prácticamente concluido, el otro de repente agrega una pequeña solicitud. Por ejemplo, que tu debes, "obviamente", pagar las tarifas de envío y procesamiento. Se enfrenta uno a la opción de aceptar este costo marginal o reabrir todo el proceso de negociación. La "cereza" es generalmente aceptada.

El riesgo: en el peor de los casos, la cereza actúa como la gota que colma el vaso y el acuerdo, por lo demás satisfactorio, se desmorona. En el mejor de los casos, el otro lado encuentra que la cereza es muy amarga de tragar y jura recuperar el valor perdido en futuras negociaciones.

La respuesta: con espíritu de reciprocidad, puedes sugerir que, a cambio de su cereza, la otra parte acepte tu *chantilly* en la parte superior del pastel... Sin embargo, dicho con más seriedad, debes explicar que esta solicitud final llegó demasiado tarde en el proceso y que el tema ya está cerrado. Podrías sugerir la posibilidad de que entre en juego en arreglos futuros o de que se desencadene la revisión de todo el acuerdo. La amenaza de revisar todo el paquete suele ser efectiva para obligar a la otra parte a guardar su cereza.

Subrayemos que *aquellos que usan tales tácticas deben ser conscientes de sus consecuencias.* Ciertamente, estas tácticas conducen a un aumento del valor de lo reclamado por cierta parte durante la fase de distribución. Dicho esto, su eficacia es discutible. Primero, su aplicación exitosa es mucho más difícil de lo que parece. La experiencia ha demostrado que, si bien son efectivas con los negociadores no calificados, rara vez funcionan con otros. Lo más importante es que, a medida que pasa el tiempo, el usuario se dé cuenta del impacto negativo sobre sí mismo provocado por el uso de estas tácticas. Es mucho mejor administrar la fase de distribución con las herramientas irreprochables que se describen en la siguiente sección.

Un enfoque metódico para distribuir valor

En esta fase, el principal punto de apalancamiento utilizado por el negociador comprende los *criterios de justificación* que se reunieron durante la fase de preparación (Capítulo 2). Al gestionar estos aspectos cuantitativos de la negociación, se recomienda a cada parte que conozca y comprenda *varias figuras clave, como su valor de aspiración y su valor de reserva.*

El *valor óptimo de aspiración* (VOA) es el mejor valor que el negociador puede justificar. Por lo general, es su valor de anclaje, es decir, la cifra que se utiliza para la primera oferta. En el caso de un vendedor es alto, mientras que para el comprador es bajo. No es de ninguna manera aleatorio y debe basarse en criterios de justificación, aunque favorables, que no se inventen al azar.

El *valor de reserva* (VR) es la línea inferior para un negociador. Es el precio mínimo para el vendedor y el techo para el comprador. En general, cada uno calcula este valor basándose en la mejor estimación de su mejor solución fuera de la mesa.

Entre estos dos valores encontramos varias figuras intermedias que sirven como anclajes del siguiente paso, posibles paradas a lo largo de un continuo, en relación con un conjunto diverso de criterios de justificación invocados por el negociador.

Entre estos valores intermedios, un negociador puede establecer un *valor objetivo* (VO) que espera alcanzar en el curso de una negociación. Este es un objetivo realista, a diferencia del valor óptimo de aspiración (VOA).

Consideremos el caso en el que el máximo que puede ofrecer un comprador (su valor de reserva) es superior al mínimo que el vendedor está dispuesto a aceptar (su valor de reserva): estos valores describen una *zona de posibles acuerdos* (ZOPA) en la que los negociadores encontrarán un arreglo, asumiendo que su interacción se realiza sin problemas (Figura 4.2).

Los valores objetivo no siempre son muy útiles. Si, por ejemplo, el valor objetivo del vendedor está en la ZOPA, entonces es un resultado posible, aunque desfavorable para el comprador. Por el contrario, el valor objetivo del comprador podría no ser alcanzable, porque está por debajo del extremo inferior de la ZOPA y del valor de reserva del vendedor. Si el comprador insiste en atenerse a este valor en lugar de avanzar hacia su valor de reserva, es imposible llegar a un acuerdo.

Figura 4.2. Zona de posibles acuerdos (ZOPA)

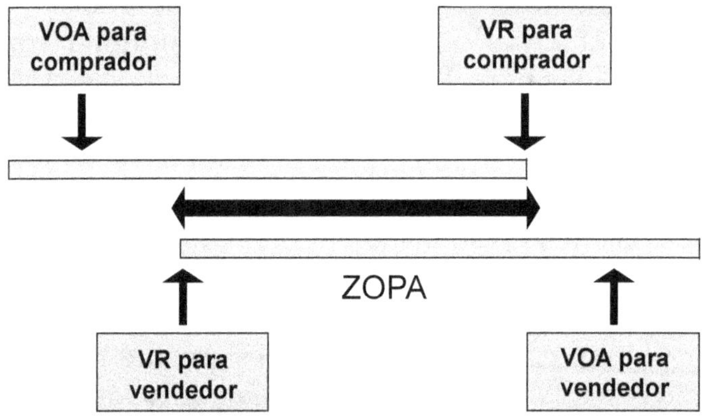

Es posible tener una situación sin ZOPA. Este ocurre cuando el valor de reserva del comprador es inferior al valor de reserva del vendedor (Figura 4.3). En tal situación, no hay un acuerdo posible, que pudiera ser preferido por los negociadores en comparación con sus mejores soluciones fuera de la mesa.

Figura 4.3. Ausencia de zona de posibles acuerdos

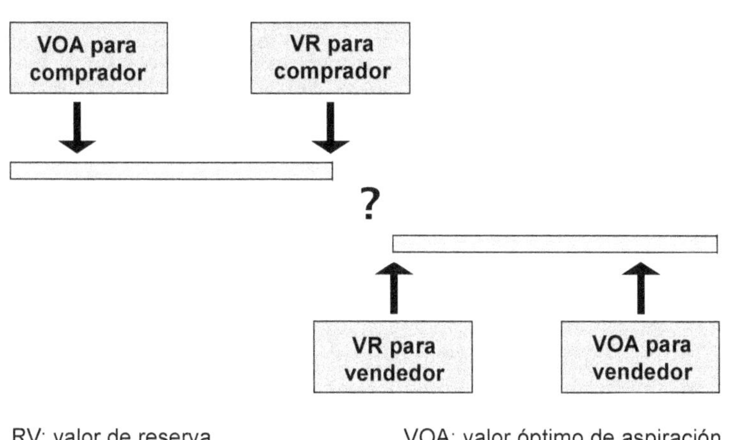

Un ejemplo simple, la venta de un piano usado, ilustra estos valores clave.

El piano de segunda mano. Una profesora de música está buscando vender su piano. Le gustaría obtener €8000: este es su valor óptimo de aspiración, justificado por el precio más alto que encontró en Internet para un instrumento similar. Ella publica un anuncio clasificado en una revista especializada con el texto: "€8000 o la mejor oferta". Ella hizo valuar su piano por una tienda local, que está dispuesta a comprarlo por €5800: este es el valor de su reserva, al cual, en cualquier caso, puede venderlo. También es su mejor solución fuera de la mesa. Ella se entera de que la tienda revendería el piano por aproximadamente €7300, dado que un artículo similar está en exhibición a ese precio. Este es el criterio de justificación que utiliza para fijar su valor objetivo.

Por su parte, un pianista aficionado está buscando un instrumento usado y se entera de la oferta de la profesora de música. Su presupuesto no le permite gastar más de €6500 en la compra: su valor de reserva. Encuentra un piano similar de menor calidad en Internet en €5200 y está dispuesto a comprarlo como último recurso. Esta es su mejor solución fuera de la mesa. También es su valor de aspiración óptimo: el precio ideal que le gustaría pagarle a la profesora de música.

En este caso, donde parece haber pocas posibilidades de crear un valor adicional, la ZOPA está entre €5800 y €6500. Está bastante res-

---

tringida, pero la negociación en torno a estos valores puede variar en función de la asimetría de información. Por ejemplo:

- El comprador no sabe que a la maestra le han ofrecido el piano de sus sueños por €14500 y, para poder comprarlo antes que otro cliente, debe vender su piano lo antes posible. Esto la empujará a aceptar un precio bastante cercano al valor de reserva de €5800.
- El vendedor no sabe que el comprador está decidido a comprar este modelo de piano, porque es el mismo con el que aprendió a tocar en el conservatorio. Este vínculo sentimental lo empujará a pagar hasta €6500, su valor de reserva.

No sobreestimes la utilidad operacional asociada con los conceptos de ZOPA y los criterios de justificación. Los vendedores probablemente ignoran el valor de reserva del comprador y viceversa. Si las dos partes mostraron una transparencia completa respecto de sus valores de reserva, la ZOPA podría determinarse con bastante rapidez. Sin embargo, esto no sería de mucha ayuda, ya que aún tendrían que averiguar dónde pararse en el espectro. La solución obvia sería dividir la diferencia, pero esta solución 50/50[32] está lejos de ser la medida más convincente.

Volvamos al caso del piano. Los criterios disponibles nos permiten justificar fácilmente €5800 o €7300, que son los precios de compra y reventa en la tienda de pianos. También podemos considerar el costo de mantenimiento y depreciación en relación con el estado del piano que se exhibe en la tienda. La combinación de estos criterios nos permite refinar el precio. Pero, en cualquier caso, no nos permiten fijar el precio. Incluso la noción 50/50 es difícil de aplicar. Podríamos usar la diferencia entre los precios de compra y reventa (€7300 − €5800 = €1500; €1500 / 2 = €750) y proponer €6550. Pero ¿qué hay de una división 50/50 entre los valores de reserva (€5800 y €6500), en otras palabras €6150? O incluso una división entre los valores de aspiración óptimos (8000 y 5200), o sea, 6600. En cualquier caso, ¿cuáles estarían fuera de la ZOPA?

---

32 Zartman, William, *The 50% Solution.* New York: Anchor Books, 1976.

Hay una multitud de posibles acuerdos y ningún acuerdo "justo". La distribución final del valor probablemente favorecerá a una de las dos partes, y además nos damos cuenta de que hay varios *valores razonables* en la ZOPA.

Perelman[33] señaló que a veces es más fácil averiguar qué es irrazonable en lugar de razonable. Esto es relevante tanto en lo que se refiere al acuerdo como al anclaje. En el caso de este piano, está claro que €10000 es exorbitante, mientras que €2000 es injustificadamente bajo. En cualquier caso, una de las partes resultaría maltratada. Tal juicio es más difícil de hacer cuando se consideran valores dentro de la ZOPA. En un espectro tan restringido, es la capacidad del comprador y el vendedor para reclamar valor lo que marcará la diferencia al establecer el precio final. Cada uno busca acercarse a su precio objetivo y evitar una sensación de injusticia en ambos lados.

Con respecto a la distribución de valor, *sigue existiendo un concepto fundamental sobre el cual elaborarla, el de anclaje.* De hecho, el primer número presentado en la mesa de negociación establece una referencia para la discusión que sigue. No sugerimos que esta cifra sea aceptada tal como es; simplemente, es a su alrededor donde comienza la negociación y, a menudo, se realizan ajustes progresivos.

La mayoría de las personas evita establecer el primer anclaje por dos motivos opuestos: o bien se preocupan por ser *demasiado optimistas* y corren el riesgo de ser considerados irrazonables por el otro, o bien por ser *demasiado pesimistas* y corren el riesgo de que su oferta sea aceptada sin protestar, lo que les da la sensación de que podrían haberlo hecho mejor. Estos motivos contradictorios llevan a la mayoría de los negociadores a insistir en que la otra parte lo fije primero. Esperan que el otro ofrezca más de lo que se hubieran atrevido a pedir. En este caso, podrían ajustar sus expectativas al alza para alcanzar su valor óptimo de as-

---

33 Perelman, Chaïm, *Le raisonnable et le déraisonnable en droit.* Paris: LGDJ, 1984.

piración dado el anclaje positivo. Naturalmente, también corren el riesgo de que la otra parte ancle demasiado bajo.

Si ninguna de las partes está dispuesta a anclar, ambas pueden permanecer en un punto muerto por mucho tiempo, simplemente por falta de información. En este caso el sesgo de anclaje puede ser útil. Si un negociador se ve obligado a anclar primero, debe equilibrar su optimismo y pesimismo y ofrecer un valor que esté lo más alejado posible de su valor de reserva, pero que aún pueda justificar gracias a los criterios. Al anclarse a su valor óptimo de aspiración, puede recurrir a los criterios de justificación que se reunieron durante su preparación para generar credibilidad y asegurar que se ha anclado a un nivel suficientemente optimista. Si el otro lado se ancla primero, no debe dudar en contraanclar su valor óptimo de aspiración.

Gobernar juntos para dividir más tarde

El lema atribuido a Luis XIV era "Divide y vencerás". Este capítulo propone lo contrario para la práctica de negociación: crear valor primero con vistas a prepararse para la distribución de las riquezas que se han reunido. Es una cuestión de secuencia: cooperación y competición; soluciones integradoras que benefician a ambas partes y soluciones distributivas que favorecen a una; ganancias mutuas y ganancias individuales; la búsqueda de acuerdos óptimos, al tiempo que se es consciente de la propensión de cada parte a buscar y acercarse a su valor óptimo de aspiración. Las tensiones se resuelven en parte a través de una lógica de "ganar-ganar", pero terminan con uno ganando probablemente más que el otro. La lógica de "dar y recibir" también puede venir al rescate del negociador: concede puntos que son secundarios para él, pero esenciales para el otro, a cambio de avances en su propio interés futuro. Es un tango en el que a veces conduce uno y a veces, el otro.

CAPÍTULO 5

ESCUCHAR *ANTES* DE HABLAR

Cómo tratar con personas
1. Comunicación activa

La comunicación incompetente constituye una de las principales causas de negociaciones fallidas. En francés, *"s'entendre"* (entenderse) significa, al mismo tiempo, escucharse y ponerse de acuerdo. Cuando los negociadores no se escuchan entre sí, el riesgo de un punto muerto en la negociación es alto. La comunicación metódica es un requisito previo para el éxito futuro e implica una capacidad para saber escuchar y hablar con eficacia.

Las habilidades de comunicación competente son la fuerza impulsora detrás de las negociaciones exitosas. Es gracias a ellas que los negociadores profundizan sus relaciones, definen el mejor proceso, abordan los problemas subyacentes, exponen sus objetivos y motivaciones, promueven sus argumentos y buscan soluciones negociables. Cada uno de los diez principios presentados en el Capítulo 3 requiere habilidades de comunicación.

La comunicación efectiva incorpora el proceso mediante el cual dos o más negociadores son capaces de considerarse mutuamente, incluidas sus motivaciones y expectativas, a través de escuchar y hablar de una manera que sitúa al otro como el centro de atención. Este intercambio de información ayuda a evitar malentendidos, distorsiones de significado y errores de percepción. Su objetivo es crear comprensión mutua y persuasión.

En la negociación, la comunicación no puede ser una calle de sentido único. Debe tomar la forma de un diálogo. Tampoco puede dirigirse hacia oídos sordos. Cuando una parte se expresa a sí misma, la otra escucha, sabiendo que ella también tendrá la oportunidad de hablar. Así, toda negociación se convierte en la optimización del diálogo entre uno y otro.

La comunicación se basa en dos habilidades fundamentales que deben organizarse en secuencia: escuchar y hablar. El Capítulo 3 nos mostró por qué la escucha debe preceder a hablar y es en ese orden que los abordaremos aquí. Comencemos revisando, además de algunos principios clave, los desafíos de comunicación que el negociador debe conocer.

Negociar es comunicar la secuencia de comunicación

A priori, nada es más sencillo que comunicarse. Los siguientes cinco pasos definen cada secuencia de comunicación:

1. Un negociador (el remitente) *selecciona información,* objetiva o emocional, para transmitirla al otro negociador (el destinatario).
2. Él *codifica esta información* usando lenguaje, ya sea en forma escrita u oral. Esta expresión a veces viene acompañada de comunicación no verbal: lenguaje

corporal, gestos, expresiones faciales, estado de ánimo y tono de voz.

3. Una vez codificado, este mensaje es *transmitido* al destinatario: ya sea directamente (cara a cara, como en una videoconferencia) o indirectamente (a través de una interfaz humana o tecnológica: teléfono, fax, correo, correo electrónico, etc.).

4. El negociador que recibe *percibe* el mensaje y emprende su decodificación. Lo *interpreta* para darle sentido. En esta etapa de percepción y decodificación se corre el riesgo de que esta interpretación difiera del significado pretendido por el remitente.

5. El destinatario selecciona la información para transmitir al otro negociador basándose en este significado. Así, el ciclo continúa.

Cada uno de estos cinco pasos ofrece peligros potenciales en términos de comunicación efectiva. Vamos a revisarlos uno por uno:

1. El negociador puede cometer un error en la información a transmitir. A veces surge inconscientemente, ya que no toda comunicación es intencional. Como tal, la información se envía inadvertidamente, "sin saberlo". Como se subraya en el Capítulo 2, la buena preparación maneja este importante aspecto: lo que se debe decir o no, las declaraciones y preguntas que se deben presentar o no, y el momento apropiado para hacerlo.

2. Esta información se puede codificar de manera poco clara o ambigua. La intención basada en la sustancia del mensaje puede ser vaga o contradicha por su forma o por su estilo o, incluso, por la comunicación no verbal. Debe haber coherencia entre todas las señales. La comunicación es un conjunto de diver-

sos elementos en los que el mensaje está incrustado. Por ejemplo, algunos negociadores, incómodos con la conversación, acompañan una declaración veraz con una sonrisa inconsistente que pone en duda la autenticidad de dicha información.

3. Desde un punto de vista técnico, el mensaje puede ser objeto de distorsión adicional o de interferencia en su transmisión. Para volver al ejemplo anterior, el negociador podría *comerse* algunas palabras, murmurar otras y concluir con un lenguaje corporal ambiguo.

4. Basado en interpretaciones incorrectas, el negociador reacciona con respuestas, comportamiento y acciones que son más o menos genuinas. Por ejemplo, puede pedir una prueba de la veracidad de la declaración, lo que podría implicar que es falsa y que el otro es un mentiroso.

Si la comunicación es la base de la negociación, también puede ser su principal enemigo.

- La mayoría de las veces, *el remitente está convencido de que su mensaje es perfectamente claro para el otro.* Sin embargo, la claridad para uno mismo no es necesariamente la claridad para el otro. La claridad subjetiva está en parte relacionada con otras informaciones a disposición del remitente. Este último a menudo asume que dicho conocimiento también es poseído por el receptor. De hecho, el otro tiene vida propia, historia, percepción de su lugar en la negociación, etc. Existe una tendencia general a partir de la hipótesis de que el otro ha dominado el mismo nivel de comprensión técnica y de que habla desde el mismo lugar de uno. ¿Se ha puesto a prueba su capacidad para comprender el lenguaje, el vocabulario y las ideas preconcebidas en uso? Más allá de lo que se puede verificar, existe un ruido de fondo que nunca se puede dominar: tal vez el otro negociador esté soñando con sus próximas vacaciones en una pequeña isla canadiense, o pensando en su próxima reunión con un cliente. Cuando las suposiciones acerca de la otra parte son erróneas, como suele ocurrir, *el riesgo de malentendidos aumenta.*

• Para el remitente, lo que debe importar en la comunicación y, en consecuencia, en la negociación, no es lo que él *concibió,* sino lo que *percibe* el receptor. El *impacto* importa más que la *intención.* El acto de recibir es fundamental y debe ser la preocupación principal. Se corresponda o no con las intenciones de su remitente, un mensaje provoca reacciones que, a su vez, crean nuevas percepciones, de tal manera que amplifican este fenómeno derivado. Incluso las intenciones imaginadas o imaginarias dan origen a hechos que son bastante reales.

• De manera similar, la mayoría de las veces *el destinatario está convencido de que su interpretación del mensaje,* tal como lo ha decodificado, *es la única comprensión correcta.* Sucede que esta interpretación transforma una intención positiva en un mensaje agresivo, o que lo contrario cae en la categoría de maligno. En ninguno de los dos casos el receptor pone en duda su interpretación.

• Como resultado, lo que es importante para el *destinatario* no es el mensaje tal como lo *percibió,* sino la confirmación del remitente de que su interpretación se ajusta al significado previsto. Al asumir la responsabilidad a partir de la hipótesis de que no lo ha entendido todo, el destinatario le solicita una confirmación para verificar el significado del mensaje.

La transparencia absoluta en la comunicación entre el remitente y el destinatario sigue siendo ilusoria. Sin embargo, una mayor transparencia derivada de una comunicación más adecuada entre las personas ayuda a conciliar los puntos de vista y buscar un mejor acuerdo. Para mejorar esta transparencia es importante comprender los principales errores en la percepción o sesgos cognitivos.

Diez obstáculos para una buena comunicación en negociación[34]

1. Estereotipos

Los estereotipos y los *clichés* se atribuyen a un individuo en función de su pertenencia a un grupo (independientemente de su definición: por género, edad, nacionalidad, educación, profesión, etc.). Las conclusiones que son más o menos válidas para el grupo se imponen sobre el individuo. Los estereotipos funcionan en ambas direcciones: consisten en atribuir una característica de un individuo a todo su grupo. Por ejemplo, muchos vendedores sienten fuertes prejuicios hacia los clientes. Los consideran depredadores que desean un Rolls Royce por el precio de un Honda Civic, siempre dispuestos a buscar mejores condiciones yendo al competidor, o que están constantemente descontentos con los productos disponibles para ellos. Del mismo modo, los clientes alimentan prejuicios con respecto a los vendedores. Sienten que estos últimos rara vez dicen la verdad sobre sus productos, "prometen la luna", como si no hubiera un mejor producto disponible; luego, una vez que se hace un trato, los complementos a pagar comienzan a llover de todos los lados. A veces los estereotipos funcionan a favor

---

34 Lewicki, Roy; Litterer, Joseph; Minton, John y Saunders, David, *Negotiation*. Irwin; Burr Ridge, Illinois, 1994; Mnookin. Robert, "Surmonter les obstacles dans la résolution des conflits", Research Document. ESSEC, Paris-Cergy, DR97037.

de los intereses de un negociador. Si dos vendedores se juntan, comparten un prejuicio de identificación común que hace que una alianza sea más fácil para consolidar ventas. Debemos ser conscientes de los estereotipos y saber cuándo usarlos para nuestro beneficio y cuándo evitar sus escollos.

2. *Efecto halo*

Como un estereotipo, también funciona a través de un mecanismo de generalización. Basándonos en *una sola* característica, deducimos un juicio de *la totalidad* de la personalidad del otro. Por lo tanto, al saber que la información dada por otro es falsa, asumimos que él es un mentiroso desenfrenado. Es este efecto halo lo que nos hace desconfiar de las "primeras impresiones", ya que pueden dominar nuestro juicio posterior. Es otra razón por la que cuentan los momentos y gestos iniciales. El efecto halo generaliza rasgos negativos o positivos basados en las suposiciones iniciales. La siguiente anécdota está tomada de la vida de Talleyrand: poco después de nombrar a alguien para un puesto de embajador, la persona designada, muy complacida, se presentó a su benefactor y dijo que la noticia lo deleitó porque nunca había tenido tanta suerte en el pasado. Talleyrand, al enterarse de esto y extrapolarlo al futuro, decidió sin reparos que sería mejor retirar la nominación.

3. *Percepción selectiva*

Esta lleva al negociador a considerar, en realidad, solo aquellos elementos que corroboran su juicio o impresión inicial. Este sesgo facilita la perpetuación de los estereotipos y el efecto halo. Si hay un campo específico en el que los sesgos se multiplican, es en el contexto de la negociación multicultural (véase el Capítulo 7).
En la negociación, "incluso si debemos prestar atención a los rasgos dominantes que nos empujan hacia una percepción selectiva que nos impide discernir circunstancias ex-

cepcionales", también es útil comprender los matices que reflejan la sutileza de los individuos y las situaciones.

4. El fenómeno de la atribución

Este fenómeno se presenta cuando un negociador atribuye ciertas intenciones o habilidades al otro, que no necesariamente las posee. Tal situación surge en la vida cotidiana, así como en situaciones complejas.

> **La disputa marital.** Detrás de la crítica de un esposo a su esposa ("¿Olvidaste sacar la basura de nuevo"?) se esconde una primera atribución ("Ella no hace nada para ayudarme y no tiene idea de cuánto trabajo hay en esta casa"). En su respuesta ("Realmente no tengo tiempo"), la esposa esconde otra atribución ("No se da cuenta de la cantidad de trabajo que tengo. Claramente no tengo tiempo para sacar la basura") y así sucesivamente. Él: "Puedo ver lo poco que te importa; la basura es como todo lo demás" (pensando: "No se da cuenta de todo lo que hago por ella"). Ella: "Y tú, ¿ves lo que hago por ti"? (pensando: "Es increíble cómo me menosprecia"). Ambos concluyen con la misma nota: "De hecho, simplemente no te preocupas por mí", y lo creen.

El fenómeno de atribución inicial se confirma con el tiempo, en la intensidad de la disputa, debido a su mutua incapacidad para reconocer la simetría de las atribuciones.

El fenómeno de la atribución también afecta las negociaciones en un nivel diferente. Tal es el caso en la historia de las negociaciones palestino-israelíes. Los negociadores israelíes atribuyeron la capacidad de detener el terrorismo a los palestinos. El fracaso de la autoridad palestina se extendió al *deseo* de alentar el terrorismo. Por su parte, los negociadores palestinos a menudo atribuyeron a las autoridades israelíes el *control absoluto* sobre las colonias en los territorios ocupados y, como tal, el *deseo* de seguir desarrollando tales colonias (un deseo al que muchos funcionarios del gobierno israelí no adherían).

Cuando este fenómeno coincide con la disposición a prever las consecuencias de las intenciones que atribuimos al otro, a menudo se abre paso a *profecías autocumplidas.* Muchos ejemplos de esto se ven en la inestable implementación de un acuerdo. Al entrevistar a alguien sobre las razones por las cuales no cumplió con sus obligaciones, muchas respuestas se construyen de la siguiente manera: "Estaba convencido de que la otra parte no cumpliría con sus obligaciones. Entonces, tuve que prepararme contra su futura traición. Además, la otra persona habría hecho lo mismo". Al anticipar la traición de otra persona, una de las partes falla primero y asegura la realización de su profecía: el acuerdo colapsa. Este mecanismo es muy fuerte ya que el conflicto entre las partes se intensifica y la negociación corre el riesgo de arruinarse. Independientemente de quién comenzó a desertar, el otro reacciona "en respuesta", al tiempo que confirma las atribuciones del otro, contribuyendo así a la profecía autocumplida.

5. *Proyección*

El fenómeno de la profecía autocumplida se basa en otro sesgo que aumenta los efectos de la atribución: la *proyección.* La proyección ocurre cuando un negociador atribuye a otro sus intereses, sentimientos, valores o rasgos de personalidad. Es demasiado fácil proyectar nuestras intenciones y responsabilidades en otro. La proyección de nuestros miedos, paranoias o traiciones sobre el otro hace que la auto justificación sea bastante simple. "Ya que el otro es culpable, no tengo la culpa".

6. *Sesgo acusatorio y sesgo excusatorio*

En su propio tiempo, el fenómeno de la proyección nutre los *reflejos acusatorios y excusatorios.* En situaciones de conflicto, a menudo nos exoneramos a nosotros mismos porque el otro actuó de manera similar o lo habría hecho, e inculpó al otro. La naturaleza humana, desde la infancia, nos lleva al "No fui yo, fue él". Cualquier padre con dos o más hijos experimenta esto todos los días. Este sesgo, documentado por Keith Allred[35], reconoce nuestra tendencia natural a encontrar razones para culpar al otro y exonerarnos a nosotros mismos. En esencia, me excuso más allá de lo que debería y acuso al otro con el mismo exceso. Este sesgo es aún más poderoso a medida que aumenta a través de la interacción causal. De hecho, este sesgo significa que "cuanto más lo acuso, más culpable es ante mis ojos, más razón tengo para excusarme", y "cuanto más me excuso, más inocente soy, más razón tengo para acusar al otro". Es a la luz de estos reflejos acusatorios y excusatorios que uno debe analizar la cuestión de la buena fe. Me atribuyo la buena fe y atribuyo toda la mala fe imaginable sobre el otro.

7. *Devaluación reactiva*

El mecanismo de la devaluación reactiva es simple: el valor de una idea no depende de la idea en sí, sino del individuo que la presenta. Un experimento realizado por Lee Ross en Stanford[36] da testimonio de esta teoría. A tres grupos de estudiantes se les presentaron dos estrategias (A y B) para luchar contra el apartheid. Cuando se informó al primer grupo que el consejo de Stanford prefería el plan A, los estudiantes apoyaron el plan B con el voto de la mayoría. Al segundo grupo se le dijo que el plan B era preferido por el consejo de Stanford; y ellos apoyaron el plan A con un voto mayoritario. Al tercer grupo no se le dio ninguna preferencia; su elección se distribuyó por igual entre los dos planes.

---

35 Allred, Keith G., "Accusations and Anger: The Role of Attributions in Conflict and Negotiation". En *Handbook of Conflict Resolution*, de Morton Deutsch (ed.). Jossey-Bass, San Francisco, 2000.

36 Ross, Lee, "Reactive Devaluation in Negotiation and Conflict Resolution". En Keith Arrow y Robert Mnookin, *Barriers to Conflict Resolution*. Norton, New York, 1995, pp. 26-42.

El experimento continuó: se informó al primer grupo que, dadas las preocupaciones del estudiante sobre el plan A, la junta de supervisores se inclinaba hacia la adopción del plan B. Fue en este momento cuando el plan A se volvió notablemente más atractivo para este grupo...

Las consecuencias de la devaluación reactiva son considerables en negociación. El otro ofrece una concesión: él podría haberlo hecho mejor. "¿Él está dando lo que pedí? Es sospechoso, debería haber pedido más". ""¿Él está sugiriendo un compromiso? Es un insulto, ¿de dónde sacó el valor de ofrecer tan poco?". Estos son ejemplos de devaluación reactiva. El negociador reacciona con una depreciación sistemática contra lo que la otra parte dice, hace o propone, no por su valor intrínseco, sino porque proviene de la otra parte. Si el otro propone una idea, se percibe como una mala idea. Además, si él lo presenta, eso significa que debe ser bueno para él; si es bueno para él, debe ser perjudicial para mí. Como dice la famosa frase, "cualquier cosa que digas será usada en tu contra".

Este sesgo está marcado con tal fuerza que opera de dos maneras: existe cuando escucho, pero también cuando el otro me escucha. En resumen, debo tener cuidado con mi propensión a devaluar las declaraciones de otra persona y al mismo tiempo anticipar que encontrará mis afirmaciones poco convincentes. Este sesgo fundamental nos obliga a aplicar una gran prudencia cuando nos comunicamos. Cuanto más deseamos "imponernos al otro", más nos arriesgamos a que nos bloquee. Cuanto más buscamos ocupar el campo de juego con "nuestras" proposiciones, más nos arriesgamos a que ninguna de ellas sea retenida por la otra parte. Talleyrand, que desconocía la ilustración científica de este sesgo, lo dominó bastante bien en su propio beneficio. Tras la caída de Napoleón en 1814, porque quería que la emperatriz Marie-Louise se fuera de París, apoyó lo contrario e insistió en que ella permaneciera. Comprendió que el simple hecho de proponer tal solución haría sospechar a sus adversarios, quienes a su vez abogaron por su partida. Esto es lo que se llama *predicar lo falso para obtener la verdad.*

8. Acondicionamiento

Este es un sesgo bien conocido: el juicio de un individuo sobre un evento se ve alterado por la información inicial. Todo lo que se necesita es una presentación unilateral de los hechos, aunque sea temporal, para guiar a una persona en uno u otro sentido. Por ejemplo, un abogado que solo ha escuchado la versión de su cliente de un accidente automovilístico tenderá a encontrar varias circunstancias a favor para su cliente, mientras imagina lo peor para la otra parte. El acondicionamiento es igualmente aplicable al jefe, que defiende a los accionistas, y al representante sindical, que defiende a los trabajadores, ya que ambos se creen fervientemente más justos que los otros. Los protagonistas hablan desde dos perspectivas acondicionadas y tienen dificultades para ponerse en el lugar del otro.

El acondicionamiento adquiere una importancia aún mayor a medida que se perpetúa. En Europa, a fines del siglo XIX y principios del XX, generaciones enteras de niños crecieron con la convicción de que "los que nos enfrentaban" eran enemigos hereditarios, hasta el punto de que la guerra parecía natural, inevitable e incluso deseable. Más cerca de nuestros tiempos, un experimento consistió en mostrar a dos audiencias, una israelí y una palestina, imágenes televisadas relacionadas con un evento en el Medio Oriente. Los palestinos juzgaron el programa como "pro israelí", la audiencia israelí encontró que era "pro palestino""[37]. Vemos cómo la perspectiva de uno puede es-

---

[37] Conferencia en la Universidad de Harvard con Robert Mnookin y Lee Ross. Negotiation Research Seminar, 1993-1994.

tar sesgada, condicionada, por las percepciones acumuladas que definen nuestra identidad.

9. *Mejora de la memoria*

Lo que hemos visto o creído una vez, tendemos a verlo y creerlo una y otra vez, con más fuerza y certeza en cada ocasión. Este fenómeno es frecuentemente ilustrado por testigos que se cree que identificaron a un sospechoso. Si se les pide que confirmen su declaración un poco más tarde, tienen menos dudas que antes. Este es un reflejo natural; todos buscan la auto coherencia, es decir, la coherencia con su opinión inicial sobre el tema. Del mismo modo, el negociador desea reforzar lo que ya ha declarado. Si él lo dijo, debe ser que lo dijo en serio; si no repite lo mismo más tarde, implica que no lo dijo en serio, lo que significa que se equivocó en primer lugar. No confirmar lo que está en nuestra memoria nos da a ambos, y a los demás, la impresión de que nos estamos contradiciendo. Este es el mecanismo que nos lleva a atrincherarnos en una versión de los hechos y en una visión única de la solución, es decir, el posicionamiento.

10. *Exceso de seguridad*

Este sesgo se presenta en último lugar porque reemplaza a todos los anteriores. Sin duda, es el más serio, y es por eso que su antídoto, la duda a través del cuestionamiento, se evocó en el Capítulo 1. El negociador que tiene una confianza excesiva cree que sabe: cuál la solución, qué debe hacerse y qué debería hacer el otro. Él sobrestima sistemáticamente su rendimiento. Él cree que es capaz de operar por encima de la mesa de negociación, pasarla por alto, con las alas de la arrogancia. El exceso de confianza se manifiesta en *tres reflejos contraproducentes*:

• *Reflejos acusatorios sobre las personas:* los sesgos acusatorios y excusatorios operan a toda velocidad. Es culpa del otro y él debe admitirlo, incluso si esta confesión deseada dañara la relación y provocara una mayor tensión entre los actores.

- *Reflejos de posición sobre el problema.* Solo hay una solución que funciona para todos: la mía. Incluso antes de que comience la negociación, ya sé qué es lo mejor para nosotros dos. La idea de que será suficiente para mí, para expresarme de manera que, *eureka*, la otra acepte mis deseos, ilustra una clara falta de consideración por la otra parte.
- *Líder con respecto al proceso:* ya que sé lo que es mejor, debo decidir sobre el desarrollo de la negociación, dirigirla de la manera que considere óptima e imponer mi liderazgo.

El exceso de confianza se traduce en lenguaje y actitud a través de la auto importancia que impide el progreso en la negociación. El intercambio con el otro sufre. O escucho, pero siempre con la idea de que ya lo he entendido todo, o me expreso, mostrando una autocomplacencia similar. En cualquier caso, no estoy contribuyendo a un diálogo equilibrado y respetuoso. La confianza excesiva a menudo es un signo de impaciencia perjudicial para escuchar y hablar. Si nos hubiéramos tomado el tiempo de escuchar al otro y de hablar sin prejuicios, la discusión habría sido más suave y rápida. Para que las cosas funcionen, debemos tener confianza en nosotros mismos y en el otro, algo que está a años luz del exceso de confianza.

Estos sesgos se reducen a través de un diálogo de calidad en el que las habilidades de escucha y habla son fundamentales. Estas habilidades requieren un comportamiento abierto en todo momento y se basan en una justificación de hipótesis validadas (y revalidadas). Esta lógica no se puede implementar por sí sola: requiere que el otro negociador también esté presente activamente, tanto al escuchar como al hablar.

Escucha activa

Los objetivos de la escucha activa abundan: obtener información, verificar una comprensión de los hechos, validar hipótesis y soluciones, "tomar la temperatura" de la otra persona, etc. Por encima de todo, la escucha se justifica como un medio para construir una relación con la otra parte, para no cometer errores. Tendemos a ser pobres oyentes. Hay, de hecho, muchas formas de escuchar.

Cinco estilos de escucha a evitar

Comencemos enumerando los tipos de escucha deficiente y contraproducente que se encuentran a menudo, en orden creciente de efectividad.

1. *Escucha obstructiva.* Brazos cruzados, expresión facial firme, una mirada fijada anormalmente, abstención de todos los comentarios; el oyente da la impresión, a menudo a pesar de sí mismo, de que no le importa lo que el otro está diciendo. Presenta una sensación de impermeabilidad, consciente o no, fingida o real. Esta resistencia a veces puede enmascarar la atención real pero, sin embargo, termina apareciendo como arrogancia y desinterés en el orador. El resultado es que el orador se arriesga a cerrarse porque cree que la otra parte no tiene interés en su problema. El diálogo se produce en aguas turbulentas.

2. *Escucha distraída.* Más o menos agitado en su silla, moviéndose nerviosamente con su lápiz o teléfono móvil, girándose hacia otras personas, el oyente parece no estar interesado en lo que el orador está diciendo y enfocado en otras cosas. El orador rápidamente comienza a preocuparse y se ofende, al menos inconscientemente, y concluye: si la otra per-

sona no está interesada en mis pensamientos, ¿por qué debería seguir hablando si solo cae en oídos sordos? Posteriormente, ¿por qué debería prestarle atención? El diálogo sigue deteriorándose.

3. *Escucha reactiva.* Tan pronto como el otro pronunció una sola frase, el oyente reactivo interrumpe para agregar sus comentarios, cambiar la conversación hacia sí mismo o presentar una contradicción, sin dejar que el otro termine. La conversación, que se corta constantemente, se convierte en un juego de ping-pong en el que la bola se lanza hacia adelante y hacia atrás, ya que cada jugador parece contar los puntos por sí mismo. La frustración y la irritación abundan a expensas de la negociación. De Callières, en el siglo XVIII, notó una tendencia cultural hacia la interrupción:

> "Es fácil ver en la conversación común en francés, donde todos hablan al mismo tiempo y se interrumpen incesantemente en lugar de esperar a que los demás hayan terminado de expresarse para responder"[38].

4. *Escucha directiva.* El oyente interrumpe al orador, no para oponerse a él, sino para hacerle preguntas con el fin de dirigir la conversación en una dirección específica y obtener la información que él cree necesitar. Una vez que el orador reanuda su línea de pensamiento, el oyente interrumpe una vez más para hacer otra pregunta, dirigiendo así el intercambio. Este diálogo se convierte rápidamente en un examen cruzado, no muy diferente al de un fiscal de la corte. Aquellos que "escuchan" de esta manera pueden obtener cierta información que están buscando, pero a menudo se privan de otra información

---

38 Callières François de, *op. cit.*

que el otro habría ofrecido en forma espontánea. También pueden poner en peligro su relación con el orador, que puede verse acosado.

5. *La escucha benevolente* corresponde a la concepción de la buena escucha según lo definido por el sentido común: el negociador muestra su apertura a través de señales externas, hace que el otro se sienta cómodo con gestos naturales como sonreír, hace contacto visual frecuente y puntúa el discurso del otro con indicaciones de que él está prestando atención ("sí", "veo", "te sigo".) Esta forma de escuchar está acompañada por una inclinación de la cabeza como un signo de acuerdo, o, en cualquier caso, un estímulo para continuar presentando ideas. No obstante, incluso esta escucha de sentido común no garantiza que el oyente se escape de los inconvenientes y sesgos cognitivos mencionados anteriormente. Debemos ir más lejos para evitar malentendidos. Es insuficiente para mostrar todos los signos de la escucha. Debemos demostrar, detrás de estas señales, la exactitud de nuestra comprensión del otro.

Más que una simple escucha benévola, una herramienta clave para los negociadores sigue siendo la **escucha activa**[39].

Los diez principios de la escucha activa[40]

1. En primer lugar, naturalmente, *escuchar con todos los signos posibles de atención* y aliento con respecto al otro: no hacer nada que pueda distraerlo, mantener el contacto visual, sonreír y asentir con la cabeza con regularidad.

---

39 Rogers, Carl, *Active Listening*. University of Chicago Press, Chicago, 1957.

40 Para ver un ejemplo de escucha activa, consulte el diálogo entre el reclutador y el candidato en el Capítulo 3.

2. Suspender cuidadosamente su voz interna de todos los temas cubiertos por el otro, ya que escuchar ofrece el privilegio de adquirir nueva información. Obligarse a rechazar el ruido interno, que normalmente interpreta lo que se dice y prepara una respuesta para seguir, todo ello en detrimento de la capacidad de escuchar bien.

3. Prestar mucha atención a lo que *se dice*, pero también a lo que está implícito. Lo que *no se dice*, el tono de la voz, por ejemplo, es una excelente indicación de las emociones y pasiones subyacentes.

4. Es posible *tomar algunas notas* a medida que se avanza, tanto para uso futuro como para demostrarle a la otra persona que respetas sus pensamientos, pero asegurarse de que esta toma de notas no se interprete como una violación de la confidencialidad. Si es necesario, verificarlo de antemano con la otra parte para cerciorarse de que se sienta cómoda con las notas.

5. Una vez que el otro haya completado todo o parte de su discurso, *reformular sus declaraciones*. En otras palabras, sintetizar lo que el otro acaba de decir para demostrarle con sus propias palabras que se ha entendido no solo sus palabras, sino también sus señales no verbales.

6. Después de esta reformulación, *invitar al otro a corregir* en caso de que se hayan malinterpretado sus palabras, para disipar de *inmediato* cualquier malentendido.

7. *Prestar atención* a lo que no se capturó en la primera etapa de la escucha y reformular estos elementos faltantes para que, si todo va bien, se entiendan esta vez.

8. *Hacer preguntas aclaratorias* para invitar al otro a completar o refinar su pensamiento. Algunos tipos de preguntas son más útiles que otros:

- Preferiblemente las buenas preguntas son *abiertas* en lugar de *cerradas*. Una pregunta abierta ("¿Por qué ha insistido en los plazos de entrega"?" "¿Qué razones los hacen tan importantes a sus ojos?") permitirá al otro la posibilidad de responder en detalle y ofrecerá amplia información. Por el contrario, una pregunta cerrada ("¿Es demasiado largo un tiempo de entrega de dos meses?" "¿Estaría dispuesto a avanzar en esta prioridad junto con un aumento en los precios?") ofrece una opción binaria (sí/no) que brinda poca información y generalmente conduce a un "No". Las preguntas cerradas solo deben usarse de manera puntual para aclarar lo que sea necesario y en la etapa final de cierre.

- También deben preferirse las preguntas *sinceras*, las que en realidad cada uno se está haciendo a sí mismo, a diferencia de las que son *retóricas* y que a menudo son preguntas *cargadas*. Las preguntas cargadas de prejuicios buscan acreditar un hecho pasado o su interpretación. Por lo tanto, si le pregunto a un gerente: "¿Cuándo comenzó a tomar en serio las demandas de los empleados?", supongo que hubo un momento en que el gerente no tomó en serio sus quejas.

- Las *preguntas "principales"* se consideran preguntas falsas y apuntan a guiar al orador en cierta dirección limitando sus respuestas futuras. Poseen características similares a la escucha directiva. Si tuviera que preguntar "¿No es importante respetar el principio de reciprocidad?", es difícil ver cómo el orador podría responder con cualquier cosa que no sea "Sí". Este tipo de pregunta retórica ya no es una forma de escucha o empatía, sino que pretende acercar al hablante a nuestro lado; oculta una forma de asertividad. Estas preguntas buscan hacer que el otro diga lo que no queremos asumir nosotros mismos.

1. Después de estos diversos intercambios, hacer que el orador valide su comprensión de su punto de vista. En otras palabras, reformular hasta que él diga: "Eso es, eso es lo que quería decir".
2. Concluir la fase de escucha preguntando al otro si desea agregar elementos adicionales. Si no es el caso, agradecer por compartir sus pensamientos. Ha llegado el momento de expresar lo que considera importante. Ahora hay una buena posibilidad de que el otro escuche con el mismo nivel de atención.

La escucha activa crea una forma de círculo virtuoso, lo que Robert Mnookin, presidente del Programa de Harvard sobre Negociación, llama "bucle" *(looping)*. Quedarse con el otro, revisando lo que él ha dicho, en un bucle, hasta que él indique que uno ha *entendido correctamente* su punto de vista.

Una última advertencia: la comprensión no implica aceptación. Entender no significa aprobación. Los oyentes prudentes distinguen entre empatía y acuerdo. Eliminan las frases "De acuerdo", "Correcto" o "Estoy de acuerdo con lo que está diciendo", lo que puede considerarse un signo de acuerdo. Prefieren las afirmaciones neutrales: "Si entiendo lo que estás diciendo...", "Desde tu punto de vista...", lo que simplemente señala la comprensión.

Basta con decir que la escucha activa no se domina después de un par de intentos. Requiere esfuerzo y, a menudo, entrenamiento. Puede parecer difícil durante las primeras veces que se pone en práctica. Luego, poco a poco, el negociador se mueve hacia un uso fluido de la paráfrasis, capta los matices, la ironía, la posible disonancia entre las palabras y el tono. Con la experiencia, la escucha activa se convierte en una segunda naturaleza para el negociador experimentado.

La escucha activa no debe convertirse en una coartada o álibi Si es solo una farsa o un simple truco, fallará rápidamente. Más allá de la técnica, la *sinceridad* es esencial. Solo cuando se usa de manera auténtica, la escucha activa se convierte en un trampolín para la negociación, permite el intercambio de información, limita los malentendidos y crea un movimiento genuino hacia la resolución conjunta de problemas.

Todos los usos de la escucha activa se basan en una hazaña preliminar, el *acto de escuchar*, tal como hablamos del *acto de hablar*. Lejos de ser pasivo, el oyente toma la decisión deliberada de escuchar con sofisticación. Este acto de escucha está activo porque obliga al interlocutor a intervenir en la conversación con un objetivo preciso: no reaccionar o dirigir, sino verificar la comprensión y reflejarla al orador. Esta escucha implica dejar de lado las ideas, los puntos de vista y los argumentos de uno a fin de asimilar todo lo que presenta el orador. Hay que distinguirlo del deseo de convencer al otro. Si contribuye a convencer al otro, lo hace de manera indirecta, al permitirnos convencer mejor a alguien que hemos escuchado con maestría. En la negociación, la escucha debe venir *antes* de hablar. De manera similar a la escucha activa, el hablar activo se enfoca en mantener una relación con el otro.

Habla activa

En la negociación, las palabras importan. La negociación no es el lugar para hablar dentro de un vacío. Estoy hablando, no por el simple hecho de hacerlo, sino para hacer que el otro se involucre en acciones que son de nuestro interés. El discurso está hecho *por mí*, pero *para el otro*. Está adaptado a la audiencia, que es la primera regla de la retórica clásica. De la misma manera que la escucha se beneficia con una conexión con la otra parte, ya que ella siente que la están escuchando, el habla solo es persuasiva si existe tal vínculo con el oyente. En la negociación, no se debe hablar únicamente para satisfacer una necesidad de hablar centrada en sí mismo. Solo se debe hablar en *relación* con el otro, con un enfoque constante en él.

De esta manera, *mi habla está activa* y cae en un círculo virtuoso, tal como lo recordamos con la escucha activa. En dicha situación, se busca la empatía para que el otro pueda entenderme y ser receptivo a mis sugerencias. En esta fase delicada, es importante aumentar la empatía del otro hacia mí. Por lo tanto, es esencial que mantenga la empatía que adquirí mientras escuchaba: este vínculo debe mantenerse y debo usar palabras que hagan eco de las del otro. Hay poca diferencia entre el discurso oral y el escrito: lo que sigue se aplica tanto a la negociación cara a cara como a un proceso escrito a través del cual las partes se comunican mediante el intercambio de memorandos. En cualquier caso, la clave es permanecer en la misma longitud de onda que la otra parte.

Recordemos las tres palancas de la retórica aristotélica que pueden usarse para desarrollar un discurso apropiado para una audiencia: la razón, la pasión y el estilo. El negociador debe desarrollar un razonamiento sólido para *convencer* al otro, apelar a pasiones favorables para *persuadirlo* y elegir el estilo pertinente para *complacerlo*. Para tener éxito, Aristóteles dedicó un libro de su *Retórica* a cada una de estas palancas. Integró el uso adecuado de las tres palancas para que los oyentes se identificaran con ellas. Deben entender mi razonamiento, estar motivados por las emociones íntimas que evoco y compartirlas, y quedar envueltos en la elegancia de mis figuras del habla.

Si insistimos en hablar activamente, es porque hay muchas maneras de hablar, algunas más efectivas que otras. Con demasiada frecuencia, el momento en que tenemos la oportunidad de hablar es de corta duración. Distinguiremos entre las diversas formas de habla antes de revisar el método óptimo, el habla activa.

Cinco modos de discurso a evitar

1. *Ausencia del discurso.* El exceso de tiempo con las palabras a menudo aparece como condescendiente. Con frecuencia, obliga al otro a cerrarse por igual. A quienes dicen poco, en general terminamos respondiendo de la misma manera. Esta ausencia de diálogo rara vez es una indicación de desinterés; más bien es un signo de pasividad. Dicho esto, la timidez a menudo es interpretada por el oyente como desinterés, o incluso mala voluntad. Debemos hablar para evitar que desaparezca la conversación. Debe haber un equilibrio fluido en el diálogo.

2. *Discurso para uno mismo.* En algunas circunstancias, nos olvidamos de con quién estamos hablando. Nos estamos hablando a nosotros mismos. Como nos recuerda la expresión "Le encanta escuchar el sonido de su propia voz", los oradores no deben ser su propia audiencia.

Los acuerdos de Arusha. Para poner fin a la guerra en Burundi, se organizó una reunión de unas 20 delegaciones en Arusha, Tanzania, en 2000. Cada portavoz habló en defensa del cargo de su grupo, ignorando la presencia de las demás delegaciones. Se convirtió en un diálogo entre sordos; nadie escuchó el discurso del otro ya que cada uno habló a sus electores. Uno de los negociadores incluso trajo una grabadora para demostrar a sus electores que había articulado correctamente su posición, de acuerdo con su mandato.

---

3. *Discurso técnico.* Para bien o para mal, todas las profesiones llevan su propio vocabulario, argumentos y razonamientos específicos para su campo. A menudo, sin siquiera ser conscientes, empleamos la jerga entre los especialistas. Los abogados con su propio discurso, los médicos con el suyo, los ingenieros,

etc. Como resultado, se crean universos oscuros y distintos que permanecen separados y enclaustrados. La negociación, sin embargo, suele atravesar varios de estos universos. Por lo tanto, surge una dificultad cuando un portavoz usa un vocabulario sin reconocer que el otro proviene de un "universo" diferente. En este punto, las famosas líneas de Boileau de *Art poétique*[41] (*Lo que está bien pensado está claramente articulado/Y las palabras para decirlo vienen con facilidad*) encuentran su límite: lo que está bien pensado por uno, y por lo tanto claramente articulado, no necesariamente es claro para otro. La claridad se convierte en una noción relativa que solo existe con respecto a un oyente. Como resultado, la negociación solo tiene éxito entre individuos que se entienden entre sí, una situación que supone la existencia de un lenguaje común. El negociador astuto, por lo tanto, sabe cómo ajustar su discurso, incluidos sus elementos técnicos, en relación con la audiencia ante la cual se encuentra. Este proceso podría calificarse como una especie de simplificación, pero eso establecería un juicio de valor. Más bien, hablemos de un discurso purificado de jerga. Es demasiado fácil afirmar que el otro *no puede* entenderme porque mi discurso es tan refinado, complejo y sofisticado que solo una pequeña élite puede alcanzar mi Olimpo. Si el otro no puede entenderme, debo comenzar por reflexionar sobre mí mismo. La pelota está en mi cancha.

4. *Discurso arrogante.* En su forma más cruel, el discurso técnico puede volverse arrogancia. Si el negociador está buscando la confianza del otro, esto puede ser

---

41 Boileau, Nicolas, *Art Poétique.* Larousse, Paris, 1991.

un grave error. Aquellos que saben (y la mayoría de las veces simplemente creen que saben) emplean un elemento de desdén en su discurso. Confiado en exceso, independientemente de si tiene o no razón con respecto al tema central, este negociador no está menos equivocado con respecto a la forma de su discurso. Durante un diálogo persuasivo, tener razón no es suficiente, y querer convencer a alguien a menudo no convence a nadie. Un negociador, centrado en "estar en lo correcto", malinterpreta a su audiencia. Peor aún, estos errores siguen creciendo. Debemos protegernos contra un sentido de superioridad y mantener algo de humildad. Este es el verdadero signo de un negociador experimentado, ya que sabe que ha cometido errores en el pasado y que lo hará de nuevo en el futuro. Él domina el cleuasmo, una herramienta retórica que se basa en una supuesta falta de experiencia ("No soy un experto"; "Obviamente no he tenido tiempo de revisar completamente el tema"; "Bueno, sabes más que yo"). Dadas estas afirmaciones, la otra persona baja la guardia y se siente más segura. Este método se ve en el contexto moderno del teniente Colombo (o Columbo) en las famosas series de televisión. Colombo parece tan tonto que todo criminal cree que puede burlarse de él, pero cada uno cae presa del mismo final fatídico. Sintiéndose cómodo, el sospechoso ofrece una información que nunca habría salido a la luz en presencia de un detective inmodesto como Sherlock Holmes, para quien todo es "elemental, mi querido Watson".

5. *Discurso agresivo.* La negociación no debe implicar signos de agresividad hacia la otra parte. La experiencia ha demostrado que, si un negociador se siente amenazado, no tendrá ningún deseo de se-

guir negociando. Por el contrario, lo más probable es que responda con amabilidad e impida el proceso de comunicación. El impacto de todas las formas de coerción e intimidación se ve pobremente desde la perspectiva del clavo, aunque sea involuntario de parte del martillo. La adquisición del consentimiento del otro supone el descubrimiento de un medio para expresarnos de una manera que permita al otro escucharnos. El otro no debe sentirse bajo presión, sino más bien fomentar una sensación de seguridad. Es imperativo que se eviten todas las formas de agresión. El lenguaje suave, o "una manera insinuante", según Callières, es mucho más persuasivo para el oyente. El viejo adagio de "consultarlo con la almohada", por ejemplo, antes de enviar un correo electrónico irritante, enfatiza la sabiduría detrás de considerar el impacto de nuestras palabras, no solo en nosotros mismos, sino en el destinatario por encima de todo.

Habiendo examinado cinco modos de habla a evitar, ahora debemos considerar los principios que subyacen al habla activa.

Los diez principios del habla activa

1. El discurso activo está dirigido a un *público específico,* en el que está totalmente centrado. El habla activa es empática y, por lo tanto, inseparable de la escucha activa que la precede. Llegar a nuestro público comienza poniéndonos en su lugar y preguntándonos: "¿Cómo me escucharán?", "¿Cómo llamaré su atención?".

> **Sadat en la Knesset.** Tras la Guerra de Kippur en octubre de 1973, todo el discurso árabe era sospechoso desde la perspectiva del público israelí, por lo tanto, inaudible. Esto cambió el 18 de mayo de 1977, cuando el presidente egipcio Sadat hizo lo impensable: fue al parlamento israelí en la Knesset, en el corazón del territorio "enemigo". Este viaje a Jerusalén encarnó el "vuelco de un gran tabú", según la fórmula de Michel Rocard[42]. De repente, al asumir este increíble riesgo, por el que pagó con su vida en 1981, Sadat se volvió audible y creíble ante una audiencia israelí.

Debido a que los individuos y los grupos tienen expectativas y motivaciones variables, no podemos aplicar el mismo discurso a todos ellos. Cada situación requiere la creación de su propia retórica específica. Este ajuste se facilita en la negociación cuando se hace en privado. Debemos conocer al otro interlocutor y poder hablarle desde su propio punto de vista. Este ejercicio es mucho más difícil en un entorno público compuesto por un grupo diverso de individuos. Complacer a un individuo corre el riesgo de desagradar al otro. Incluso en estas circunstancias, debemos buscar crear un discurso para el grupo en su conjunto.

2. El habla activa *se adapta entonces a esta audiencia.* Es insuficiente solo crear las condiciones que fomentan la escucha; deben mantenerse a lo largo de la discusión para evitar perder la audiencia. Esta es una tarea difícil. Inconscientemente conscientes de ser empáticos, debemos preguntarnos: "¿Cómo puedo decir lo que quiero decir para que lo entiendan con seguridad?". Cada palabra puede ser criticada por el oyente, como lo explica la premisa de la devalua-

---

42 Rocard, Michel. *Le médiateur en politique in Modèles de médiateurs et médiateur-modèle*, Alain Pekar Lempereur (ed.). ESSEC IRENE, Paris-Cergy, 1999, p. 52.

ción reactiva: debemos apuntar de manera correcta y recurrir constantemente a aquellos elementos que hacen de los otros socios, en vez de adversarios.

3. El habla activa requiere *brevedad*. Esta cualidad crucial evita el letargo del oyente y le permite captar los puntos clave de nuestro discurso. Es el principio de un uso económico del lenguaje. Recuerda la navaja de Ockham: *Entia non sunt multiplicanda praeter necessitatem,* que se traduce en ""Las entidades no deben multiplicarse más allá de la necesidad". Esto es más comúnmente conocido por la frase: "mantenlo simple". La brevedad posibilita ofrecer al otro varias oportunidades para intervenir en la conversación. Esto le permite al hablante ajustar su puntería y refinar su discurso. La logorrea impide que el oyente vea las raíces de un mensaje, lo agrava y provoca la pérdida de su atención.

4. El habla activa es *precisa y clara*. Sin caer en la simplificación excesiva, se requieren precisión y claridad para transmitir las explicaciones pertinentes y evitar interpretaciones erróneas. Estas cualidades favorecen una negociación eficiente y rápida. Por el contrario, muchas negociaciones sufren por el gusto de sutilezas excesivas, algo que es innecesario y peligroso. Perdemos tiempo construyendo estrategias complicadas que introducen múltiples variables de las cuales solo hemos dominado la mitad. El uso de tales estrategias ofrece un pobre retorno de la inversión y, a menudo, se vuelve contra su autor. Axelrod[43] resume este punto con una fórmula: "No seas demasiado inteligente" o prepárate para perder tu propio juego. En un espíritu similar, un embajador británico tenía el hábito de aconsejar: "Nunca seas

---

43 Axelrod, Robert, *The Evolution of Cooperation.* Basic Books, New York, 1984.

ambiguo, a menos que tú quieras serlo". La mayoría de las personas desconocen cuándo son ambiguas y, con frecuencia, no pretenden serlo. Sin embargo, este es un problema importante. La ambigüedad permite muchas interpretaciones y, naturalmente, todas las partes ven los elementos que son favorables para sus electores. Este fenómeno, llamado ambivalencia constructiva, conduce a menudo a un callejón sin salida en las negociaciones.

Resolución 242. La Resolución 242 del Consejo de Seguridad, el 22 de noviembre de 1967, estableció que Israel retiraría las tropas de los territorios ocupados a cambio del reconocimiento mutuo de los estados de la región. De hecho, la ambigüedad de la redacción de la Resolución llevó a su no aplicación ya que cada parte insistió en su propia interpretación.

---

5. *El habla activa es integradora.* La respuesta posicional empuja a un negociador a comenzar su respuesta con la fórmula "sí, pero...". Tan pronto como el otro negociador ha colocado un bloque de construcción en la mesa, lo reemplazo por el mío, lo cual me parece más apropiado. El habla activa, al reconocer que los diversos puntos de vista merecen un debate, trata de basarse en lo que el otro ha dicho, busca unir ideas y capitaliza lo que se acaba de exponer. Consiste en agregar otro bloque de construcción al diálogo comenzando con "sí y...". ¿Cómo puede uno, en esta situación, expresar una objeción? En el estilo típico podemos imaginar la siguiente afirmación: "¿Quieres una entrega para mañana? Pero eso es una locura; ni siquiera lo pienses. Es simplemente imposible dentro del presupuesto". El enfoque integrador intentaría una declaración como la siguiente: "Si te comprendo correctamente, te gustaría que se hiciera

la entrega a partir de mañana. Por cierto, esta hipótesis justificaría un análisis detallado del presupuesto que, supongo, querrías mantener dentro de límites razonables". El estilo exclusivo de "sí, pero" conduce a una objeción. Aquí, el estilo integrador de "sí, y" puede ser seguido por una pregunta abierta o sugerencia. El objetivo es asegurar un nuevo paso adelante al presentar una inquietud, pidiéndole al otro que encuentre una solución que funcione para ambos.

6. El habla activa es preferentemente *sugestiva*. Es mejor convencer que restringir; proponer en lugar de imponer. Es preferible cualquier cosa que pueda reducir la percepción de restricción a los ojos del otro. Dentro de los límites de la brevedad, la precisión y la claridad, es mejor sugerir posibles soluciones en lugar de atrincherarse en una posición. Si la otra persona descubre nuestra solución por sí misma, también reducimos el riesgo de que la rechace o la someta a una devaluación reactiva. Comparemos los dos enfoques siguientes[44]. Recomendamos no usar la declaración: "Si no me promueves, renuncio" y sugerimos una frase como: "Prometo quedarme en la empresa si me ofreces una promoción". Está claro que esta promesa se deriva de una amenaza implícita, pero el mensaje explícito sigue siendo un deseo de permanecer en la empresa. La elección depende de si se ofrece una promoción, independientemente de lo que sugerimos en términos de consecuencias.

7. El habla activa busca un encuadre positivo. El ejemplo que acabamos de señalar propone dos formas de presentar la misma realidad: una positiva y la otra negativa. Tenemos la opción de enmarcar el

---

44 Sinaceur, Marwan, "La menace en négociation", Unpublished Conference, ESSEC IRENE, 2002.

contenido y, como todos sabemos, el marco cambia la apariencia de la pintura. Varios experimentos[45] demuestran la importancia del encuadre. Las investigaciones han mostrado una preferencia casi constante por lo que es agradable y positivo en comparación con lo que no lo es. En resumen, un vaso que se presenta como medio lleno se bebe más fácilmente que el otro del que se dice que está medio vacío. De manera similar, un plan de *consolidación* se ve mejor que un plan de *reestructuración,* incluso si su contenido es idéntico.

El experimento de la bomba de gasolina. Se dio un caso en una gasolinera donde los clientes tenían que pagar un recargo al usar una tarjeta de crédito (€1.00 + 10% por litro). En este escenario, los clientes tendían a no usar su tarjeta de crédito. Esto se traduce en la teoría de la "aversión a la pérdida". Por otro lado, si se ofrecía un reembolso a los que pagaban en efectivo (€1.10 de descuento más -€0.10 por litro), los clientes continuaban usando su tarjeta de crédito. Al final del día, somos más receptivos a no aprovechar una ganancia en lugar de incurrir en un costo adicional.

Terminando una tesis doctoral. Observemos el contraste entre estas dos expresiones: "justo acabando de terminar una tesis doctoral" y "casi terminando una tesis doctoral". Objetivamente, la persona que ha terminado está en una mejor posición, pero este hecho está manchado por la connotación negativa ("justo") en el primer caso y la positiva en el segundo ("casi"): el primero implica una conclusión reciente que debería haber llegado antes, mientras que el segundo nos hace pensar que se hará a tiempo. Esto ilustra la importancia de elegir una formulación que sea positiva al caracterizar una situación o al presentar información.

---

45 Tversky, Amos y Kahneman, Daniel, "The Framing of Decisions and the Psychology of Choice". En *Science,* vol. 211, 1981, pp. 453-458.

8. El habla activa se centra en las *oportunidades* que se deben aprovechar en lugar de los desafíos que se deben superar.

La foto del candidato.[46] Durante una campaña presidencial estadounidense en 1912, una fotografía del candidato Theodore Roosevelt se usó sin notificar a su autor, para un folleto del que se imprimieron tres millones de copias. ¿Qué se podía hacer para resolver este error? Un enfoque sería preguntarle al fotógrafo cuánto quería en compensación por el uso no autorizado de su trabajo. Hubo un riesgo significativo de rechazo que habría podido llevar a la destrucción de los folletos o al pago de una factura estimada en tres millones de dólares. Pero su enfoque fue completamente diferente: el director de la campaña convenció al estudio de fotografía de que recibirían una gran publicidad gracias al folleto y les preguntó cuánto estarían dispuestos a contribuir con la campaña a cambio. El estudio, encantado, ofreció 250 dólares. La clave fue transformar un error en una oportunidad para ambas partes.

---

9. El habla activa *se orienta hacia el futuro* (la búsqueda de soluciones negociables, los pasos hacia un acuerdo) en lugar de volver hacia el pasado (se atribuye la culpa del conflicto y los errores cometidos). Hay que distanciarse del reflejo para presentar acusaciones. Este enfoque no es fácil, especialmente en el contexto de conflicto. Milan Kundera abordó esto en *El libro sobre la risa y el olvido*[47]:

> "Proclamamos que deseamos construir un futuro, pero no es cierto. El futuro no es más que un espacio vacío que es indiferente y que no interesa a nadie, pero el pasado está lleno de vida y su apariencia nos irrita, nos disgusta y nos hace daño hasta el punto en que queremos destruirlo o pintarlo de nuevo".

---

46 Bacow, Lawrence y Wheeler, Michael, *Environmental Dispute Resolution*. Plenum Press, New York, 1984.

47 Kundera, Milan, *The Book of Laughter and Forgetting*. Alfred A. Knopf, New York, 1980.

La tentación es insistir en el pasado y designar la inocencia (yo) y la culpa (ellos), al igual que en los procedimientos judiciales. Aristóteles señaló que, paralelamente a esta retórica del pasado, estaba la del futuro, que se aplicó en el contexto de las asambleas políticas, por ejemplo. En la negociación, es la segunda retórica, calificada como "deliberativa", la que debe prevalecer. Busca crear un acuerdo no sobre sucesos pasados y su interpretación, sino más bien sobre elementos que definirán el futuro de nuestra relación de una manera que sea aceptable para todos.

10. El habla activa *evita los engaños y las mentiras* que apoyan argumentos falsos o imaginarios. Los *bluffs* y las mentiras plantean cuatro problemas para el negociador. Primero, éticamente hablando, este comportamiento es problemático para los individuos conscientes. En segundo lugar, los negociadores que se permiten tomarse libertades con la verdad corren el riesgo de ser descubiertos y adquirir una mala reputación. En tercer lugar, y para no ser olvidado, el mentiroso corre el riesgo de ser creído, y como resultado enfrenta la perspectiva de mantener la ilusión por un breve momento. Las mentiras generan otras mentiras que continúan creciendo en alcance y escala. Finalmente, esta táctica a menudo se elige como resultado de un error o de la pereza, debido a la renuencia a considerar seriamente la situación. En la mayoría de los casos, un buen negociador, con un espíritu inventivo y que se toma el tiempo de prepararse, descubrirá medios legítimos para satisfacer sus objetivos.

Estas características del habla activa subrayan cuán inseparable es de la escucha activa y se basa en la empatía. Es por esto que un buen negociador combina con facilidad escuchar y hablar. Es esta forma de desarrollar una conversación la que se abordará en la última sección de este capítulo.

Cómo crear y mantener una conversación

El tejido de una conversación entrelaza la escucha activa y el habla activa. Un primer ejemplo ilustrará el paso de una a otra, a través del diálogo entre un concesionario de automóviles y su cliente. En algunos contextos más tensos, el dominio dual de la escucha activa y el habla activa requiere una atención especial a la empatía para comprender la visión de la otra persona. El logro de este grado de empatía se ilustrará en nuestro segundo ejemplo.

Pasar de la escucha activa al habla activa

Aquí, el objetivo es secuenciar los periodos de discurso y escucha activa desde el punto de vista del vendedor. A continuación, encontrará el diálogo completo y concreto que se lee de izquierda a derecha, celda tras celda.

Tabla 5.1. Un ejemplo de escucha activa y habla activa: el vendedor

La interpretación del vendedor de las acciones del comprador	El discurso del comprador	El discurso del vendedor	Los pensamientos del vendedor
Él comienza a hablar y entablar el diálogo.	¿Hola cómo está?		Comienzo a escuchar activamente. Sonrío de buena fe. Toda mi atención está dirigida hacia el cliente.
Ya está empezando a pensar en lo que va a decir.		¿Buenas, en qué puedo ayudarle?	Invito al otro a expresarme sus motivaciones.
Comienza a decir lo que busca.	De hecho, todavía no estoy seguro. Estoy buscando un auto.		Escucho en silencio mientras asiento con la cabeza.
Me escucha con vacilación.		Un auto, excelente, ¿qué tipo de auto?	Repito lo que él ha dicho y lo invito a explicar más.
Él especifica sus pensamientos.	Un auto para mi esposa.		Escucho en silencio mientras asiento con la cabeza.
Se está impacientando ya que piensa que no lo entiendo.		Ah, será un segundo auto solo para su esposa.	Repito, pero también ofrezco una hipótesis.
Valida lo que he dicho y lo corrige si es necesario.	Sí, sí, para mi esposa. Pero también debe ser lo suficientemente grande para que nuestros hijos estén cómodos.		Escucho en silencio, asintiendo con la cabeza mientras hago un movimiento con el dedo que indica "¡Ah, ya veo!"
Él ve que estoy atento y asiente con la cabeza en señal de comprensión.		Está buscando un auto familiar que sea lo suficientemente amplio para su esposa e hijos.	Refresco mientras agrego lo que me perdí la primera vez.

Tabla 5.1. *Continuación*

La interpretación del vendedor de las acciones del comprador	*El discurso del comprador*	*El discurso del vendedor*	*Los pensamientos del vendedor*
Él valida lo que acabo de decir.	Exacto, eso es.		Escucho en silencio mientras asiento con la cabeza.
Me escucha de una manera más relajada. Ha comenzado una relación entre nosotros.		¿Qué modelos tenía en mente? ¿Cual es su presupuesto?	Hago un par de preguntas abiertas para permitirle desarrollar sus objetivos.
Responde una pregunta, pero evade otra que le molesta un poco. Además busca mi consejo.	Me gusta mucho el Bettina. ¿Es demasiado grande para lo que necesito?		Escucho en silencio mientras pienso que todavía no quiere especificar su presupuesto. Este es un buen momento para pasar al discurso activo.
Él espera mi respuesta. Haberlo escuchado hasta este punto hace que sea probable que me escuche.		El Bettina es un coche muy popular. Puede llevar a toda su familia y se beneficia con un baúl muy grande.	Valido implícitamente la elección del cliente. Para mantener el vínculo con él, subrayo la legitimidad de su elección y ofrezco un argumento que podría ayudarlo a discutirlo con su esposa.
Él valida implícitamente mi hipótesis y, sin saberlo, agrega otra información importante. Siente que ha hablado y ahora espera mi respuesta.	Sí, y probablemente sea más cómodo durante los viajes largos.		Tomo nota de esta nueva información.

Siente que ha hablado y ahora espera mi respuesta.		Mi madre compró un Bettina; vive a dos horas de aquí y nos visita los fines de semana.	Ofrezco una información veraz que confirma mi conexión con el cliente potencial.
Parece divertido por esta información aparentemente no relacionada y responde con lo primero que le viene a la mente.	¿Oh sí? ¿Y a ella le gusta?		Respondo con una sonrisa.
		Sí, y por eso también quería el interior de cuero.	
Parece apreciar mi retracción y asiente con la cabeza para validar mi último punto.	Exactamente.		Respiro. Es hora de organizar una prueba de manejo con este cliente.
Aprecia haber dejado claro su punto y espera mis próximos comentarios.		¿Le gustaría configurar una prueba de manejo con su cónyuge en algún momento de los próximos días?	Me imagino que no comprará el coche sin su cónyuge y tampoco una prueba de manejo. Por lo tanto, sugiero que vuelvan juntos.
Parece que le gusta esta sugerencia y saca su agenda para programar una prueba de manejo.	Por supuesto. ¿Qué tal el próximo sábado a las 10 de la mañana?		Abro mi agenda y me preparo para pedirle su nombre.
Él nota mi atención al detalle.		El sábado a las 10 a.m., lo he anotado. ¿Podría darme su nombre y un número donde pueda localizarlo?	Aquí, volver a la escucha activa me permite establecer un compromiso preciso.
Él me da su información clave.	Juan López, 09 44 55 66 77.		Me cuido al anotar esta información, algo que muestra mi preocupación por este cliente.

Tabla 5.1. *Continuación*

La interpretación del vendedor de las acciones del comprador	El discurso del comprador	El discurso del vendedor	Los pensamientos del vendedor
Él asiente con la cabeza en señal de acuerdo y agradecimiento.		**Perfecto. Aquí están los folletos del Bettina que puede revisar con su esposa. Gracias por su visita. Nos vemos el sábado por la mañana.**	**Personalizo mi adiós y le doy la información adicional que le permitirá consultar con su cónyuge.**
Toma los folletos y me da la mano.	**Gracias, nos vemos el sábado.**		**Le abro la puerta al salir.**

En el intercambio anterior, la escucha activa y el habla activa se emplean para equilibrar la empatía y la asertividad en todo momento.

La importancia de la empatía

Recordemos que la empatía designa la capacidad de un negociador para ponerse en el lugar del otro y comprender (lo que no significa aceptar) su punto de vista. La empatía se vuelve más difícil en situaciones tensas de conflicto, pero es aún más necesaria en esas circunstancias. A modo de ejemplo y como una oportunidad para practicar, aquí hay un pequeño ejercicio de juego de roles para entrenarse e imaginar el punto de vista de otro.

Imaginar a un líder sindical hablando con un colega del mismo sindicato. La organización en la que trabaja está experimentando algunas dificultades. Articular las preocupaciones de los empleados, su inquietud por las condiciones de trabajo, incluso sus trabajos, con su colega. Decir lo que siente como representante sindical, la presión que se ejerce sobre usted y el peso resultante sobre los hombros. Discutir las dificultades de encontrarse entre los empleados y la gerencia, pero también entre otros líderes sindicales que no comparten el mismo enfoque. Considerar las negociaciones pasadas y futuras, no solo los momentos en los que pensaba que no pasaría nada, sino también los éxitos inesperados. Tener en cuenta el orgullo frente a sus electores, pero también la duda de que quizá pudiera haber obtenido más o de que no haya cumplido sus expectativas. Una vez en el lugar del representante sindical, estará preparado para comprender mejor sus motivaciones, preguntas y desafíos.

Ahora, sin perder la perspectiva presentada por el primer rol, imaginarse como administrador y hablar con este mismo líder sindical. En el fondo, sabe que él no es irracional y que, si estuviera en su lugar, pensaría de manera similar. Puede hablar con él sin inundarlo de cifras y sin arrogancia ni agresividad. Es posible explicar que sabe que su situación no es fácil y que comprende sus preocupaciones laborales, todo sin ser condescendiente. Puede decir que su interés en los derechos de los empleados también es su mandato. Es una prioridad tranquilizar al personal y motivarlo; una empresa es ante todo las personas que trabajan para ella. Puede asegurarle que comprende la necesidad de tomarse el tiempo para hablar, pero también para estar seguro de que los trabajadores acepten el resultado. Demostrar la comprensión de su visión de la situación. También aludir a una zona preliminar de acuerdo. Por supuesto, tiene restricciones en su mandato y no puede ignorar a sus accionistas. Lo más importante es saber que se puede llegar a un acuerdo respetando estas restricciones. Saber que no será fácil, el representante del sindicato también lo sabe. Para que esto ocurra, hay un solo camino: el diálogo. Permanecer abierto acerca de la forma final del acuerdo, ya que es a partir del diálogo que nacerá. Recordarse que solo se firmará un acuerdo que respete las restricciones. Bien, entonces vamos a trabajar.

Más allá de este ejemplo, hay una idea que debe acompañar al negociador: una excelente manera de entrenar la empatía es imaginar cómo *el otro* "el delegado sindical (si estamos dirigiendo una empresa), el vendedor (si somos un cliente) y viceversa" ve el mundo y lo que está en juego. En la base de todo esto, sea sindicato o líder de la administración, debemos convencer al otro de nuestra buena fe y demostrarle que lo entendemos y lo respetamos. Sin él, no habrá un acuerdo y apreciamos su contribución y sus esfuerzos para trabajar hacia una solución. Como lo ilustra todo el ejemplo, pensar desde la perspectiva de otro es difícil... pero esencial. Es lo que le permite al negociador formular lo que es importante para sus electores de manera que sea aceptable para la otra parte, y eso constituye un intento sincero de convertirlo en un socio en la resolución de un problema compartido.

CAPÍTULO 6

RECONOCER LAS EMOCIONES
ANTES DE RESOLVER PROBLEMAS

Cómo tratar con personas
2. Los desafíos

Si todo fluyera tranquilamente en la negociación, este capítulo sería redundante. Pero la negociación conoce contratiempos, rupturas y, a veces, momentos desagradables con personas altamente tensas. Por lo tanto, el negociador debe estar preparado para cualquier cosa, incluso lo peor, y saber cómo guiar nuevamente el proceso hacia el buen camino, una vez que se salga de control.

Comenzaremos estableciendo un diagnóstico de la situación en la que las emociones consideradas negativas como la frustración, la exasperación, la ira tienden a superar el terreno de la negociación. Ofreceremos una visión más amplia de la racionalidad en la negociación, integrando una dimensión emocional. Luego analizaremos los reflejos y comportamientos instintivos que intervienen en estas circunstancias emocionales. Teniendo en cuenta sus límites, propondremos una serie de respuestas alternativas que le permitirán al negociador utilizar mejor estos elementos (de proceso, relacional, sustancial) que se identificaron durante la preparación (Capítulo 2). Estos comportamientos alternativos sirven para tres propósitos que examinaremos a lo largo de este capítulo: evitar los puntos muertos en los procedimientos, mantener buenas relaciones de trabajo y llegar a soluciones centrales mutuamente aceptables.

Entender el papel de las emociones en la negociación

Hemos evocado la ilusión de que las negociaciones solo pueden verse como una interacción entre partes que son económicamente racionales. Las emociones negativas juegan un papel en el contexto del conflicto.

Las tensiones "racionales" se convierten en conflictos "apasionados"

El Capítulo 4 analizaba situaciones en las que era posible abordar problemas, asumía un contexto en el que prevalecía la buena fe y no se producían tensiones relacionales importantes. Pero también sucede, a menudo durante la distribución de valor, que estas tensiones "racionales" (determinación del precio, claves para dividir las ventas entre los proveedores de servicios, cálculo del porcentaje de beneficio que se distribuirá a los socios, división del territorio), se convierten en una justa competitiva que coincide con un uso intensivo de tácticas de apropiación que desencadenan un ambiente de trabajo desagradable.

Durante ese regateo, olvidamos precisamente por qué negociamos o, inspirándonos en René Girard,[48] es oportuno anotar que se produce un "olvido del objeto" de la negociación. En este escenario no queda nada por negociar,

---

48 Girard, René, *Le bouc émissaire.* Grasset, Paris, 1982.

solo dos personas envueltas en un conflicto. La relación interpersonal se destruye e insistimos en referirnos a nuestras soluciones fuera de la mesa, es decir, sin la otra parte. Por lo tanto, nos distanciamos de un acuerdo que podría ser mutuamente beneficioso. En este contexto, todo lo que parecía comenzar bien se deteriora rápidamente y se derrumba cuando las partes tienen que distribuir valor. El paso hacia el acuerdo da origen al conflicto.

Hay situaciones peores: el conflicto domina desde el principio, desde el pasado, allí donde una sensación de sufrimiento cava una zanja que impide la discusión o la búsqueda de la resolución conjunta de problemas. La percepción es que no hay nada que se pueda escribir en el lado de los activos del balance general. Nos enfrentamos a pseudonegociaciones en las que prácticamente no podemos imaginarnos negociando con "aquellas personas". No hay compañeros, sino adversarios e incluso enemigos. Estas situaciones se caracterizan por una imposibilidad inicial y radical de abordar el problema central, ya que la tensa relación obstruye el proceso. ¿Qué podríamos negociar? El otro es considerado "el demonizado" y pintado como irracional. Ni siquiera se trata de ampliar el "pastel" y mucho menos de dividirlo. Si hay alguna negociación, está dominada por el conflicto y, por lo tanto, es de carácter emocional.

Tanto en esta última situación, dada la tensión inicial, como en el caso anterior, cuando la misma se deriva del proceso, es esencial que el negociador maneje las emociones de manera efectiva.

Un razonamiento ampliado que integra una dimensión emocional

En estas situaciones, si queremos tener éxito en la creación de un enfoque constructivo,[49] algo debe ocurrir de antemano. Este algo, simbolizado por <?> en la Figura 6.1, debe interve-

---

49 Stone, Douglas; Patton, Bruce y Heen, Sheila, *op. cit.*

nir entre las emociones y las soluciones de los problemas.

Las emociones dominantes (a la izquierda) nos agitan, nos encierran en el pasado, nos invierten constantemente e incitan un reflejo acusatorio con respecto al otro y uno excusatorio en cuanto a nosotros mismos.

El trabajo de resolución de problemas que debe realizarse, como se ilustra en el Capítulo 4, sugiere un enfoque orientado hacia un futuro común e incluye: buscar soluciones para resolver el problema, ampliar el pastel, proponer criterios para su distribución e imaginar un acuerdo negociado en conjunto.

Figura 6.1. Superando la brecha entre las emociones y la resolución de problemas

Debido a que no podemos encerrar la racionalidad

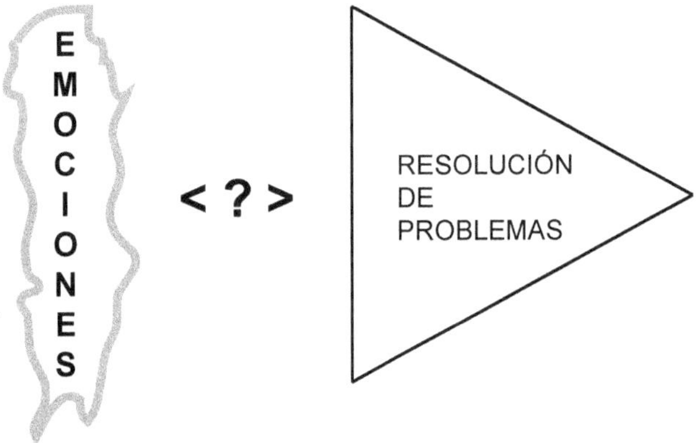

en su sentido económico restringido dentro de los contornos tortuosos y hastiados de la emoción, deberíamos concebir la negociación en un sentido racional más amplio, el cual incluiría competencias psicológicas que ayudasen a trabajar con el otro para poder estar juntos y finalmente producir juntos. Este espectro ampliado de racionalidad supone la adición de la inteligencia relacional a la inteligencia racional. La primera busca dirigirse a las personas y sus emociones antes de abordar los problemas. Fisher y Ury[50] insistieron en la necesidad de "separar a las personas del problema", pero nuevamente aquí se presenta la necesidad de una secuencia, que podría resultar más efectiva. Como se muestra en la Figura 6.2, esta lógica acompaña el momento de la negociación, es parte de un proceso; abarca sucesivamente un razonamiento relacional (predominantemente psicológico) y luego un razonamiento en el sentido más estricto (fundamentalmente económico). Tras la explosión de emociones destructivas, y *antes de continuar*, es esencial un esfuerzo adicional para hacer frente a los problemas relacionales a través de una fase intermedia de reconocimiento cuyo objetivo es comprender las emociones en juego y restaurar la dignidad de los involucrados. Este reconocimiento es una forma de creación de valor; en un sentido plural y más fundamental, la creación de valores comunes. Con este espíritu, las habilidades de comunicación y la escucha particularmente activa se encuentran en el corazón del asunto.

Independientemente de lo que pensamos o deseamos creer, ningún negociador es un agente puramente racional en sus interacciones. En el mejor de los casos, sus acciones se basan en la economía psicológica, marcada por un sesgo cuyos principios se presentaron en el Capítulo 5. Este descubrimiento no es nuevo: François de Callières[51] y Fortuné de Félice[52] ya notaron que las pasiones de un negociador pueden superar sus intereses. Este imperio de pasiones explota cuan-

---

50 Fisher, Roger y Ury, William, *op. cit.*

51 Callières, François de, *op. cit.*, p. 104.

52 Félice, Fortuné Barthélémy de, "Négociations ou l'art de négocier", nota extraída del *Dictionnaire de justice naturelle et civile*, Yverdon, 1770; reedición de Alain Lempereur, ESSEC IRENE, Paris-Cergy: pp. 176-197; también retomada en Lempereur, Alain Pekar y Colson Aurélien (eds.), *Négociations européennes*, A2C Médias, Paris, 2008.

do las emociones de cada parte juegan con la otra. Así, las tensiones aumentan y la situación se intensifica.

Figura 6.2. Secuencia de negociación que integra emociones

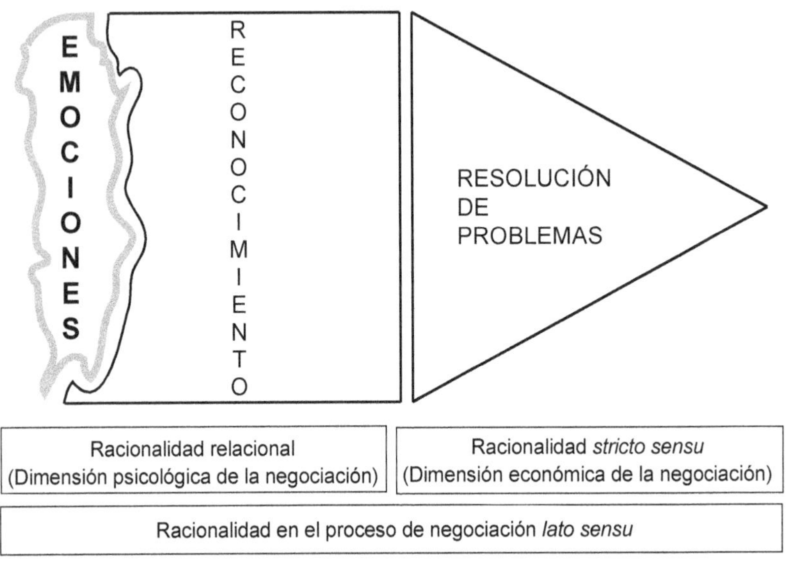

Emociones: efectos positivos o negativos en la negociación

Las emociones (los filósofos de la Antigüedad hablaban de pasiones) no son intrínsecamente negativas en la negociación. Simplemente, se trata de distinguir entre ellas. La alegría y el placer producen un efecto favorable. Un experimento ha demostrado que si un negociador presenta una posible solución con la actitud de "Qué placer ha sido trabajar con usted", será mejor recibido que si se ofreciera de manera neutral, sin invocar este tono positivo. Cuando aparecen emociones positivas, es mucho más fácil trabajar para una solución. Por lo tanto, es una invitación a ir más allá de un enfoque puramente técnico de la negociación.

Nos convertimos en algo más que una máquina de pensar; reconocemos que somos carne y sangre.

El espectro de emociones va de lo mejor a lo peor, y es de esta última categoría de la cual debemos estar conscientes. Si las emociones positivas crean una identificación entre individuos, los sentimientos de odio y de pesar, en cambio, hacen lo contrario y provocan la alienación, es decir, nuestro alejamiento del otro. En el experimento anterior, si la solución propuesta se hubiese ofrecido en el contexto de "¡Francamente, ha sido realmente difícil trabajar con usted!", se habría recibido de manera pésima y habría llevado a un resultado peor que el presentado de una manera neutral. La escalada es obvia: si la emoción negativa asociada con la propuesta del otro me desanima, me arriesgo a responder con una contraoferta poco atractiva, a menudo bastante radical, contaminada de la misma manera, perpetuando así el punto muerto.

Al estar consciente de la importancia de tales emociones positivas o negativas, un negociador puede verse tentado a fingir tales emociones, especialmente aquellas que son positivas, para tratar de obtener más beneficios de la otra parte. También importa resistir esta tentación, ya que las mentiras emocionales se detectan en el 85% de los casos. En contraste, las mentiras sobre los hechos se notan en solo el 50% de las veces. Es difícil engañar a la otra parte con respecto a nuestro estado emocional. Un uso estratégico de la pasión, que se examinará en la siguiente sección, no se presta a una manipulación fácil o sin mayores riesgos.

Emociones involuntarias y pasión deliberada

Ciertas emociones surgen sin la voluntad deliberada del protagonista. De un modo u otro caemos, entramos en un estado terrible en el que las emociones nos dominan. Este es el aspecto pasivo de las emociones, que no está bajo nuestro control. Una vez que la emoción ha pasado, seguir adelante puede ser tan simple como decir: "Lo siento mucho, no quise dejar que eso se me escapara, simplemente fui empujado al límite". Este reflejo de negación, tan fácil, debe explorarse dentro de cada uno de nosotros: ¿cuál es nuestro grado real de control sobre nosotros mismos, sobre nuestras emociones? La negociación requiere un mayor nivel de conciencia para superar las situaciones difíciles.

Este primer estado de emociones involuntarias se distingue de las circunstancias insidiosas en las que algunos negociadores encienden deliberadamente las emociones no deseadas en la otra parte mediante el uso de ciertas tácticas. Esta estrategia busca desestabilizar al otro para obligarlo a someterse. El punto anterior señaló cómo las emociones pueden influir en la recepción de una solución sugerida. Este uso estratégico de las pasiones se ha practicado desde los tiempos de los antiguos griegos. Aristóteles escribió en su segundo libro de *Retórica* que es posible buscar la pasión por nosotros mismos y por el otro, según sea necesaria para satisfacer nuestras necesidades. Por ejemplo, incitar a la compasión facilita el perdón; esta es una estrategia común entre los abogados defensores. Este uso de las emociones con el propósito de satisfacer una necesidad específica nace a una edad muy temprana. Considere al niño pequeño que se vuelve hacia su padre mientras su madre lo regaña. Con ojos llorosos, busca la simpatía de su padre para formar una coalición contra su madre y escapar de la reprimenda. Sin lugar a dudas, tal comportamiento no es voluntario, pero después de varias experiencias exitosas, se convierte en algo natural. Recurrir a las emociones se convierte en una estrategia recurrente para desviar la voluntad del otro y obtener una ventaja a través de este curso de acción, que es más persuasivo que convincente. Estos ejemplos subrayan que las emociones positivas o negativas no siempre provienen de un simple intercambio. Pueden ser el resultado de la voluntad de una parte de crear una asimetría que empuje a la otra a un estado emocional específico. Cuando estamos sometidos a tales agresiones, cada uno de nosotros debe mostrar una gran templanza al moderar sus emociones. Esto es lo que llamamos paciencia.

Ya sea que el otro nos provoque por diseño o a pesar de sí mismo, el fenómeno estimula respuestas instintivas y espontáneas de nuestra parte, cuya ineficacia ha sido subrayada por la experiencia. Depende de nosotros analizarlas y al mismo tiempo comprender nuestro propio estado emocional. También es nuestra tarea ampliar nuestro repertorio de posibles respuestas. Este es el objetivo de los siguientes párrafos.

Seis categorías para analizar negociaciones difíciles

Los siguientes seis desarrollos provienen de la experiencia, la enseñanza y la investigación. Juntos o por separado, los autores se han reunido con delegaciones de manifestantes, han facilitado encuentros entre interlocutores y han asesorado a las partes interesadas a través de interacciones delicadas. Sea en misiones de negociación o seminarios de capacitación, hemos compartido la experiencia de docenas de organizaciones públicas y empresas privadas que se enfrentan a este tipo de situación. Finalmente, varios cientos de participantes han realizado estudios de investigación. Una de las partes arroja una papa caliente al negociador del otro lado de la mesa, quien, aunque sorprendido en los momentos iniciales, intenta reaccionar de la manera que él juzgue apropiada.[53] Este contexto lleno de conflicto se caracteriza por el intento deliberado de una de las partes de desquiciar a la otra. Para analizar mejor este contexto, utilizamos cuestionarios individuales y comentarios colectivos, y estudiamos la interacción de los negociado-

---

53 Lempereur, Alain, "Conflits et humeurs variables: Opportunités pour le dialogue social". En *Du conflit au dialogue*, Missions Globales, Lyon, 1996, pp. 74-90; Lempereur, Alain (dir.), *Modèles de médiateur et médiateur-modèle*, Actas de congreso, 14-18 de diciembre de 1998, ESSEC IRENE, Paris-Cergy.

res y su desarrollo emocional. Sobre esta base, desarrollamos seis categorías de análisis de situaciones difíciles (Figura 6.3).

Las primeras cuatro categorías describen las circunstancias casuales casi automáticas de alta tensión. Subrayan una secuencia de interacciones entre negociadores, que se usa a menudo y permanece ineficiente para alcanzar los tres objetivos que ya se han mencionado (evitar el punto muerto, mantener la relación y buscar un acuerdo sobre el problema central):

1. El agresivo comportamiento provocador del negociador.
2. Los pensamientos y sentimientos habituales que este comportamiento incita en el negociador objetivo.
3. El comportamiento instintivo en respuesta a esta provocación.
4. El efecto de este comportamiento instintivo en el proceso de negociación.

Figura 6.3. Análisis de una situación difícil

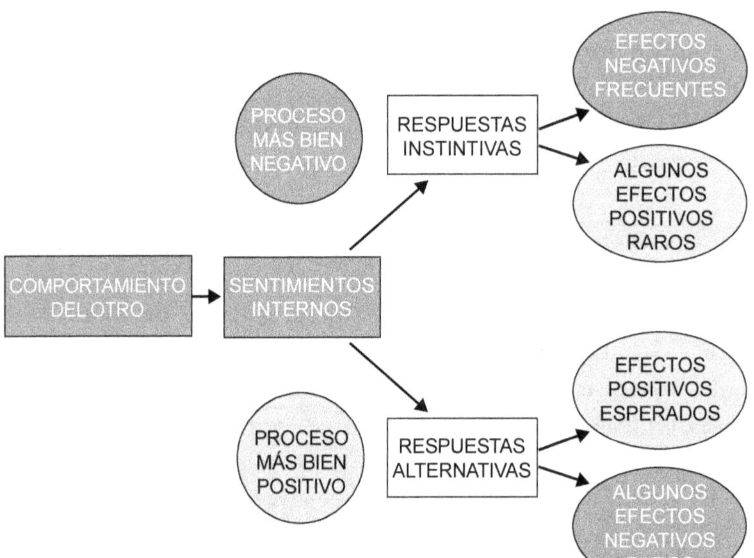

Luego, se sugieren dos categorías suplementarias para abrir un nuevo camino:

1. Respuesta alternativa o comportamiento del negociador objetivo.
2. Los efectos de dicho comportamiento alternativo en la negociación.

Exploremos cada uno de estos casos en detalle.

Comportamiento provocativo del agresor

Cuando un negociador se siente agredido, es relativamente fácil para él describir las acciones y la actitud del agresor. Instintivamente, toda su atención se centra en el comportamiento del agresor. Sin embargo, lo que es esencial en estas situaciones es que el negociador se centre en el impacto en términos de pensamientos y sentimientos, y reflexione sobre qué tipo de respuesta estratégica sería efectivo en la situación dada. El negociador culpa a la otra parte, que se percibe como el enemigo y cuya lista de fallas es interminable. Pero detengámonos por un momento en qué es lo que se juzga tan agresivo en este comportamiento. Las siguientes situaciones, clasificadas en orden creciente de dificultad y desagrado, describen este fenómeno.

- *Incapacidad para escuchar:* la otra parte no me escucha, se distrae constantemente, mira hacia otro lado, ignora lo que digo, me interrumpe, desecha mis argumentos, juega con su bolígrafo o teléfono, rompe sus nudillos, mira su reloj. Esta ausencia de escucha es la queja más comúnmente citada por los negociadores que se sienten agredidos.
- *Repetición continua:* el otro se repite, vuelve a un tema que ya se ha planteado, permanece en un solo punto

durante horas y hace las mismas preguntas que ya se han respondido.

- *Actuación de mala fe:* el otro distorsiona la información, procede con generalizaciones y mezcla de ideas, acumula contradicciones, me acusa sin pruebas, utiliza mentiras y engaños.
- *Humor abusivo:* el otro se burla de mí, se burla de mi presencia, mis palabras o mi comportamiento, me mira con una sonrisa y me humilla en público.
- *Ataques a nivel personal:* el otro me ataca personalmente, cuestiona mi profesionalismo o mi autoridad, es condescendiente con respecto a mis habilidades, profesión, título, edad, género, cultura o religión.
- *Alza de la voz:* el otro levanta la voz, grita, grita y no se calma. Establece conclusiones definitivas de manera perentoria.
- *Lenguaje sucio:* el otro me insulta y es injurioso.
- *Amenazas:* el otro sigue amenazando con salir de la sala, promete problemas, dice que no tengo más remedio que ceder, blande su solución fuera de la mesa y afirma que yo no tengo una buena. Comenzando verbalmente, las amenazas pueden volverse físicas en algunas circunstancias.
- *Agitación física:* el otro no se queda quieto, aparece violento en sus gestos, manipula enérgicamente los objetos, se levanta en medio de la sesión y sale golpeando la puerta.
- *Ocupación forzada del espacio:* el otro se acerca a mí, se inclina hacia mí, viene a la mesa como grupo, ocupa mi oficina, me secuestra y toma como rehén.

Estos comportamientos y otros más que prolongarían esta lista se encuentran en las antípodas de la escucha activa y del discurso que elaboramos en el Capítulo 5 para tratar adecuadamente a las personas. Se perciben como no invitados y no constructivos, incluso destructivos. Ya sean o no intencionales, ese es el impacto sobre la otra parte. Como lo indica la lista, las acciones del otro son apenas extrañas o fuera de lo común. Por el contrario, son conocidas por todos. Sus víctimas son capaces de diagnosticarlas como si no fueran nada nuevo. Aunque es fácil identificar tales causas, es más difícil reconocer el impacto negativo que tienen en nosotros y aún más revertir su efecto. La sensación de que alguien está asaltando mi identidad, los elementos esenciales que me hacen ser quien soy, provoca emociones fuertes. Si descubre mi punto de susceptibilidad y aplica presión donde me duele, puedo caer en la trampa de tal agresión, explotar y comportarme como un "espejo" de él, sabiendo que las mismas causas producen los mismos efectos. Ser capaz de prever tales circunstancias no necesariamente las hace menos perjudiciales. En la siguiente sección consideraremos tales efectos y las emociones provocadas como resultado.

Pensamientos y sentimientos típicos de un negociador agredido

El impacto que infunde la agresión en un negociador a menudo se pasa por alto en silencio. En primer lugar, estos pensamientos y sentimientos son internos y no queremos revelar esta parte sumergida de nosotros mismos. Además, porque discutir tal impacto, especialmente con la persona que nos atacó, equivale a admitir la derrota, o eso es lo que creemos. No discutimos este terremoto interior; lo mantenemos adentro, con el riesgo de causar un daño irreparable. Pretender que las acciones del otro no nos afectaron hace que nuestra situación sea aún más difícil de manejar. Todo sucede como si la agresión del otro nos hubiera cegado a nuestra propia conversación interna. Dicho esto, si tomáramos un momento y nos apartáramos de la situación para ver el impacto de tales acciones, descubriríamos una riqueza infinita. Notamos tanta variedad en el lado del clavo como en el del martillo.

Los pensamientos y sentimientos internos que notamos en situaciones agresivas no solo son múltiples, sino que también siguen una progresión temporal: se producen en una secuencia que es todo, menos aleatoria. Excepto cuando el comportamiento intimidatorio se usa de inmediato, hay un *continuo de emociones* en el tiempo, en intensidad creciente, a lo largo de la siguiente progresión:

- *Al principio,* sentimientos moderados y manejables de simple sorpresa, falta de preparación, diversión o contradicción, con el pensamiento esperanzador de que pasará.
- *Hacia* una creciente frustración, una sensación de dar vueltas en círculos, exasperación, impaciencia, ira y deseo de salir de la habitación y alejarse del otro, con pensamientos de que el proceso no funciona.
- *Y en el extremo,* cruzar el punto de no retorno se caracteriza por una pérdida de autocontrol, una explosión emocional, acompañada por la tentación y la posibilidad de abuso verbal, si no físico, contra la otra parte, con el pensamiento de que no importa más.

Esta graduación es esencial ya que actúa como un barómetro del conflicto interno que existe, desde un ligero temblor hasta un terremoto masivo. Durante esta escalada emocional, la persona agredida no tiene tiempo ni capacidad para *diagnosticar* su paso de un estado emocional a otro. Está sujeta a eso, cuando en realidad debería responder ajustando su comportamiento. La situación se percibe como algo negativo, progresivamente insoportable y, finalmente, inmanejable. Durante una buena parte de estos intercambios desagradables, la víctima se convence de que es un momento pasajero y de que no debe agravarse, incluso si está perdiendo la calma y su estado emocional no es percibido por sí misma ni por la otra parte. Esto se ejemplifica en un diálogo de sordos familiar:

> "¡Cálmate!".
> "¿Cómo te atreves a decirme que me calme? Estoy tranquilo, ¡tú eres el que no está tranquilo!".
> "¿Yo no estoy tranquilo? Mira mejor, desgraciado, ¿¡ni siquiera te has dado cuenta de ti mismo!?".

Es esencial, para un negociador que se siente agredido, escuchar y estar consciente de su lugar en *la línea de tiempo de las emociones* para evitar cruzar el punto de no retorno. Cada uno de nosotros es más o menos presumido, pero deberíamos estar más conscientes de nuestro ser íntimo y situarnos en una "escala de Richter" emocional. Cuanto más sorda se hace la voz interna de uno, menos puede el negociador centrarse en las motivaciones racionales, más pierde de vista sus objetivos de negociación, más se hacen cargo las motivaciones emocionales y aumenta el riesgo de que explote. Cuanto más desaparece el problema y deja lugar a la persona que está frente a mí, más veces la emoción supera a la razón. Por lo tanto, es esencial saber cómo detectar tales precursores de la emoción.

> ***Rain Man* o los signos reveladores.** En esta película[54], un sabio autista tiene varias crisis en las que pierde su autocontrol. Cada crisis está precedida por ciertos precursores: "Rain Man" murmura "¡Uh oh!", que significa "¡advertencia, advertencia, situación peligrosa!". En negociaciones difíciles funcionamos de manera similar. Tenemos nuestro propio "¡Uh oh!". Las señales internas que apenas se notan al principio, pero con más y más fuerza, indican que nos estamos acercando al punto de no retorno. Estas señales anuncian que se

---

54 Levinson, Barry, Director, *Rain Man*, 1988.

> acerca el momento en el que perderemos todo el autocontrol. Es posible mantener la calma mientras buscamos detectarlas, escucharlas e incluso expresarlas en voz alta. Todos deben conocer sus propias señales y ser conscientes de lo que puede empujar al límite. Esta es la condición esencial para utilizar las técnicas que presentamos y para saber cuándo, si es necesario, retirarnos antes de caer en una crisis.

El indicador más importante en la negociación no debe ser lo que hace el otro, o cómo respondo, sino esta pasión interna y su impacto en las dos partes. *Lo que es importante ver no es lo que hace el otro, sino su impacto en mí.* En estas circunstancias, estamos demasiado preocupados por los factores externos e ignoramos la importancia de lo que debería preocuparnos más, es decir, nuestro estado interno. No debemos simplemente barrer la puerta principal, sino más bien tomar conciencia del desorden dentro de la propia casa.

Otro indicador que es muy preciso y debe tenerse en cuenta es la percepción del tiempo en estas situaciones. Cuando las cosas van bien en la negociación, los tiempos se despliegan como lo harían normalmente, como el flujo de un río. El tiempo es apenas un problema. Cuando las pasiones entran en juego, *nuestro reloj interno se descompone.* El paso del tiempo se acelera y nos sentimos abrumados por varias cosas a la vez, como invadidos por el rápido caudal de un río a punto de desbordarse. No tenemos tiempo para pensar o reflexionar, el ritmo de nuestro discurso se vuelve incontrolable. Hay una sensación de escasez, no hay suficiente tiempo disponible para discutir los problemas más urgentes. Este sentimiento también puede ir acompañado de una sensación de tiempo alargado. Esta paradoja se debe al hecho de que, si bien nos gustaría tener más tiempo para discutir los asuntos que nos ocupan, estamos ansiosos por terminar la negociación. Como resultado, cada segundo adicional suena como de más. Los periodos de tensión emocional son riesgosos, ya que en cuestión de segundos podemos perder el beneficio del trabajo de varios años. Un segundo adicional puede resultar fatal para una relación de larga data. Se presentan tanto una suspensión del tiempo como una aceleración, que nos prohíben tomar un momento para dar un paso atrás y ganar perspectiva. Nos sentimos agotados debido a este sentido circular del tiempo, de nuestros pensamientos y sentimientos al respecto, durante los cuales el río ya no fluye, sino que simplemente se agita. Es corto, largo, circular: ser consciente del tiempo es esencial en las negociaciones difíciles.

Todas estas emociones que hemos descrito son de capital importancia con respecto a la progresión de los eventos. Ignorarlas puede llevar al desastre. Tenerlas en cuenta permitirá que cualquier cosa sea posible. Pero, en cualquier caso, los negociadores, en una situación peligrosa, deben vigilar sus propias emociones para evitar que se desborden y se salgan de control.

Respuestas comportamentales instintivas de los negociadores agredidos

La respuesta típica de un negociador sin experiencia y sin educación que se ve envuelto en una situación agresiva parece resumirse en *intentando*. Esta persona agresiva alinea varias respuestas posibles: *intenta* dejar que la otra parte hable, *intenta* ser constructiva en su discurso, *intenta* evitar agitarse y escuchar. Pero como mencionamos, hay escucha y hay escucha. En un contexto emocional, tal escucha parece subrayar una impaciencia o un desinterés y envía el mensaje de que uno está esperando para comenzar a hablar, una vez más tan pronto como sea posible. Esto está lejos de la escucha activa que vimos antes. La esencia de la no escucha se caracteriza por el famoso: "No he hecho nada más que escucharte; ¡ahora escúchame!". Durante negociaciones difíciles, la multiplicación de tales escenarios es evidente. Una persona que ha sido agredida intenta razonar con la otra para reanudar el flujo de negociación diciendo "seamos razonables" o "por favor, deja de interrumpirme". El observador externo puede ver el efecto negativo de estos intentos y, sin embargo, estamos inducidos a usarlos una y otra vez.

Independientemente de las respuestas que se den, todos terminan por agotarse y agotar a la otra parte. Debido a la desesperanza de la situación, las tensiones aumentan y las partes se ven obligadas a reaccionar de manera instintiva. Como se muestra en el Capítulo 1,[55] nos queda elegir entre las siguientes cuatro posturas típicas: huir, ceder, luchar, conciliar.

Huir, para escapar de la situación y evitar el conflicto. Huir no siempre es una respuesta tan negativa como puede parecer. En una situación en la que el negociador sabe cómo escapar, donde no lo están dañando y donde tiene una solución viable fuera de la mesa, este puede ser un curso de acción recomendable. En estas situaciones, siempre hay una distinción entre salir golpeando la puerta y terminar con la propuesta de trabajar juntos en el futuro, bajo mejores auspicios. Aquí debemos tener en cuenta el efecto de nuestra respuesta sobre los demás. Esta forma de escapar de la situación se distingue de los siguientes tres enfoques que implican continuar el juego.

Conceder, o ceder, dejando que el otro siga adelante con su estrategia y asumiendo toda la pérdida. Este es un enfoque de sumisión. Mientras continúa, esta actitud complaciente empuja al agresor a hacerlo de nuevo. Cuando se enfrenta a alguien que ofrece poca resistencia, puede verse tentado a seguir utilizando este tipo de acercamiento. Esta postura rara

---

55 Mnookin, Robert y Lempereur, Alain, "Gestions des tensions dans la négociation", *Working Paper*, ESSEC IRENE y Centro de Investigación ESSEC, Paris-Cergy, 2001.

vez es estable a largo plazo. Como una bomba de tiempo, termina explotando en la mente del negociador agredido y lo obliga a huir hacia una alternativa mejor, pues ya no puede soportar la situación actual. También puede explotar en la cara del agresor si, después de haber sido objeto de tales abusos, el agredido adopta el siguiente acercamiento de confrontación.

Luchar, o enfrentar al otro, atacarlo, ojo por ojo. El negociador agresivo juega el juego del otro en un intento de vencerlo y salir adelante. Si él grita, nosotros gritamos más fuerte. Si aprieta el puño, sacudimos el nuestro. Si él golpea la mesa, pateamos la puerta. Este enfoque conlleva peligros obvios: la escalada del conflicto termina por devaluar el resultado final. Además, carece de legitimidad. Tenemos menos legitimidad para criticar al otro si nos comportamos de una manera similar. Nos quedamos atrapados en un círculo vicioso. En este tipo de ciclo, creemos que el otro tiene la culpa desde que comenzó y rápidamente se vuelve imposible discernir quién desencadenó el conflicto.

Conciliar, en otras palabras, es tratar de mejorar la forma ofreciendo un margen de maniobra en el tema central. Con frecuencia, esta postura de compromiso es arriesgada, porque compensa la presión relacional del otro con una concesión sustancial. Si bien es diferente de conceder, que ofrece concesiones sin ninguna resistencia, este tipo de acercamiento tiene el potencial de crear el mismo resultado ya que la otra parte es recompensada por su agresión y estará tentada a repetir la táctica.

Los efectos de los comportamientos típicos adoptados por los negociadores agresivos

La mayoría de estos comportamientos que hemos observado son ampliamente reconocidos como ineficaces para cumplir nuestros tres objetivos. No obstante, algunos negociadores los utilizan, ya que desconocen cualquier alternativa.

En el mejor de los casos, estos comportamientos son fructíferos y logran que la negociación vuelva a encaminarse. Pero con mayor frecuencia nada está arreglado. Los resultados de estas cuatro posturas fundamentales (huir, ceder, luchar y conciliar) rara vez son satisfactorios. En particular, la lucha intensifica la situación y la intensidad de la crisis aumenta hasta el punto de ruptura. Un breve momento de venganza se traduce en un arrepentimiento a largo plazo cuando la negociación fracasa y la relación se destruye. La ira explosiva en un breve momento de descontrol conduce a una culpa relacionada con el error y la sensación de "¿Por qué demonios me dejé estallar así?". Esta explosión actúa como un bálsamo a corto plazo en los propios sentimientos, pero las consecuencias se revelan desastrosas a largo plazo. El negociador que recurre a estas respuestas instintivas se ve obligado a aceptar un acuerdo insatisfactorio, o a buscar su solución fuera de la mesa si el punto muerto impide que la negociación avance.

Normalmente, los negociadores agresivos reconocen la causalidad entre los resultados negativos y su respuesta instintiva. Se dan cuenta de la naturaleza insidiosa de estas acciones, pero las ven como inevitables, ya que permanecen inconscientes de una posibilidad alternativa.

Respuestas comportamentales alternativas para negociadores agredidos

Si las respuestas más comunes a la agresión son instintivas y están representadas por las cuatro posturas anteriormente descritas, deseamos distinguirlas de la conducta alternativa que se refleja en el cumplimiento de los objetivos que se enunciaron en la Introducción. El propósito es eliminar todo lo que obstruya la realización de estos objetivos. Antes de intentar cualquier respuesta en un contexto emocional, es esencial hacer una pregunta: "Lo que voy a hacer o lo que voy a decir, ¿servirá para cumplir mis objetivos?"

Si existe la menor duda, es posible que mi respuesta me aleje de mis objetivos. Debo guardar silencio e imaginar un enfoque alternativo. Entre las actitudes positivas para alcanzar los propios objetivos, ofrecemos las siguientes cuatro sugerencias.

Lo primero es *escuchar activamente* (ver Capítulo 5). Lo que sea necesario para que yo comprenda al otro, sus emociones, ideas preconcebidas y hasta la agresión en sí misma, debo intentar hacerlo, incluso si eso significa reafirmar los sentimientos negativos expresados por el otro. En ninguna otra situación, escuchar es más desafiante y necesario que en este tenso escenario. Es la prueba definitiva de que poseo esta habilidad: ¿puedo movilizarla externamente, incluso cuando todas las demás señales parpadean en rojo internamente? Consiste en comprender al otro, pero no necesariamente estar de acuerdo. Ofrecerle la libertad de expresarse también es un modo de ganar tiempo al garantizar una tregua para que reflexione sobre la situación. El negociador agredido que es capaz de comprender al otro e ilustrar esta comprensión, sin renunciar a nada respecto del problema, ha logrado un avance significativo. La importancia se pone en la persona al centrarse en ella y sus emociones. Este reconocimiento es esencial para trascender la agresión y regresar a un proceso constructivo. Por lo tanto, la escucha activa ayuda a restaurar la apariencia de una relación con el otro individuo. Este tiempo se utiliza para apaciguar, disminuir la velocidad y volver a concentrarse en el tema central.

El segundo reflejo, *reencuadrar*, supone la transformación de la energía agresiva proveniente del otro en energía dedicada a encontrar una solución. Esta es la técnica del jiu-jitsu.[56] Aquí, el flujo verbal se redirige a través de canales productivos. Este enfoque no ignora los actos del otro, sino que se mueve sistemáticamente más allá de las apariencias para encontrar una voluntad constructiva subyacente. Es una perspectiva que presupone motivaciones positivas subyacentes a la agresión del otro, que contribuyen no a la destrucción, sino a la resolución.

Este principio general reorienta el ataque personal hacia el problema a resolver. La violencia del agresor se puede poner bajo una luz positiva al verla como una indicación de la importancia extrema que él le da a un tema determinado. La energía de estos ataques se reencauza poco a poco en los cuatro elementos sustantivos de la negociación. Detrás de la ira encontramos las motivaciones profundas de los actores, las intenciones legítimas, la expresión implícita de miedos o preocupaciones legítimas que debemos ayudar a formular. Un flujo de quejas se reemplaza por un flujo de ideas que se incorporan a la búsqueda de soluciones negociables y criterios de justificación aceptados por ambas partes. Finalmente, puede ser útil ayudar a la otra parte a evaluar su solución fuera de la mesa para ilustrar que tiene interés en continuar discutiendo el problema central.

Esta técnica no solo requiere un raro autocontrol, sino también una dosis elevada de buena voluntad por parte del negociador agredido. Supone un cierto grado de distancia de los asuntos en cuestión, agobio por acusaciones pasadas, y evidencia que se contempla el proceso como uno de cambio, que producirá un futuro positivo y hará de este momento un recuerdo desagradable. Para sobresalir en el reencuadre, algo que no es en absoluto una habilidad dada, uno debe imaginar el mejor resultado posible a pesar de la peor situación actual efectiva.

---

56 Ury, William, *op. cit.*

El tercer reflejo por adquirir es el *cambio respecto del proceso*. Si la escucha activa no restableció la relación y el reencuadre no sirvió para volver a concentrarse en el problema, ¿por qué no apuntar al proceso para encarrilar nuevamente las conversaciones? Este es el "cómo" negociar, lo que puede llevar a un nuevo enfoque de la relación y el contenido. Son varios los pasos para emprender.

El punto de partida podría ser que el otro conozca nuestra percepción de la negociación actual. Describir nuestra impresión y frustración personal, usando un "mensaje-yo" en lugar de un "tú" acusativo: "Cuando me siento agredido, me resulta más difícil buscar soluciones a nuestro problema". Podemos agregar que la complejidad de la situación nos impide obtener resultados: "No estoy seguro de poder continuar de manera efectiva en estas condiciones". Podemos pedirle al otro que describa sus objetivos y su percepción de la dinámica actual: "¿Cuáles eran tus objetivos cuando dijiste esto o aquello?". Eventualmente, debemos responsabilizar a la otra persona por sus acciones haciendo una pregunta: "Si no me equivoco, dijiste que soy incompetente. ¿Cómo interpretarías ese término si te fuera dirigido? ¿Cómo te sentirías?". Permitir que el otro se vea en el espejo a menudo es suficiente para ayudarle a darse cuenta de su comportamiento contraproducente.

Llega un momento en el que debemos negociar el proceso y las pautas de comunicación: "Me resultaría útil si discutiéramos otra forma de avanzar". Ejemplos de tales reglas son sugerir tomar turnos para hablar, evitar interrupciones, prohibir los ataques personales y pedir descansos para permitir que las emociones se calmen. Incluso, si a veces podemos recuperar la calma mientras estamos sentados en la mesa (la técnica zen de realizar tres respiraciones profundas tiene resultados sorprendentemente positivos), el simple hecho de decidir tomarse un momento para hacer una pausa y respirar un poco de aire fresco ("ir al balcón", como dijo Ury) puede calmar una situación tensa. Un negociador agresivo que siente que está a punto de perder el control de sus emociones y, por lo tanto, adopta una actitud que pondría en riesgo el proceso, debe comunicar su incapacidad para continuar. Sin acusar al otro, puede decir simplemente que no puede continuar en el contexto actual, pero que las puertas permanecen abiertas para futuros diálogos en condiciones más favorables.

Cambiar al portavoz es el cuarto reflejo posible. A veces, la química entre las partes en la mesa impide una conversación de calidad. No debemos dudar en reconfigurar las delegaciones, buscar nuevos partidos, cambiar roles o pedir a un miembro que se aleje de la mesa por un periodo de tiempo. Obviamente, pedir a la otra delegación que cambie su composición es una tarea delicada. Se debe proceder con prudencia y, a veces, es posible cosechar dichos cambios dirigiéndose al jefe de la delegación en privado, pidiéndole a su superior que busque dichos cambios, o negociando la ampliación o la reducción del tamaño de la delegación. También podemos invitar a la mesa a otras partes interesadas, en un intento por crear una coalición ampliada. El simple hecho de tener actas literales de la reunión, o la presencia de un tercero, fomentará un giro razonable en todas las partes. Finalmente, buscar la opinión de una parte neutral puede facilitar la reunión, ya sea esta un mediador,[57] profesional o no, o un árbitro.

Para esta sección, también nos resultó útil recordar los seis principios desarrollados por Larry Susskind y Patrick Field.[58]

---

57 Lempereur, Alain (ed.), *Modèles de médiateurs et médiateur-modèle, op cit.*
58 Susskind, Lawrence y Field, Patrick, *op. cit.*

Tratando con clientes enojados. La mayoría de las veces, cuando nos encontramos con personas que están enojadas, asumimos que tienen malas intenciones o simplemente están desahogando sus emociones. Tomemos el ejemplo de los turistas enojados que se presentan en la recepción del hotel. Después de un largo viaje en un autobús sobrecalentado, que salió tarde del aeropuerto y cuyo aire acondicionado se rompió, no han encontrado nada más que problemas con sus habitaciones. Por ejemplo, se les prometió una vista bonita sobre el mar y su habitación está en la planta baja con vista a un sitio en construcción. No hay agua caliente. Sus maletas fueron dejadas en el pasillo del hotel. Llamaron a recepción para expresar su disgusto y les dijeron que les devolverían la llamada. Pasa una hora y no han oído nada. El equipaje aún no ha llegado y tampoco el agua caliente. Estas personas, al llegar a la recepción, tienen la sensación de que aún no se les ha escuchado y están hartas, no pueden concebir ninguna otra forma de reaccionar que deshaciéndose de su frustración en la gerente detrás del mostrador, gritando. No hay duda de que la gerente no les ha hecho nada a estas personas pero, sin embargo, ella debe lidiar con sus sentimientos de ser ignoradas, y en general, maltratadas por el personal del hotel. ¿Qué consejo se le puede dar a esta gerente? Ella se siente agredida. Pero en lugar de reaccionar instintivamente y arriesgar el comportamiento que hemos mencionado como inefectivo, debe tomar conciencia de la creciente tensión emocional, al mismo tiempo que controlar sus emociones, y aplicar las siguientes respuestas y los principios positivos desarrollados por Susskind y Field.

- Primer principio: reconocer las preocupaciones del otro lado. Es importante comprender las necesidades clave de esta familia, el deseo de disfrutar de las vacaciones e ilustrar esta apreciación de su punto de vista: "Si estuviera en su lugar, también estaría harto. Y el hecho de que nadie devolviera su llamada ciertamente no mejoró las cosas". Esta primera acción muestra que finalmente están siendo escuchados. Cuando alguien responde con una comprensión empática y sincera de la situación, en general esto basta para detener el grito.

- Segundo principio: fomentar la investigación conjunta de hechos. "¿Cómo puedo ayudarle? ¿Puede describir lo que no está bien?". Debemos alentar a la otra parte a buscar un entendimiento común basado en hechos reconocidos por ambas personas. "¿Podría mostrarme su recibo de reserva? De hecho, fue una habitación con vista al mar lo que se le prometió".

- Tercer principio: ofrecer compromisos contingentes para minimizar los impactos si llegaran a ocurrir; promesa de compensar impactos identificables, pero no intencionados. Antes de proponer una solución es esencial, especialmente en situaciones de conflicto, insistir proactivamente en un deseo genuino de resolver el problema. "Haré todo lo posible para ayudarle". Al mismo tiempo que reconocemos los riesgos de tales actividades, también debemos reducir las consecuencias desagradables para la otra parte. "Déjeme encontrarle otra habitación lo más lejos posible del sitio en construcción". Además, es mejor prever un problema que tener que solucionarlo. Si anticipamos una dificultad, es mejor mencionarlo de manera preventiva en lugar de esperar a que la otra parte se enoje. Es mejor pagar una prima y abordar estas posibilidades, incluso si parecen poco probables.
- Cuarto principio: aceptar la responsabilidad, admitir errores y compartir el poder. Si se cometieron errores, si se asignó la habitación equivocada, reconozca dicha responsabilidad y resuelva el problema. Aquí también, el efecto preventivo es bienvenido. Si se anticipa que el cliente se quejará del sitio en construcción, incluso antes de que lo mencione, vale la pena preguntar: "¿Quizás le molesta el sitio en construcción? Si ese es el caso, lo sentimos, déjeme ver qué puedo hacer".
- Quinto principio: actuar de manera confiable en todo momento. Lo peor que se puede hacer en este escenario es crear expectativas poco realistas. Solo debemos hacer promesas que puedan cumplirse y el acuerdo debe tratar de reconstruir la confianza perdida.
- Sexto principio: enfoque en la construcción de relaciones a largo plazo. En cada situación entre un cliente descontento y un gerente, este último busca, en una lógica estrictamente relacional, manejar las emociones y reconstruir la relación con esta persona. Los negociadores insisten en el largo plazo y los invitan a volver a ver a su contraparte si la solución propuesta resulta insatisfactoria.

Independientemente de las técnicas que se propongan para gestionar negociaciones difíciles, simplemente no existe un remedio milagroso que garantice el éxito. Vale la pena señalar que muchas negociaciones emocionales ocurren en contextos en los que ninguna de las partes tiene la buena voluntad de manejar la situación de manera efectiva. Cada uno de nosotros debe encargarse de evaluar nuestra contribución a la escalada de la situación y, sobre todo, el posible alivio de tales tensiones.

Efectos esperados de tales comportamientos alternativos

La experiencia ha demostrado que los comportamientos alternativos basados en la escucha activa ayudan a disminuir la intensidad negativa de tales intercambios. Ofrecen al otro el espacio para expresarse, ilustran un propósito unilateralmente constructivo y pretenden agotar la energía de la otra parte para llevarla de vuelta a un enfoque más razonable. Pretenden también mantener a flote parte de la relación y evitar culpar por la ruptura de las negociaciones. Ayudan a ambas partes a salir de la mesa con un respeto mutuo por la otra y por ellas mismas. *De este modo, los negociadores minimizan el interbloqueo, maximizan las relaciones y optimizan la búsqueda de soluciones.*

Obviamente, estos comportamientos alternativos están lejos de ser una panacea. Todos se encuentran con negociadores con quienes, a pesar de las estrategias empleadas, las negociaciones siguen cargadas, en términos emocionales. En estos casos, es mejor enfocarse en la única persona cuyo comportamiento podemos controlar: nosotros mismos. En otras palabras, en lugar de preocuparnos por el otro, veamos lo que podemos cambiar en nuestro comportamiento. Si advertimos que todo ha sido probado en vano, ciertamente es hora de retirarnos y decidir a favor de nuestra solución fuera de la mesa.

Si hay un solo objetivo que podemos arreglar para nosotros mismos en tales situaciones, es el siguiente: nunca nos comportemos de la misma manera que el otro. Girard[59] nos invita a considerar un efecto espejo. Si el otro se comporta de una manera inaceptable, estamos tentados a hacer lo mismo. Si él nos interrumpe, queremos cortarlo. Si él levanta la voz, queremos gritar; si expresa sus emociones negativas acusándonos, hacemos lo mismo y lo acusamos. Debemos resistir estos impulsos y evitar caer en esta simetría que hace imposible resolver la situación. En la conclusión de este libro, nos centraremos en la necesidad de actuar de forma asimétrica y diferente para ir más allá de lo obvio. Esta asimetría fundamental, con un buen manejo del tiempo, de lo esencial antes que de lo obvio, está en el corazón de nuestro *Método de negociación*.

---

59 Girard, René, *op. cit.*

CAPÍTULO 7

PROFUNDIZAR EL MÉTODO
ANTES DE ENFRENTAR LA COMPLEJIDAD

Cómo gestionar negociaciones en contextos multinivel, multilateral y multicultural

Este capítulo destaca tres tipos de negociaciones que incorporan un alto grado de complejidad. Primero, hay negociaciones multinivel en las que los agentes negocian en nombre de los principales a través de un mandato. En segundo lugar, las negociaciones multilaterales implican más de dos partes en la mesa de negociación, cada una con motivaciones y objetivos distintos. Finalmente, las negociaciones multiculturales reúnen a partes que provienen de diferentes culturas.

Estos tres tipos de negociaciones presentan cinco rasgos comunes, por lo que dedicamos un capítulo a los tres. Primero, en una sola negociación a menudo encontramos uno o más de estos tipos en *combinación*. Por ejemplo, un gerente general (principal) envía a uno de sus directores (su agente) al extranjero (nueva dimensión cultural) para renegociar una alianza con dos de sus socios (dimensión multilateral).

En segundo lugar, este tipo de negociaciones son cada vez *más frecuentes*. Por razones que se explicarán en detalle más adelante, cada vez más negociaciones se llevan a cabo a través de representantes o terceros. Ciertamente, las negociaciones multilaterales son más comunes en la escena diplomática. Una de las razones de esto es la multiplicación de actores y la gran diversidad de problemas que deben abordarse. Incluso en las empresas, una reunión rara vez tiene lugar sin una multitud de actores, cada uno con su propio mandato. Finalmente, la globalización junto con un enorme progreso en el transporte y las telecomunicaciones explica el aumento en el número de negociaciones multiculturales. Hoy, no se puede negar, las dimensiones multinivel, multilateral y multicultural definen muchas negociaciones.

El tercer rasgo común entre estos tipos de negociación se refiere a una *complejidad inevitable en las interacciones entre los actores*. Una negociación entre dos partes es bastante complicada. Piense entonces cuánto más difícil es cuando hay más de dos en la mesa de negociación. En este caso, debemos verificar continuamente que nuestras instrucciones sean claras y que no hagamos un acuerdo demasiado rápido. Sin mencionar todas las diferencias culturales y lingüísticas que pueden estar presentes. Si somos dos y procedemos de la misma cultura, es probable que compartamos las mismas normas, valores y preferencias. Cabe destacar que posiblemente tengamos más aspectos en común que diferencias. Sin embargo, si hay un mayor número de actores involucrados, cada uno con variables específicas, la complejidad de la situación puede irse fácilmente de las manos.

El cuarto punto en común se refiere a *los desafíos y las dificultades de la comunicación*. Ya hemos notado lo importante que es secuenciar la comunicación a través de la escucha activa y el discurso activo a la vez. Esta sugerencia se vuelve aún más pertinente cuando hay varias partes presentes, ya que, si todos hablan al mismo tiempo, no se oirá nada. Al comunicarse en una situación multicultural, los riesgos de malentendidos e incomprensiones observados en el Capítulo 5 se pueden multiplicar exponencialmente. Una parte puede tratar de expresarse completamente en vano y viceversa. También existe el riesgo de una verdadera Torre de Babel, con tantos idiomas, referencias e identidades como protagonistas.

El último rasgo que comparten estas tres negociaciones es *el riesgo elevado de confiar inconscientemente en un enfoque instintivo para la negociación*. Desestabilizado por la complejidad de estas negociaciones, la tendencia del negociador es volver a los comportamientos pasados, anclados en prácticas no cuestionadas, enumerados en el Capítulo 1, tales como: el *posicionalismo*, la competición, el compromiso, la trampa de "la única solución" y la *negomanía*. Es esencial no involucrarse en la improvisación o la acción impulsiva, irreflexiva. Aquí debe prevalecer nuevamente un enfoque metódico: más que en cualquier lugar, el negociador debe poner lo esencial antes que lo obvio, haciendo primero lo primero.

Por lo tanto, este capítulo intenta iluminar las características esenciales y describe los principales desafíos de cada uno de estos tres tipos de negociaciones.

Negociaciones multinivel

La mayoría de las negociaciones que tienen lugar en un entorno profesional son indirectas. En particular, el negociador *(agente)* interviene en nombre de otra persona *(principal)*: su jefe, departamento, empresa a través de un *mandato*. Las negociaciones pueden estar estructuradas *horizontalmente*, en las cuales varias partes están negociando al mismo nivel, o *verticalmente*, como en las negociaciones multinivel. Después de examinar este tipo de situaciones, distinguiremos tres fases esenciales para establecer un mandato e ilustraremos una serie de técnicas útiles en la prevención de conflictos de interés entre el principal y el agente.[60]

Definición

Un *contrato de negociación* se constituye cuando alguien, a quien llamaremos un *agente*, negocia en nombre de otra persona, a quien llamaremos un *principal*. Este contrato se caracteriza por una forma de delegación a través de un mandato que define los objetivos y las obligaciones del agente y que puede ser más o menos preciso. El contrato de negociación se aplica a muchas situaciones que requieren una gestión eficaz de la relación principal / agente:

- *Negociaciones diplomáticas.* Los gobiernos negocian tratados internacionales en nombre de sus ciudadanos. Reciben el mandato de involucrar a sus países en la implementación de sus decisiones. Y los gobiernos dan un mandato a sus embajadores para llevar a cabo estas negociaciones.
- *Negociaciones políticas.* Los funcionarios electos tienen un mandato implícito de sus electores para ser responsables de las políticas promocionadas durante sus campañas.
- *Negociaciones organizacionales.* Un consejo de administración delega la gestión de la empresa al gerente general.

---

60 Para más informaciones sobre el tema, por favor consultar Pratt, John y Zeckhauser, Richard (eds.), *Principals and Agents: The Structure of Business*, Harvard Business School, Boston, 1985; Mnookin, Robert y Susskind, Larry (eds.), *Negotiating on Behalf of Others*, Sage Publications, Thousand Oaks, 1999.

- *Negociaciones laborales.* Aquí, el director de recursos humanos negocia en nombre del gerente general con líderes sindicales que, a su vez, representan a los trabajadores.
- *Negociaciones legales.* Los abogados interceden y negocian por sus clientes.
- *Negociaciones de inmobiliarias.* Los dueños de propiedades contratan a los agentes de bienes raíces para vender sus inmuebles.

¿Por qué emplear un agente?

El empleo de un agente nos permite no solo ahorrar tiempo al no tener que negociar nosotros mismos, sino también participar en varias negociaciones al mismo tiempo utilizando varios agentes simultáneamente. Otras ventajas están vinculadas a las tres dimensiones de todas las negociaciones: problema, personas y proceso; estas incluyen:

Pericia. Los agentes que son especialistas en un campo en particular (abogados, agentes de bienes raíces, agentes de deportes, etc.) están mejor equipados para identificar los riesgos y las oportunidades en el tratamiento del problema. Usaron sus habilidades y conocimientos y dieron consejos sobre la viabilidad del mandato, al que aportan los criterios de justificación pertinentes. Los abogados, por ejemplo, ayudan a sus clientes a negociar dentro de las restricciones legales y desarrollar acuerdos "a la sombra de la ley".[61] En el contexto de un contrato comercial, un abogado que se especializa en derecho comercial tiene una ventaja comparativa sobre su cliente, ya que posee el conocimiento de los asuntos comerciales, fiscales y financieros involucra-

---

61 Mnookin, Robert y Kornhauser, Lewis, "Bargaining in the Shadow of the Law: The Case of Divorce". En *Yale Law Journal*, 88, pp. 950-997, 1979.

dos. Por lo tanto, es capaz de proponer cláusulas que protegerán a su cliente.

Red. Debido a su reputación en un campo determinado, los agentes desarrollan una red de relaciones con personas que abren puertas, no disponibles de otro modo. Por ejemplo, las asociaciones emplean a un consultor de renombre para obtener subvenciones de instituciones financieras.

Habilidades sobre los procesos. Ciertos agentes, por ejemplo, en el campo de las fusiones y adquisiciones, están acostumbrados a gestionar procesos largos y complejos. Aprovechar tales habilidades tiende a minimizar los costos de transacción.

A estos podríamos sumar *ventajas tácticas y estratégicas.* En negociaciones tensas, el agente posee una distancia relativa respecto del asunto en cuestión. Por lo tanto, puede ser mucho menos emocional y no dejarse llevar por un tema en particular, por el cual el principal esté directamente afectado. Esto le permite al agente una mayor maniobrabilidad para crear valor y llegar a una solución viable en situaciones donde el principal no podría hacerlo.

Por todas estas razones, un *contrato de negociación* es favorable a condición de que los beneficios superen los costos. Por eso es esencial que el contrato se establezca en las mejores condiciones posibles.

Tres fases de negociación de un mandato

Cuando un negociador (agente) está negociando en nombre de otra persona (principal), la secuencia de los siguientes puntos es esencial:

- *Fase de instrucciones:* antes de negociar, el agente debe recibir un mandato claro para representar lo mejor posible al principal.

- *Fase de implementación:* durante la negociación, el agente debe saber cómo implementar el mandato y ajustarlo durante el camino con el principal, si es necesario.
- *Fase de retroalimentación:* después de la negociación, el agente debe verificar que sus acciones correspondan con las expectativas del principal.

Fase de instrucción o definición de un mandato
Un mandato puede ser más o menos elaborado, más o menos formal y más o menos preciso. Esta es la responsabilidad del principal. Por ejemplo, el propietario de una casa establece un precio mínimo para esa propiedad, lo que acota los límites del agente de bienes raíces. A veces un mandato emana de un agente. Por ejemplo, al representar a Francia en el extranjero, Talleyrand a menudo solicitó la aprobación de las instrucciones que él mismo redactó.

Entre estos dos extremos, hay un camino intermedio en el que se establece un diálogo entre el principal y el agente. De hecho, esta fase introductoria puede corresponderse con una verdadera negociación entre el director y el agente, aunque no se la llame por su nombre real. Lo importante aquí es que el agente entienda con mucha claridad las responsabilidades y límites del mandato para poder conducir mejor la negociación en cuestión.

Fase de implementación o negociación de un mandato
Cuando el agente se encuentra con su *alter ego*, rápidamente se da cuenta de la necesidad de su mandato, pero también de sus límites. Surgen muchos desafíos durante el intercambio sobre su alcance. La información puede faltar o, por el contrario, puede estar excesivamente restringida por un mandato muy limitado.

- *Un mandato es demasiado amplio.* Aquellos principales (o mandantes) que tienen muy poco tiempo o interés para un asunto en particular no son muy claros en sus instrucciones sobre cómo abordarlo. Se entregan a un acuerdo apresurado: "Usted tiene *carta blanca,* confío en usted". La interpretación del mensaje por parte del agente puede ser "Debo resolver con muy poca información y mis instrucciones no son del todo claras". Aquí, el agente actúa como un *fideicomisario* que debe confiar en su conciencia para tomar decisiones. El riesgo es un proceso de toma de decisiones problemático que fácilmente podría conducir a un bloqueo en la negociación por falta de instrucciones precisas.

- *Un mandato es demasiado estrecho.* Por parte, aquellos principales que podríamos caracterizar como "fanáticos del control" darán instrucciones con poca o ninguna maniobrabilidad. Su agente es un *delegado:* insisten en controlar cualquiera de sus movimientos hasta la última coma en un posible acuerdo. Aquí, el agente se enfrenta a múltiples restricciones y, por lo tanto, es propenso al *posicionalismo.* Esto lleva a un bloqueo del proceso, ya que el agente es incapaz de ser creativo y debe atenerse a la propuesta inicial de su mandato.

Aunque estas dos situaciones se encuentran en extremos opuestos de la escala, conducen al mismo resultado: la negociación se atasca porque los agentes, atrapados en la inercia, están bloqueados por un mandato rígido o no están seguros de tener la autoridad para tomar decisiones. Una forma de superar tales situaciones es consultar regularmente con el principal, según sea necesario, para aclarar y discutir la situación en cuestión.

Sin embargo, la mejor solución para evitar estas dos situaciones es establecer un mandato que sea lo bastante amplio como para que el agente tenga suficiente capacidad de maniobra para ser creativo y, al mismo tiempo, que contenga ciertos límites que emanen de los objetivos subyacentes y de la estrategia del principal, en la mesa de negociación. Es esencial dejar claro al agente en dónde se encuentran sus límites.

Fase de retroalimentación

Ya sea que el mandato esté o no bien definido desde el principio, no hace falta decir que al final del proceso el agente debe restablecer la comunicación con el principal para validar las acciones tomadas. Si el acuerdo propuesto no es aceptable para el principal, el agente debe estar listo para explicar en detalle las razones por las cuales la situación no permitió una mejor solución. Si es necesario, el mandato debe ser redefinido, completado, ampliado, todo lo cual le permitirá al agente proseguir la negociación.

Es esencial que el agente se haga la siguiente pregunta durante la negociación y especialmente cuando parece inminente el logro de una solución: "¿Está esta solución dentro del alcance de mi mandato?". Si existe la menor duda, el agente debe consultar al principal. Abrir una línea de comunicación entre el principal y el agente tiene ventajas para ambos, ya que evita sorpresas terribles al final del trato o durante su implementación.

Cuando el agente ya no tiene dudas de que el acuerdo se encuadra dentro del mandato y lo ha verificado dos veces con el principal, puede proceder a la firma del acuerdo, si esto se ha definido previamente. El proceso ya ha logrado su objetivo. El paso final es el informe que el agente presentará al principal, una formalidad para garantizar que se hayan alcanzado los objetivos.

Honorarios

Para finalizar nuestra sección sobre la relación principal-agente, es importante mencionar la delicada cuestión de los honorarios de los agentes. Es un tema sensible ya que las motivaciones del principal y el agente pueden diferir y llevar no solo a conflictos sino también a conductas dañinas[62].

- Las *motivaciones del principal* son obtener los mejores servicios, contratos o soluciones posibles al menor costo, en tiempo y en dinero.
- Las *motivaciones del agente* están vinculadas a las ganancias obtenidas al final de la negociación. El agente desea preservar y aumentar su reputación para asegurar futuras negociaciones y aprovechar su relación tiempo-ganancia.

Una dificultad adicional proviene de la estructura misma de la compensación, que puede agravar o aliviar los riesgos de un conflicto de intereses. Por ejemplo, si un agente deportivo recibe un mal pago por asegurar un contrato en particular, parece obvio que no trabajará con tanto entusiasmo como lo haría para un jugador que paga mejor. Por lo tanto, al determinar la estructura de tarifas u honorarios, es esencial tomarse el tiempo para verificar que las diversas motivaciones estén alineadas, con el fin de evitar un conflicto de intereses. Por supuesto, cada técnica tiene sus ventajas y desventajas y ninguna garantiza totalmente la ausencia de tensión.

- *Tarifa por hora.* Sin lugar a duda, este tipo de estructura de pago estimula al agente, pero también puede alentarlo a tomarse su tiempo y multiplicar las acciones inútiles para obtener una suma más alta. Habitualmente, los generalistas prefieren el pago por hora, pero un experto dudaría en aceptar este

---

62 Mnookin, Robert y Lempereur, Alain, *op. cit.*; Lempereur, Alain y Scodellaro, Mathieu, "Conflits d'intérêts économiques entre avocats et clients. La question des honoraires". En *Dalloz*, 5 (21), 2003, pp. 1380-1385.

tipo de compensación, ya que la mayoría de las veces su experiencia le permite llegar con rapidez a una solución.

- *Sueldo fijo.* Este sistema incita al agente a actuar de manera eficiente, pero también alienta al principal a establecer objetivos más amplios que los planeados originalmente. Por ejemplo, a un consultor que desempeña el papel de intermediario en una fusión y adquisición se le puede llegar a pedir que realice tareas no incluidas en el contrato inicial.

- *Honorarios en función de resultados.* En este caso, las tarifas se pagan a condición de que se alcancen los objetivos. Por ejemplo, pensamos en un abogado que cobra solo si gana el caso. Este sistema crea incentivos obvios para que el agente logre resultados, pero tiene sus inconvenientes. Puede llevarlo a una transacción apresurada en la que los resultados no son los mejores para el principal, lo que podría ocurrir si el agente se tomara el tiempo de crear valor y buscar la mejor solución posible.

- *Una estructura de pago mixta.* Aquí, por ejemplo, el agente recibirá un pago por hora y una bonificación según los resultados. Sin embargo, el bono podría ser una fuente de conflicto, especialmente cuando el agente lo arregla *a posteriori* sin criterios claros.

Los posibles conflictos de intereses en los contratos de negociación se gestionan mejor mediante una elección sólida de la estructura de pago. El desafío general en este sistema de delegación es asegurar ganancias máximas al incurrir en costos mínimos. Por lo tanto, es importante que el principal y el agente aborden el tema en igualdad de condiciones para garantizar un clima de confianza y transparencia.

Otros mecanismos para mantener a los agentes bajo control

Como hemos comentado, son variadas las formas en que un principal puede controlar a su agente. Estas incluyen: determinar un mandato suficientemente claro pero que permita cierto grado de maniobrabilidad para el agente, mantener los canales de comunicación abiertos durante todo el proceso y sumarse, cuando sea necesario, a discusiones y decisiones finales.

Sin embargo, la multiplicación de estas diversas regulaciones puede llevar a una rigidez innecesaria y, por lo tanto, tener un efecto perverso. Pueden bloquear al agente para pensar en forma independiente y, por lo tanto, impedir que cree valor en la mesa de negociación.

> **Riesgos de un control excesivo.** Tomemos el ejemplo de una empresa que contrata a un abogado de un bufete de renombre para ocuparse de un litigio. Con el fin de asegurar que el caso se maneje de acuerdo con los deseos de la compañía, su departamento legal decide agregar a un abogado propio para supervisar el proceso. Aquí, no solo los costos son más altos, sino que podemos imaginar los riesgos de tensiones y problemas cuando varios abogados se pisan los unos a los otros.

El hecho de que un agente pueda ser despedido del caso *ad nutum* es una garantía de que se atenderán los intereses del principal. Otro condicionante tiene que ver con la integridad de la reputación del agente, ya que esta es un elemento muy importante para el éxito profesional. Finalmente, aun cuando haya varias formas de reducir las tensiones entre el principal y el agente, nunca desaparecerán por completo. Para manejar correctamente estas tensiones, es esencial conocerlas y negociar bien internamente, con el propio principal o agente, *antes* de negociar con la otra parte, externamente.

Negociaciones multilaterales[63]

¿Cuándo se convierte una negociación en "multilateral"? La respuesta lógica sería cuando tres o más partes están presentes en la mesa de negociación. De ahí el dicho: "Dos es compañía, tres es multitud". Si hablamos de estructuras, cuando hay tres socios involucrados, dos de ellos tienen la oportunidad de unirse en contra del tercero. En comparación con una negociación de dos partes, el nivel de complejidad es significativamente mayor; hay varias características distintas que se deben considerar cuando se negocia con múltiples actores.

Desafíos específicos de las negociaciones multilaterales

Riesgo de que el proceso se atasque
La experiencia nos enseña que existe una correlación entre el número de actores y el número de desafíos presentes en una mesa de negociación. Si una reunión planeada originalmente con cuatro participantes se concreta con ocho, los problemas potenciales se duplican. Por ejemplo, ¿qué discutimos y cuándo? ¿Cómo se difunde la información? ¿Quién habla y por cuánto tiempo? En este escenario, la improvisación es un obstáculo importante y aumenta el riesgo de quedarse atascado antes de llegar al núcleo de la negociación.

Para evitar cuellos de botella en el proceso, es esencial dotarse de una organización eficiente a través de una agenda precisa que asigne tiempo para los problemas, establezca un orden jerárquico para los distintos actores involucrados, incluya reglas de procedimiento sobre interrupciones y ase-

---

63 Para más información sobre negociaciones multilaterales, recomendamos los siguientes trabajos que se señalan en la bibliografía: Zartman (1994), Kaufmann (1968), Susskind and Field (1996).

gure una declaración escrita al final de la reunión. A menudo, es necesaria una fase de prenegociación en la cual las diferentes partes acuerdan estas reglas de procedimiento. Por ejemplo, las Naciones Unidas y la OCDE han formulado normas procesales codificadas sobre cómo gestionar las reuniones multipartitas.

Además, los *aspectos logísticos* son primordiales. Primero, nunca es fácil convocar a un gran número de partes en el mismo lugar al mismo tiempo. Por ejemplo, la Ronda de Uruguay del GATT incluyó reuniones multilaterales con veinticinco países miembros a intervalos de dieciocho meses y ¡duró un total de ocho años! Segundo, el anfitrión de tales reuniones debe tener en cuenta una gran cantidad de elementos que incluyen seguridad, viajes, alojamiento, equipo multimedia y suministros.

La *elección de los participantes* nunca es una cuestión neutral. ¿Quién es invitado a la mesa de negociación y quién está excluido? ¿Cuál es su estatus (participante u observador)? En tales situaciones, ¿cómo administramos el tiempo asignado a cada orador?

Los *mecanismos de toma de decisiones* son un juego completamente diferente en las negociaciones multilaterales. Aquí, la tensión principal es entre la legitimidad (que se consigue mediante el consenso) y la eficiencia (que se consigue mediante la regla de la mayoría). Por definición, en un acuerdo bilateral, habrá acuerdo solo si ambas partes están convencidas de que sus motivaciones son satisfechas por una solución en la mesa de negociación. Usando la misma lógica, una negociación multilateral requiere que todas las partes estén de acuerdo: unanimidad. Este tipo de consenso no es imposible, pero sí es más difícil de obtener y por lo general toma mucho más tiempo. ¿Debería abandonarse una solución potencial si una de las partes no está de acuerdo? ¿Deben excluirse las soluciones acordadas por algunas de las partes presentes, pero no por todas? ¿Los desacuerdos o diferencias de opinión deben inscribirse como notas a pie de página en tales acuerdos? Independientemente de los mecanismos acordados, es esencial que exista un acuerdo *a priori* sobre el proceso de toma de decisiones, incluso si se trata de una pérdida de tiempo. El tiempo bien empleado es tiempo bien ahorrado.

Posibles dificultades de comunicación
En las negociaciones multilaterales, por lo general se les pide a los negociadores que se expresen sobre los resultados finales de la negociación, pero a veces también sobre los procedimientos. Cuando habla ante grupos grandes, el negociador tiene el papel de representante y, a menudo, solo expresa lo que interesa a su base. El *posicionalismo* plantea un grave riesgo aquí. Es importante tener en cuenta que la presencia de la prensa no es indiferente.

> **La prensa**[64]. El exprimer ministro francés, Michel Rocard, describe una de sus experiencias en una negociación internacional: todos los participantes se vieron enfrentados a los micrófonos, al entrar en la sala de reuniones: "¿Va a abandonar tal y tal aspecto de su independencia nacional?", preguntó un periodista. "¡Naturalmente, no!", respondió. Cuando terminó la negociación, el periodista replicó: "¿Entonces qué abandonó?". "¡Naturalmente, nada!", dijo. Toda la situación resultó un fracaso programado.

Incluso si la reunión tiene lugar lejos del público o de los medios de comunicación, cada negociador se dirige a distintas partes al mismo tiempo. En tal situación, ¿cómo desarrollamos un habla activa y eficiente? El ejercicio no es sencillo. ¿Cómo comunicamos un mensaje a una parte sin alienar a la otra? Para tener éxito en este desafío, es esen-

---

64 Rocard, Michel, *Le Nouvel Observateur,* 30 août 2001, pp. 5-7.

cial perfeccionar las habilidades de comunicación y persuadir a varias partes al mismo tiempo.

Finalmente, cuanto mayor sea el número de participantes presentes en una negociación, menor será el grado de confidencialidad. Por más trivial que parezca, la confidencialidad ejerce una gran influencia: puede ser indispensable para que las partes abandonen los planteos posicionales, comprendan las motivaciones de todos, incluso participen en el juego y sigan un enfoque de resolución de problemas.

La complejidad estratégica de los problemas
Los problemas que son complicados en negociaciones bilaterales se vuelven exponencialmente más complejos en negociaciones multilaterales. De hecho, múltiples protagonistas con múltiples motivaciones tienden a presentarse con posiciones incompatibles. Puede haber alineación entre algunas partes y oposición total entre otras. Las soluciones en la mesa pueden ser razonables para algunos, pero absolutamente inconcebibles para otros. El riesgo de no alcanzar un acuerdo, y que en consecuencia se recurra a una solución fuera de la mesa, es sustancial. Por lo tanto, se necesita reducir la complejidad de los problemas para que sean más manejables.

Dominar el método para tener suceso en negociaciones multilaterales eficientes

El primer paso para enfrentar estos desafíos es dominar el método. A pesar de sus particularidades, una negociación multilateral es una negociación. Las herramientas que se han introducido hasta ahora para las negociaciones bilaterales también han demostrado que funcionan para las negociaciones multilaterales. Dominar el método requiere una sinergia entre la práctica y el análisis. En particular:

- Asegurarse de evitar las trampas de los comportamientos instintivos (Capítulo 1). La experiencia muestra que, en situaciones complejas, hay una fuerte tendencia a volver al instinto, que, según hemos demostrado, es contraproducente.
- Prepararse cuidadosamente usando los *diez triunfos* (Capítulo 2). Es particularmente importante conocer al detalle la solución fuera de la mesa; esto proporciona un buen antídoto para los puntos muertos en las negociaciones multilaterales[65]. Más que nunca, también se debe trazar un buen mapa de relaciones.
- Organizar reuniones de acuerdo con un proceso claro y preciso (Capítulo 3).
- Concentrarse en un enfoque constructivo que genere varias soluciones posibles (Capítulos 4 y 8).
- Dar prioridad a la escucha activa y al habla activa (Capítulo 5).
- Gestionar bien las emociones. En un grupo, solo se necesita una parte frustrada para encender la negatividad en el resto (Capítulo 6). Los momentos de mucha tensión en una negociación pueden mitigarse con descansos, que ofrecen tiempo para restablecer la calma, renegociar las reglas e introducir nuevos actores en la escena.
- Si es necesario, busque un moderador o presidente de la reunión para supervisar los procedimientos e implementar el método. La presencia de un tercero neutral a menudo es útil para mantener buenas relaciones, así como la eficiencia del proceso.

---

65 Brett, Jeanne, "Negotiating Group Decisions". En *Negotiation Journal*, 7, 1991, pp. 291-310.

Creación de coaliciones y gestión de alianzas

*Un análisis estratégico para un diagnóstico detallado
de la situación*

El principal medio para lograr un resultado exitoso en una negociación multilateral es la simplificación de su inherente complejidad, con el fin de satisfacer mejor las múltiples motivaciones. Lógicamente, esto significa transformar una negociación multilateral en una sucesión de negociaciones bilaterales en las que *dos actores* tratan *un tema*. La siguiente tabla (Tabla 7.1), destinada a la fase de preparación, nos permite construir un análisis estratégico al enfocarnos en las motivaciones de cada parte, las relaciones entre sí y las posibles soluciones fuera de la mesa.

- Los cuadros resaltados, ubicados en diagonal, indican los principales triunfos de cada uno de los negociadores que están presentes, de 1 a *n:* sus motivaciones, su mandato y la mejor solución fuera de la mesa.
- Para cualquier negociador, las otras casillas *en la misma fila* se refieren a la percepción que el negociador tiene de sus interacciones con los demás. Si soy el Negociador 1, ¿cuál es mi relación con el Negociador 2? Conociendo las motivaciones del Negociador 2, ¿cuáles son las soluciones que puedo proponer? ¿Qué tipo de información debo revelar y tratar de aprender?
- Las otras casillas *en la misma columna* nos alientan hacia la empatía: si soy el Negociador 1, trato de ponerme en el lugar del Negociador 2 para ver cómo percibe nuestra relación, qué tipos de soluciones podría aportar a la mesa y qué clase de información pueda revelarme o buscar de mí.

Tabla 7.1. Análisis estratégico de una negociación multilateral

	Negociador 1	*Negociador 2*	*Negociador 3*
NEGOCIADOR 1	¿Motivaciones? ¿Mandato? ¿Solución por fuera de la mesa?	**De 1 a 2** ¿Relación? ¿Soluciones en la mesa? ¿Comunicación?	**De 1 a *n*** ¿Relación? ¿Soluciones en la mesa? ¿Comunicación?
NEGOCIADOR 2	**De 2 a 1** ¿Relación? ¿Soluciones en la mesa? ¿Comunicación?	¿Motivaciones? ¿Mandato? ¿Solución por fuera de la mesa?	**De 2 a *n*** ¿Relación? ¿Soluciones en la mesa? ¿Comunicación?
NEGOCIADOR 3	**De *n* a 1** ¿Relación? ¿Soluciones en la mesa? ¿Comunicación?	**De *n* a 1** ¿Relación? ¿Soluciones en la mesa? ¿Comunicación?	¿Motivaciones? ¿Mandato? ¿Solución por fuera de la mesa?

Este análisis debe actualizarse durante el curso de la negociación con cualquier información nueva que se pueda recopilar en el camino. Ofrece una visión integral de la situación, lo que puede facilitar la creación de alianzas estratégicas.

Es importante tener en cuenta la diferencia entre alianzas fuertes y débiles. Las alianzas sólidas se construyen en torno a las principales motivaciones que los actores tienen en común. Dado que las prioridades compartidas se traducen en coherencia entre las partes, estas alianzas son relativamente fáciles de mantener. Inversamente, las coaliciones débiles se construyen alrededor de motivaciones secundarias y tienden a no resistir el paso del tiempo.

Gestionando alianzas según las cuatro reglas de Descartes
En el Capítulo 3, mencionamos que antes de participar en una negociación multilateral, las alianzas deben constituirse en reuniones informales que precedan a la negociación oficial. Esta serie de reuniones debe ser gestionada metódicamente. Una vez que hayamos determinado cómo tratar un problema con una parte, debemos aprender cómo tratar otro problema con otra persona, y así sucesivamente. No hace falta decir que el lazo se debe bloquear al verificar y volver a verificar los diferentes puntos con todos los actores para mantener el equilibrio en las alianzas.

En la segunda parte de su *Discurso sobre el método*[66], Descartes presenta cuatro reglas simples que suenan particularmente juiciosas para el negociador de hoy en una negociación multilateral.

- *Regla 1: Dudar.* Más que nunca, el negociador debe asegurarse de que el problema se haya investigado a fondo en todas sus dimensiones. El negociador debe cuestionar todos los prejuicios que puedan estar presentes entre las partes, incluida la suya, para evitar la trampa del *posicionalismo.* Conviene evitar las respuestas *a priori* destinadas a resolver problemas o conflictos.
- *Regla 2: Analizar.* En una negociación multilateral, una situación compleja que involucra a un gran número de actores, el negociador debe dividir cada pregunta en elementos manejables (Tabla 7.1). Esta fase de análisis también ayuda a distinguir las partes dominantes de aquellos que sirven las motivaciones

---

66 Descartes, René, *op. cit.*

de estas para promover las propias, así como las partes dominadas e independientes.

- *Regla 3: Sintetizar.* El negociador debe comenzar con los problemas más simples antes de continuar con los más complejos. Es crucial tener en mente como objetivo principal la resolución de problemas, así como saltear aquellos que pueden llevar a un punto muerto. También es necesario traer más y más personas a la coalición para ampliarla.
- *Regla 4: Enumerar.* El paso final es asegurarse de que ningún actor o aspecto importante en una solución negociada quede atrás. Es esencial revisar con frecuencia los diferentes puntos y pasos para que todos se sientan parte y acepten el acuerdo general.

Negociaciones multiculturales

Con el advenimiento de la globalización, las interacciones multiculturales se han integrado a nuestra vida cotidiana. El tratamiento de la negociación multicultural de este libro se basa, en buena medida, en nuestras interacciones con líderes de más de 100 países, con quienes hemos tenido la oportunidad de compartir y pulir nuestros métodos. Por supuesto, el tema es rico y no pretendemos cubrirlo por completo en un capítulo, por lo que recomendamos que el lector interesado en saber más consulte la literatura sobre el tema[67].

El desempeño de la negociación es un tema muy debatido. En cualquier negociación dada, los resultados de un par de negociadores de la Cultura X tienden a ser similares a los de la Cultura Y. Una cultura no es necesariamente

---

67 Para más información sobre negociaciones interculturales y multiculturales, recomendamos los siguientes trabajos que se señalan en la bibliografía: Hofstede (1991), Foster (1995), Brett (2001).

más eficiente en las negociaciones que otra. Sin embargo, algunos estudios[68] han demostrado que ciertas culturas son más aptas para crear valor en la mesa de negociación que otras, pero el "valor" también es subjetivo aquí. Si consideramos una negociación en la que los negociadores provienen de diferentes culturas, los resultados son inferiores a las negociaciones en las que los negociadores comparten la misma identidad cultural. Aunque no se ha demostrado la superioridad de una cultura sobre otra en las prácticas de negociación, sí se ha demostrado la complejidad de la negociación multicultural con respecto a la negociación monocultural.

Culturas y fronteras en la negociación

Los trabajos actuales sobre "cómo negociar en el país X en 10 lecciones" abundan en anécdotas sobre diferencias culturales. "Los brasileños son así y los japoneses son así". Curiosamente, los autores que defienden este enfoque presentan anécdotas que nunca se aplican a su propia cultura. Sin negar las ventajas de este enfoque, nos gustaría utilizar otro punto de vista.

La convergencia tiene la ventaja sobre la divergencia
Estamos convencidos de que el impacto de las diferencias culturales en la negociación está sobreestimado por varias razones. El primero es el cliché. Los debates acerca de las negociaciones multiculturales a menudo están relacionados con estereotipos sobre los comportamientos de los negociadores de acuerdo con su país de origen. Los clichés florecen porque simplifican lo que es, en realidad, mucho más complejo. Este reduccionismo simplista proporciona

---

68 Brett, Jeanne; Adair, Wendy; Lempereur, Alain *et al.*, "Culture and Joint Gains in Negotiation". En *Negotiation Journal*, 14 (1), 1998, pp. 55-80.

un inicio cómodo para elaborar una estrategia. El inicio, por más tranquilizador que parezca, se construye sobre una base falsa, ya que el "americano típico" o el "francés típico" simplemente no existe. Es importante evitar estos sesgos cognitivos.

La segunda razón por la que se sobreestiman las diferencias culturales en la negociación tiene que ver con *profecías autocumplidas* (Capítulo 5). Por ejemplo, estoy convencido de que los negociadores que provienen de cierta cultura son competitivos. Por lo tanto, si estoy negociando con alguien de esa cultura, tendré una tendencia a ser competitivo en lugar de cooperar. El otro negociador, que puede no ser competitivo por naturaleza, responde a su vez a mi comportamiento y se cumple la profecía.

La tercera razón tiene que ver con la tendencia a que la globalización vaya acompañada de una *armonización cultural* e incluso de homogeneización. En el campo de la negociación, este fenómeno se ha arraigado a partir de la prevalencia de los métodos de entrenamiento estadounidenses, en los que el vocabulario y las conductas de negociación tienden hacia una nivelación en la que las diferencias culturales se vuelven borrosas.

Finalmente, es importante señalar que conviene relativizar la variable cultural, ya que todos pertenecemos a *varios círculos culturales*. Las fronteras culturales trascienden las puramente nacionales.

Identidades culturales múltiples
Más allá de la nacionalidad, es importante considerar *la pertenencia cultural regional.* Podríamos decir que los estadounidenses de la costa este son muy diferentes de los texanos, que a su vez son muy diferentes de los californianos. Ocurre lo mismo en Francia. En su libro sobre *La Identidad de Francia,* el historiador Fernand Braudel argumentó que Francia es una nación muy diversa. Por ejemplo, detrás del

"negociador francés" se esconde un negociador de Marsella, un negociador parisino, un negociador franco-argelino, etcétera.

Es igualmente importante tener en cuenta *la cultura profesional*. A partir de nuestra educación y de nuestras experiencias laborales, adquirimos un punto de vista particular, un sistema de referencia, un conjunto de criterios y ciertos comportamientos sobre cómo abordar la negociación. Los abogados, debido a su conocimiento profundo de los conflictos y los riesgos judiciales, prestarán especial atención a las cláusulas de garantía en cualquier acuerdo. Una negociación entre un ingeniero y un vendedor probablemente involucre estrategias de negociación muy diferentes. Entonces, al final, dónde hay más "diferencias culturales", ¿entre un ingeniero de software de California y un abogado de Texas; o entre un alemán y un británico que son diplomáticos?

Construyendo una carretera entre la ciudad A y B. Sobre la cuestión de la mejor ruta desde la Ciudad A a la Ciudad B, un matemático seguramente diría que la distancia más corta es una línea recta. Un ingeniero civil elegiría una ruta que sea técnicamente viable y que incluya un puente impresionante, para demostrar su experiencia. Un economista optaría por otra forma, probablemente más larga, pero ciertamente menos compleja y costosa. Un abogado cambiaría el camino para tener en cuenta las regulaciones de zonificación. Un funcionario electo de la Ciudad C solicitaría que la carretera se modifique para provecho también de los residentes de su ciudad. Un representante de la asociación de vecinos requeriría nuevas modificaciones para asegurarse de que la carretera no infrinja propiedades individuales. Una negociación entre tantos actores con motivaciones tan diferentes sería, de hecho, muy multilateral y multicultural.

También hay *culturas organizacionales* o instituciones que han desarrollado sus propias pautas de negociación. Por ejemplo, un paquistaní y un sueco que hayan trabajado para el Fondo Monetario Internacional durante diez años habrán adquirido reflejos de negociación basados en la cultura institucional que van más allá de la cultura nacional.

Finalmente, existe la *singularidad fundamental* de cada individuo que, por elección o carácter, se comporta en forma más o menos atípica respecto de las características principales de su nación, región y profesión.

Para arrojar algo de luz sobre estas identidades culturales múltiples, podemos observar el grado de formalismo en las relaciones. Imaginemos una escala que mida el grado de formalismo en la negociación desde 0 (ausencia total de formalismo o un alto grado de familiaridad y simplicidad) hasta 100 (presencia total de formalismo o un alto grado de distancia y ritualismo sofisticado). Incluso, si sabemos que algunas culturas son más formales que otras, sigue siendo difícil medirlo, particularmente porque hay muchas variables. Usemos las siguientes estimaciones: 20-50 para los Estados Unidos, 40-70 para Francia y 60-90 para Japón. Como podemos ver, estas figuras tienden a superponerse. Aun cuando estamos de acuerdo en que, en general, los estadounidenses son menos formales que los franceses, podemos encontrar algunos estadounidenses que son mucho más formales que los franceses "promedio". El grado de formalidad de un negociador perteneciente a una cierta cultura probablemente dependerá del contexto y de la persona.

¿Cómo interpretar las diferencias culturales en la negociación?

Como hemos comentado, los clichés simplistas desafían la lógica. Sin embargo, es útil reconocer la necesidad de analizar las diferencias, particularmente en las negociaciones. Por ejemplo, el antropólogo Clifford Geertz[69] distingue en-

---

69 Geertz, Clifford, *The Interpretation of Culture: Selected Essays*. Basic Books, New York, 1973.

tre lo *superficial* y lo *denso* de las interpretaciones. Lo *fino* es una descripción física de un comportamiento particular (es decir, el guiño de un ojo). Lo *denso* implica poner significado en una interpretación del comportamiento (es decir, el guiño de un ojo significa complicidad o acuerdo). Del mismo modo en la negociación, es importante hacer una diferencia entre los elementos culturales:

- Que son evidentes y descriptibles ("superficiales"), como los sistemas legales, económicos y políticos de un país en particular.
- Que requieren una interpretación ("densa") que es mucho más difícil de dominar, incluidos: valores, referencias colectivas y tradiciones que pueden no ser formalmente evidentes pero que impregnan el entorno de la negociación.

Es esto último lo que probablemente cause más dificultades en las negociaciones. Para aclararlas, son particularmente útiles dos tipologías. La primera, desarrollada por Hofstede[70], distingue cuatro variables culturales clave:

- *Distancia al poder en una sociedad y en sus organizaciones.* El poder puede estar desigualmente dividido y concentrado en ciertos sectores de la sociedad. En el primer caso, el poder anula los criterios de justificación y generalmente se aceptan acuerdos desequilibrados. El negociador rara vez tiene poder de decisión y debe prestar atención a su principal y a su mandato. En el segundo caso, los acuerdos deben responder a criterios legítimos y el acuerdo es mas equitable. Aquí, los negociadores tienen mucha más libertad para proponer soluciones en la mesa.

---

70 Hofstede, Geert, *Culture and Organizations: Software of the Mind.* McGraw Hill, London, 1991.

- *El equilibrio entre el individualismo y el colectivismo o el peso relativo del individuo y el grupo.* Algunas sociedades se estructuran en torno al individuo; otras privilegian a la comunidad. En el primer caso, existen pocas normas sociales; los individuos organizan sus relaciones como desean. Desde el punto de vista de la negociación, la confrontación directa es más o menos aceptada, los procesos son más bien informales y las relaciones son fáciles de establecer, pero se presta poca atención al largo plazo. En el segundo caso, la vida es colectiva y estructurada en torno a normas y códigos codificados. El individuo es visto como parte de una red y está inextricablemente vinculado a familiares, amigos, antepasados, compañía, aldea y país. Desde el punto de vista de la negociación, los procesos son mucho más formales, las relaciones son de una importancia inmensa y el largo plazo es el lienzo del negociador.
- *La relación con la incertidumbre.* En ciertas sociedades, el riesgo, la incertidumbre y la inestabilidad son más familiares que en otras. En el primer caso, los negociadores se sienten cómodos con los cambios frecuentes, y las diferencias se valoran y se perciben como interesantes. En el segundo caso, los negociadores favorecen la permanencia, la armonía y las reglas estables. La diferencia se percibe como una amenaza.
- *Sociedades masculinas frente a femeninas.* Hofstede califica a las sociedades "masculinas" como aquellas en las que hombres y mujeres se distinguen claramente y sociedades "femeninas" en las que la frontera entre los sexos se ve borrosa. En el primer grupo, la competencia y la confrontación se consideran positivas, y prevalece el dinero, así como otros aspectos materiales. Los fuertes, rápidos y poderosos son pri-

vilegiados. En el segundo grupo, la cooperación y la armonía son vistas como positivas. Las aspiraciones sociales se centran en las relaciones humanas y la calidad de vida.

Una quinta variable debe agregarse a las primeras cuatro: *la relación con el tiempo*. Aquí, las culturas *monocrónicas* se distinguen de las *policrónicas*[71]. En las monocrónicas, el tiempo se percibe como lineal y se organiza en unidades sucesivas, en torno a una acción particular. En las culturas policrónicas, en cambio, el tiempo se percibe como elástico. Cada momento se puede multiplicar simultáneamente con otros momentos. Las relaciones ocupan el centro del escenario y el tiempo está estrictamente en el fondo[72].

Encuentro con un amigo. En el camino a una cita, un negociador se encuentra con un amigo. En una cultura monocrónica o secuencial, este momento es inoportuno, ya que el negociador no quiere llegar tarde a su reunión. Después de un breve saludo, el negociador le pide a su amigo que se reúna con el más tarde a una hora determinada ("¿mañana, a la 1:00 pm?"). En una cultura policrónica o sincrónica, el negociador se toma el tiempo para hablar con su amigo, sin prestar atención a la hora. Es posible que llegue un poco más tarde a su reunión, donde probablemente encuentre a su interlocutor ocupado en alguna otra tarea. Ninguno de los dos se sentiría molesto al comenzar la reunión un poco más tarde de lo planeado.

Nuestro *método de negociación* combina estas dos percepciones del tiempo al basarse en acciones secuenciales y, al mismo tiempo, llevar adelante varias secuencias simultánea-

---

71 Hall, Edward T. y Hall, Mildred R., *Understanding Cultural Differences*. Intercultural Press, Yarmouth, 1989. pp. 13-17.

72 Otros autores han descrito esta distinción como culturas secuenciales frente a culturas sincrónicas: Trompenaars, Fon y Hampden-Turner, Charles, *Riding the Waves of Culture*. McGraw Hill, New York, 1998, pp. 123-144.

mente. Por ejemplo, cuando un negociador se concentra en crear valor, le permite a su imaginación proponer tantas opciones como sea posible antes de evaluarlas. Además, siempre tiene en cuenta la importancia de escuchar antes de hablar. Aquí, el buen negociador secuencia sus acciones sin centrarse solo en una tarea.

La segunda tipología describe seis "reinos de la justificación" para comprender la perspectiva del otro de acuerdo con el *contexto profesional y social*[73]. Este importante avance sociológico subraya el hecho de que cada uno de nosotros habla desde un punto de vista particular, basado en su propio sistema de referencia, así como en normas particulares de justificación, valores y aspiraciones. Al negociar, estas categorías deben tenerse en cuenta.

- *Reino de la inspiración.* Este es el ámbito íntimo del individuo y la imaginación. Hay pocos o ningún concepto. Todo implica movimiento y cambio. Palabras clave: inspiración, intuición, fantasía.
- *Reino doméstico.* Este es el ámbito de las relaciones interpersonales, la estabilidad y la permanencia. Los individuos están vinculados entre sí a través de un sistema jerárquico específico. Palabras clave: familia, tradición, etiqueta social.
- *Reino de las opiniones.* Este es el reino de la información difundida a través de los medios de comunicación. Se favorece la movilización de la población. Palabras clave: celebridad, identificación, persuasión.
- *Reino cívico.* Este es el ámbito de las instituciones colectivas en las que dominan las reglas. Los individuos existen a través de sus derechos y deberes. Es el mundo de Montesquieu. Palabras clave: representación, comunidad.

---

73 Boltanski, Luc y Thévenot, Laurent, *De la Justification – Les Economies de la grandeur.* Gallimard, Paris, 1991, pp. 159-262.

- *Reino económico.* Este es el ámbito de la competición en el que se garantiza la armonía a través del mercado. La grandeza se define por el interés económico. Nuestras relaciones son, ante todo, transacciones. Es el mundo de Adam Smith. Palabras clave: valor, riqueza, precio.
- *Reino industrial.* Este es el ámbito de los métodos científicos, la producción y las técnicas. La dignidad personal está vinculada al potencial productivo. Es el mundo de Saint-Simon. Palabras clave: eficiencia, progreso, control.

A través de estos seis reinos, podemos comprender mejor los contextos culturales de las personas con quienes negociamos. Cuando un negociador habla en nombre de su compañía, usa referencias que se inscriben en su ámbito económico o industrial. Un turista que negocie con un empleado de hotel utilizará, en cambio, los ámbitos de la inspiración y los asuntos domésticos.

Desafíos de la comunicación

La principal dificultad en las negociaciones multiculturales es la comunicación. Cada vez que se cruza una barrera cultural, la fluidez con la que nos comunicamos se pierde. Esto es particularmente cierto cuando se trata de una jerga profesional o de diferentes idiomas. Además, en cualquier contexto, la comunicación es tanto verbal (que implica lenguaje oral) como no verbal (que implica lenguaje corporal).

Obstáculos de lenguaje
Hay varias situaciones en las que el lenguaje representa un obstáculo importante para la negociación.

- Los negociadores no comparten un lenguaje común y deben usar intérpretes.
- Ninguno de los negociadores habla la lengua nativa del otro, pero ambos hablan un tercer idioma, como el inglés.
- Uno de los negociadores conoce el idioma del otro y está dispuesto a negociar en ese idioma.
- Aunque no son su lengua materna, ambos negociadores hablan el idioma del otro, por lo tanto, aceptan: elegir uno de los dos idiomas para llevar a cabo la negociación; permitir que cada negociador hable su propio idioma; o elegir un tercer idioma, más neutral.

En todas estas situaciones, el negociador con el mejor dominio del lenguaje utilizado para las discusiones tiene una ventaja competitiva sobre los demás, ya que podrá usar matices y expresar opiniones con precisión. Esta ventaja, sin embargo, sigue siendo relativa. En particular, la incomprensión por parte de un negociador plantea problemas para ambos negociadores: el acuerdo será más difícil de alcanzar o se cuestionará si uno de los negociadores no está cómodo con el idioma de trabajo. El problema del idioma debe abordarse de manera que reduzca el riesgo de malentendidos. Es mejor evitar una configuración en la que un negociador tenga un nivel de fluidez significativamente mayor que el otro respecto del idioma utilizado. Aquí, el negociador en cuestión puede sentirse demasiado confiado y, como resultado, apresurarse en las negociaciones y superar los límites del mandato.

La configuración ideal es acordar un idioma de trabajo común, pero aceptar intérpretes, si es necesario. En cualquier caso, es importante ser respetuoso y, por lo tanto, ser capaz de decir algunas palabras en la lengua nativa del otro.

Idioma y diversidad cultural. En 2001, Atenas organizó una conferencia que reunió a doce jefes de Estado. El primer ministro francés le pidió al profesor Claude Hagège, un eminente lingüista, que celebrara la diversidad cultural y defendiera los medios necesarios para promoverla. A continuación, el profesor Hagège pronunció el discurso en los doce idiomas representados en la mesa, incluidos el inglés, el zulú, el sueco y el griego, que dejaron una impresión favorable en todos los presentes.

Costumbres

La comunicación es más que palabras; es también no verbal, lo que involucra el lenguaje corporal y los comportamientos, como las costumbres y los hábitos. Por supuesto, los estándares varían, como lo ilustran los siguientes ejemplos.

EADS. Durante las negociaciones entre los franceses y los alemanes sobre la creación de EADS, la compañía aeronáutica europea, los franceses se ganaron la reputación de llegar tarde y dejar sus teléfonos celulares prendidos durante las reuniones, mientras que los alemanes estaban siempre a tiempo para las reuniones y apagaban sus teléfonos celulares.

Las diferencias en las costumbres y los hábitos no son necesariamente obstáculos insuperables en la negociación. Una preparación adecuada puede ayudar.

Dos experiencias franco-japonesas. Durante la visita de algunas distinguidas personalidades de Japón, un ex decano de ESSEC Business School participó en el intercambio de regalos. Bien informado sobre las costumbres japonesas, tuvo cuidado de no abrir sus regalos frente a sus invitados. Sin embargo, los invitados japoneses, también bien informados sobre las costumbres francesas, no dudaron en abrir los suyos.

Los esfuerzos hacia la adaptación cultural no siempre pueden ser recompensados. Mientras estaba en Japón por negocios, uno de los autores puso en práctica lo que había oído sobre hacer ruidos al tomar sopa de fideos para mostrar satisfacción. Cuando descubrió que era de mala educación hacer ruidos al comer fideos que se sirven sin acompañamiento ¡ya era demasiado tarde!

En costumbres, el mejor consejo es "Cuando estés en Roma, sé romano". Pero conviene hacerlo con precaución. Preguntarse a sí mismo lo siguiente podría ser útil: ¿Qué podría hacer para integrarme en la cultura de mi socio de negociación que a él le agradaría? ¿Qué podría seguir haciendo que él encontrara aceptable? No hay reglas precisas. Simplemente debemos usar la discreción y tener un sentido de observación agudo.

Metodología y negociaciones multiculturales

Cuando me encuentro con un "chino" o un "mexicano", me encuentro con una *persona*. Una negociación multicultural es, sobre todo, una negociación. La permanencia reina sobre la diferencia. En consecuencia, se aplican los mismos principios y métodos que se han discutido hasta ahora. Al dominar estos principios, el negociador puede abordar la complejidad de un intercambio multicultural.

Prepararse y escuchar, antes que nada
Cualquiera sea el contexto, los diez triunfos para la preparación son útiles. La anticipación y la preparación nos permiten recopilar información importante sobre el contexto cultural al que pertenecen nuestros interlocutores. Nos ayuda, en particular, a comprender algunas de las costumbres y hábitos más importantes y, finalmente, algunas palabras en el idioma del otro con el fin de crear un ambiente propicio para las buenas relaciones desde el principio.

Es en un contexto multicultural que la escucha activa encuentra su razón de ser. Escuchar bien, más allá de los posibles clichés, evita las caídas en prejuicios y sesgos cognitivos. Hablar bien nos ayuda a ser claros respecto de nuestro mensaje y evita malentendidos a pesar de la posible brecha de comunicación.

> **Elección de palabras en Burundi.** Durante un seminario de resolución de conflictos en Burundi, uno de los autores decidió usar la palabra local de Kirundi "Bashingantahe", que significa "pacificador sabio", en lugar del término "mediador". Al hacerlo, le dio valor a una antigua institución local, los "Bashingantahe", en lugar de simplemente importar un concepto occidental.

Para protegerse contra juicios apresurados en diferentes culturas, la "Herramienta de las 5R"[74] puede ser muy útil:

- *Reconocer* la inclinación natural a juzgar. Nos permitimos fácilmente declaraciones como: "Esa es una actitud típica de un alemán, un conservador o un profesor...". Sin pensar, les ponemos etiquetas a las personas y mostramos comportamientos automáticos para enfrentar la complejidad que nos rodea. Es esencial reconocer esto y desarrollar el reflejo para decir: "Uy, aquí estoy juzgando de nuevo".
- *Refrenarse* de hacerlo. Intentemos alejarnos un poco de estos juicios y otorgarle al otro el beneficio de la duda.
- *Rastrear* en nuestra propia identidad la actitud de "extranjero" en algo más familiar. Si juzgo que el otro es bastante diferente de mí, es porque encuentro hay algo que hace "demasiado o no lo suficiente". Ella

---

74 Foster, Dean Allen, *Bargaining Across Borders*. McGraw Hill, New York, 1995.

es demasiado formal, demasiado competitiva, no lo suficientemente educada, etc. Antes de juzgar a otra persona, es importante que recordemos nuestra propia cultura, actitudes y preferencias, en las que las personas, e incluso uno mismo, también pueden ser demasiado formales, competitivas, etcétera.

- *Reclamar* esa actitud. Cuando logro recordar un momento en el que tuve la misma actitud que el otro, me doy cuenta. Es porque no estoy contento con este comportamiento que lo juzgué, sin admitirlo siempre. Si de repente puedo aceptar que estas actitudes no son tan diferentes de las mías a veces, habré progresado en las relaciones interpersonales y multiculturales.
- *Resurgir.* Una vez que haya realizado todos los pasos anteriores, es posible volver a la mesa de negociación con una nueva perspectiva, incluso con una sonrisa, sabiendo que el otro no es tan diferente de mí. Es más fácil continuar la conversación y conectarse con el otro.

La "Herramienta de las 5R" evidencia la necesidad de comprender mejor al otro y, al mismo tiempo, afirmarse. Lo esencial consiste en dominar la permanencia en la negociación, cualquiera sea el contexto.

Si es necesario, ir a la mesa de negociación acompañado de otra persona
Para superar algunas de las dificultades con respecto al lenguaje, puede ser útil traer un intérprete. Esto no garantiza el éxito y hay varios elementos a considerar.

- ¿La traducción será simultánea (hecha a través de auriculares) o no (el intérprete está presente en la mesa y se traduce después de cada intervención)?

Esto último duplica el tiempo de la negociación, pero permite preguntas de aclaración cuando las traducciones no son tan claras.

- ¿Cuántos intérpretes estarán presentes? Cada parte puede venir con su propio intérprete, pero, en general, para las negociaciones se utiliza el intérprete del anfitrión. Esto plantea la cuestión de la imparcialidad y la discreción del intérprete.
- A veces sucede que el intérprete no posee el nivel profesional requerido, especialmente cuando las negociaciones son técnicas o complejas.

Los mejores intérpretes desempeñan el papel de mediador cultural. Tienen la confianza de ambas partes y van más allá de una simple traducción de las palabras. De hecho, utilizan la escucha activa y verifican que cada parte haya interpretado correctamente el mensaje de la otra.

Un intérprete de franco-alemán. La antigua intérprete franco-alemana de los presidentes franceses Giscard d'Estaing y François Mitterrand, Brigitte Sauzay, encarna al "mediador cultural". Trajo tanta delicadeza a las relaciones franco-alemanas que finalmente la contrataron como asesora del canciller alemán Gerhard Schroeder.

Una última opción es elegir a alguien que entienda el contexto cultural y lo que está en juego para que nos represente en la mesa de negociación.

***

Finalmente, destacamos el hecho de que muchas negociaciones son a la vez multinivel, multilaterales y multiculturales. Esto es particularmente cierto en la diplomacia, pero también en los negocios, donde se habla de la "diplomacia corporativa". La gestión de proyectos es necesariamente multilateral y es cada vez más multicultural, a través de equipos multifuncionales y a partir de la mayor globalización de los negocios.

> **Equipos de proyectos transversales.** Ciertos CEO han tenido un éxito considerable con este tipo de modelo. Tomemos, por ejemplo, a Carlos Ghosn, exCEO de Renault-Nissan, quien dio prioridad a la creación de equipos de proyectos interculturales y transversales cuando la compañía francesa Renault se fusionó con la compañía japonesa Nissan. Estos equipos, compuestos por ingenieros, comerciales y gerentes franceses y japoneses, cruzaron todas las fronteras culturales.

En conclusión, en contextos multiculturales, es mejor evitar una actitud de "turista". Simplemente, no es posible llegar a la mesa de negociación sin haberse preparado a fondo y sin comprender el contexto cultural. No es recomendable actuar como algunos turistas que imponen a otros su propia forma de vida cuando viajan al extranjero. Por el contrario, es mejor tomar el ejemplo del viajero experimentado que tiene un interés auténtico en descubrir nuevos lugares y ha adquirido el hábito de tratar de vivir en armonía con cualquier entorno nuevo. Esta metáfora de un viajero metodológico y aplicado se extiende al negociador, confrontado con una multiplicidad de partes en la mesa y fuera de ella, y obligado a desarrollar nuevas estrategias para enfrentar estos horizontes siempre cambiantes.

CAPÍTULO 8

FORMALIZAR EL ACUERDO
ANTES DE CONCLUIR

Cómo cosechar los beneficios de la negociación

Hay un arte para cerrar negociaciones, al igual que lo hay para iniciarlas. Numerosas sesiones de negociación se encaminan a un punto muerto en el que los debates se prolongan y no van a ninguna parte. Llega un momento en que el tiempo asignado, simplemente, se acaba. La única decisión que se toma es que los negociadores se detengan. Todos se levantan y se despiden sin tener una idea clara del progreso logrado, los puntos que motivaron el bloqueo o los acuerdos que surgieron durante el encuentro. Todo esto queda para la próxima reunión, si la hay. Esta manera de proceder es frustrante para los negociadores, que comienzan a preguntarse sobre los beneficios de las sesiones de negociación. Este es un ejemplo por excelencia de la *negomanía*: se habla por hablar sin llegar a una decisión.

Por el contrario, la negociación debería avanzar hacia una etapa final de toma de decisiones a favor o en contra de un acuerdo. A veces, una sola reunión es suficiente para llegar a esta fase; a veces, en cambio, se requiere de una serie de reuniones en las que cada parte aprovecha los logros alcanzados en las sesiones anteriores para llegar a la posibilidad de un acuerdo. Pero, ¿cómo se obtienen los beneficios de una reunión? ¿Cómo se concluye eficientemente? Nuestro último capítulo está dedicado a estas preguntas cruciales. Primero, trataremos la formalización de un acuerdo en general. Luego, subrayaremos la importancia de un aplazamiento más informal para ayudar a reenfocar la relación.

Evaluar y formalizar los resultados de las sesiones de negociación

Tres preguntas surgen durante las fases finales de una negociación. ¿Cuál es el momento adecuado para considerar un acuerdo, de modo que no sea ni demasiado temprano ni demasiado tarde? A continuación, ¿cómo evaluamos un posible acuerdo antes de aceptarlo?, o, en otras palabras, ¿cómo se puede medir la calidad de un posible acuerdo? Finalmente, ¿cómo debería formalizarse el acuerdo, particularmente si las partes sienten la necesidad de modular su grado de compromiso, especialmente si no está en el orden del día un acuerdo completo, sólido y definitivo?

¿Cuándo considerar un acuerdo?

El momento adecuado para considerar un acuerdo se muestra aquí en términos de la secuencia presentada en el Capítulo 3 y resumida en la Figura 8.1. El camino ideal para un acuerdo toma la forma de un embudo. El proceso pasa de explorar motivaciones a través de la comunicación activa, a buscar soluciones en la mesa que sean propicias para crear valor; luego, a dividir este valor y, finalmente, si es necesario, recurrir a criterios de justificación. Estos criterios ayudan a reducir *la cantidad de soluciones potenciales* e identificar *las soluciones de calidad* que son aceptables para todas las partes. En este punto, es posible llegar a un acuerdo siempre y cuando sea preferible a la mejor solución fuera de la mesa para cada parte presente.

Figura 8.1. Secuencia ideal que conduce a un acuerdo

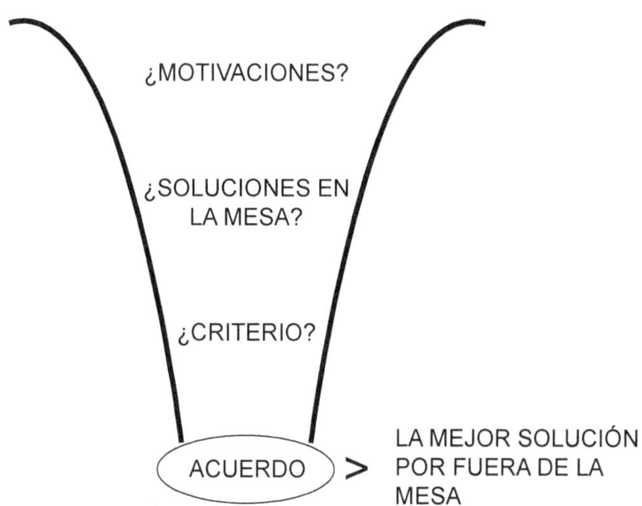

Sin embargo, esta secuencia no indica el *mejor momento* para llegar a un acuerdo. Para esto, es necesario poder navegar entre dos trampas instintivas que se discutieron en el Capítulo 1. La primera trampa instintiva es el sesgo de la *negomanía,* que consiste en retrasar repetidamente el momento del compromiso (a favor o en contra de un acuerdo) o tener una propensión a negociar *ad infinitum.* Conscientes de los riesgos de una debilidad, muchos negociadores temen verse comprometidos en una "solución rápida". Perciben cada detalle como estratégico y se niegan a decir "sí" a cualquier cosa. Sin embargo, ciertas formas intermedias de acuerdo les permiten mantener la negociación a flote sin tener que comprometerse demasiado pronto. Estos acuerdos determinan los medios que ayudarán a llevar a cabo una negociación sin la carga de ninguna obligación de resultados. De hecho, estos acuerdos intermedios se refieren al método o a los principios de negociación que hemos descrito hasta ahora.

La segunda trampa es el *cierre prematuro*, que consiste en aceptar demasiado pronto el primer acuerdo encontrado. Es esencial evitar ir muy rápido a la meta. Los principales riesgos incluyen no explorar las motivaciones subyacentes de la otra parte (y, a veces, ni siquiera las propias) y no mostrar creatividad en la búsqueda de soluciones en la mesa. Con un recargo de la tensión distributiva y la relación en un estado deficiente, probablemente se dejará valor en la mesa. En este punto, recuerde la fábula de *La tortuga y la liebre* de La Fontaine[75]. Alguien que arranca con gran impulso, pero sin preparación, sin tener cuidado de identificar un buen rumbo, sin establecer la relación, sin manejar las emociones, sin escuchar a la otra parte, avanza con dificultad y es fácilmente superado por alguien que se toma el tiempo para tratar lo esencial antes que lo obvio.

La pregunta que debe hacerse es la siguiente: ¿el valor adicional que podría crearse compensaría el tiempo adicional que se tarda en negociar? En resumen, es necesario identificar el momento en el que la creatividad y la búsqueda de más opciones se convierten en pretextos para la indecisión, cuando en realidad ha llegado el momento de que se produzca la resolución.

---

75 La Fontaine, "The Hare and the Tortoise", *Fables*, Penguin Classics, London 1982.

> **Richelieu y el padre Joseph.** Richelieu era famoso por su enfoque creativo para la negociación. Tenía la capacidad de imaginar múltiples posibilidades, acerca de las que reflexionaba y estudiaba hasta el punto de que a menudo no podía tomar una decisión. Según Callières, Richelieu acostumbraba discutir los asuntos con su confesor, el padre Joseph, quien tenía una resolución singular para elegir una opción sobre otra y finalmente pasar a la acción.

Debemos ser conscientes de estas dos tendencias contradictorias: una dominada por la imaginación y la búsqueda de la perfección, que a veces conduce a la dilación en la ejecución real de la idea; la otra, marcada por la resolución, que obliga a evitar la prisa. En resumen, es mejor abstenerse de decir "sí" demasiado rápido sin justificación, pero también es importante poder decir "sí" en el momento adecuado después de suficiente deliberación.

¿Por qué aceptar un acuerdo?

Es crucial evaluar un posible acuerdo antes de aceptarlo. Con este propósito, ofrecemos una lista de criterios para juzgar *cuándo* decir "sí" y especialmente *por qué*. Un buen acuerdo, uno que merezca un compromiso, se puede identificar con la ayuda de los diez triunfos de preparación descritos en el Capítulo 1.

1. *Relación personal.* El acuerdo potencial mantiene y mejora la relación entre las partes. Todo el proceso de negociación, incluida la posibilidad de firmar un acuerdo, ha contribuido a ello. El acuerdo promueve una relación a largo plazo y facilita las discusiones futuras.
2. *Mandato.* Cuando se trata de relaciones verticales, el acuerdo satisface las restricciones planteadas por

el principal y el agente. Evita cualquier conflicto de intereses entre ellos.

3. *Mapa de partes interesadas.* Cuando la negociación afecta a personas que no participan de la mesa de negociación, el acuerdo resultante las toma en cuenta en la mayor medida posible.

4. *Motivaciones.* El acuerdo propuesto responde a las motivaciones de los negociadores, tanto explícitas como implícitas. Consigue satisfacer las mías, así como las de la otra parte.

5. *Soluciones en la mesa.* Las soluciones integradas en el acuerdo crean el mayor valor posible y, al mismo tiempo, son realistas. Existe cierta garantía de que son técnicamente viables y, de ser necesario, podrían ser validadas por expertos.

6. *Criterios de justificación.* Las soluciones previstas deben estar ancladas en criterios de justificación claros y ser reconocidas de una manera que legitima las opciones de distribución. Cuanto más justificable sea el resultado final a los ojos de cada negociador, más fácil será "venderlo" a los respectivos principales, si los hubiera, y más sostenible será el acuerdo. La legitimidad del acuerdo reforzará las posibilidades para su correcta implementación.

7. *Solución por fuera de la mesa.* Lo que se les propone a las partes es más satisfactorio para ellos que sus respectivas mejores soluciones fuera de la mesa. Cuanto más se prefiera la solución propuesta en la mesa de negociación, más valiosa es.

8. *Organización.* El acuerdo proporciona una descripción precisa de los distintos pasos para su implementación. También proporciona planes simples para reanudar el debate en caso de que alguna de las partes tenga dificultades para cumplir con sus compromisos.

9. *Comunicación.* Lo que cada una de las partes debe concretar a través de obligaciones y ventajas se especifica con claridad en el acuerdo. Estos detalles minimizan el riesgo de malentendidos. Es bueno articular lo que se debe hacer; e, incluso, es mejor escribirlo por adelantado.

10. *Logística.* Por último, el acuerdo también prevé su propia formalización. ¿Quién debe firmar? ¿El agente tiene el poder o debe ser convocado el principal? ¿Cuándo debería hacerse (cuál es el momento más simbólico)? ¿Es necesario esperar la confirmación del principal? ¿Dónde y cómo se realizará la firma?: ¿necesita un lugar neutral? ¿en presencia de un tercero, el público, la prensa?

Esta lista de verificación ayuda a juzgar la calidad del acuerdo en todas sus dimensiones. En esta etapa, tan importante, su calidad se puede definir por su *sostenibilidad.* Cuando el acuerdo propuesto no pasa completamente la prueba de los diez triunfos, la opción para el negociador no es necesariamente binaria: "ya que el acuerdo no es perfecto, no habrá ningún acuerdo". Otra sesión de negociación podría mejorarlo; e incluso si esta hipótesis no resulta correcta, el negociador aún puede evitar la idea del "todo o nada". El compromiso podría establecerse eligiendo entre una gama de acuerdos posibles.

¿Qué tipo de acuerdo?

Para adaptar un compromiso, son posibles muchos tipos de acuerdos, cada uno de los cuales tiene un grado variable de obligaciones y limitaciones para las partes. Presentamos a continuación los principales tipos, desde el más fuerte, que se enfoca en el contenido, hasta el más débil, que se enfoca en el proceso.

Acuerdo contingente

Al final de una negociación exitosa, cuando ya se está alcanzando un acuerdo, las partes pueden considerar posibles diferencias futuras u otros factores desconocidos. Los riesgos y las variables aleatorias no tienen por qué obstaculizarlo; en su lugar, se pueden integrar para que, si surge la necesidad, se puedan modificar sus características. Para este propósito, se pueden agregar al acuerdo cláusulas que se anticipen a situaciones imprevistas.

- *Condiciones preliminares.* El acuerdo permite cláusulas de adaptación.

Precio y volumen. Un proveedor y su cliente deciden adaptar el precio de un artículo según el volumen solicitado. Basan la fórmula en una economía de escala: cuanto mayor es el volumen, menor es el precio y viceversa. En el contrato, las partes definen una contingencia. El proveedor tiene asegurada la cobertura de sus costos, incluso si el volumen es bajo, y ella acepta márgenes más pequeños si el volumen aumenta.

- *Cláusula de cambio.* La ley toma en cuenta la posibilidad de que se presente una dificultad importante e imprevista, al considerar que los eventos impredecibles, imparables e incontrolables (como los terremotos) pueden obstaculizar que una parte ejecute sus obligaciones. No es necesario incluir cláusulas que conciernan a este tipo de cambio; se aplican en todos los casos. Pero hay eventos que, aunque no sean impredecibles ni imparables, podrían tener efectos catastróficos sobre el equilibrio del acuerdo. Para esto, es necesario agregar cláusulas que anticipen cambios materiales negativos.

> **"Riesgo país".** Una cláusula anticipa que la suma por una prima de seguro, pagada por una compañía para la cobertura de expatriados, se reevaluará si se produce un cambio repentino en el "riesgo país", definido por un tercero experto de acuerdo con el clima político, económico y legal. Si el país cambia de categoría, por ejemplo, si se produce un ataque terrorista, la prima se renegociará sin tener que renegociar el contrato.

- *Cláusula de suspensión.* El acuerdo se formaliza, pero no se implementará hasta que, o a menos que, ocurra un evento específico.

> **Obtención de un préstamo.** La compra de bienes raíces, una vez que se negocia un precio, normalmente está sujeta a un documento legal que podría incluir una cláusula de suspensión, supeditada a la aprobación de un préstamo. Si el préstamo es rechazado, el comprador queda libre de cualquier obligación para con el vendedor.

- *Cláusula de cancelación.* El acuerdo se formaliza, pero no se implementará si ocurre un evento específico.

> **Finalización de un contrato de arrendamiento.** El dueño de dos propiedades inmobiliarias decide alquilar una de ellas. Esta comprende un edificio con una vista sin obstáculos a la segunda propiedad, donde no hay ningún edificio. Una cláusula del contrato puede otorgarle al arrendatario el derecho a una cancelación unilateral si el propietario construye en la segunda propiedad un edificio que impida la vista desde la primera.

Estos ejemplos de acuerdos contingentes son medios para mejorar la probabilidad de que un contrato siga siendo mutuamente beneficioso a pesar de los cambios en el entorno. Mejoran la solidez y sostenibilidad del contrato.

Recordemos el dilema del negociador, cuando pensar solo en términos de cero riesgos a menudo conduce a ganancias limitadas: debemos atrevernos a tomar riesgos calculados. Como lo demuestra el Capítulo 4, las ganancias y los riesgos deben tratarse de manera equilibrada y, a menudo, en forma secuencial, a fin de crear valor primero y luego asegurar una distribución justa. En los ejemplos citados, las cláusulas contribuyen a optimizar las ganancias al inicio del contrato, protegiendo a las partes contra los principales riesgos de futuros cambios.

Recomendaciones conjuntas
A veces, dos negociadores innovadores logran superar varias barreras, llegan a un acuerdo satisfactorio que es creativo, pero va más allá de sus mandatos originales; no están seguros de su capacidad para obtener la ratificación de sus principales. En lugar de abandonar la mesa, los dos negociadores deciden presentar una recomendación conjunta a ambos directores en la que abogan por la firma del acuerdo.

Innovación en el área de compensación financiera. En un entorno profesional donde no es común vincular la compensación financiera con los resultados, dos negociadores están convencidos de que adoptar un esquema de tarifas condicionales es la mejor manera de evitar el dilema del negociador mencionado anteriormente. Ambos hacen una recomendación conjunta a sus respectivo principales para que favorezcan esta solución.

Acuerdo sobre los puntos en los que estamos de acuerdo y los que estamos en desacuerdo
A veces, el proceso de negociación permite que las partes converjan en algunos puntos, mientras que en otros sigue habiendo una fuerte diferencia de opinión. Aquí, es importante subrayar no solo los puntos de acuerdo sino también

los puntos de desacuerdo. Esta distinción no debe tomarse como un signo de fracaso en la negociación, sino como un resultado provisional del proceso, *en este punto*. De hecho, identificar las áreas en las que las partes coinciden o discrepan ya es un progreso en relación con la situación original, en la que el desacuerdo fue vago, es decir, fuera de foco, y tal vez global. A través de este proceso, se ha identificado una zona de acuerdo parcial, y los puntos que siguen siendo conflictivos se pueden destacar y abordar en otro momento. Una vez más, el tiempo puede ser un aliado importante.

Una manera efectiva de avanzar en esta situación es redactando un texto. En esta etapa de la negociación, cuando las motivaciones de las partes y los puntos de acuerdo y desacuerdo son claros, es útil preparar un borrador. Durante la próxima sesión de negociación, los puntos de coincidencia se darán por sentados y los negociadores procederán a abordar aquellos que plantean problemas, e introducirán otras opciones. El procedimiento de elaborar un texto único[76] se utilizó en los conflictos de Medio Oriente con la esperanza de que, con el tiempo, los puntos de desacuerdo se redujeran.

Ejemplos históricos. A pesar de los desacuerdos persistentes, los acuerdos a menudo se ratifican. Los tratados de paz entre Israel y Egipto en 1979 y luego con Jordania en 1994, se firmaron a pesar del reconocimiento de que en ambos casos las negociaciones debían continuar para resolver la cuestión palestina y el futuro de Jerusalén. En contextos multilaterales, no se trata tanto de qué puntos se mantienen en suspenso como de quién. En los acuerdos de 1991 entre Yugoslavia, Eslovenia y Croacia sobre la independencia, la cuestión de Bosnia y Kosovo no se abordó para no arriesgar un conflicto prolongado. En Burundi, dos grupos rebeldes no firmaron los Acuerdos de Arusha de 2000.

---

76 Fisher, Roger y Ury, William, *op. cit.*

Si un conflicto no está lo suficientemente maduro para que todas las partes involucradas logren un acuerdo global en cada punto, es importante resolver los puntos que son manejables a través de estos acuerdos parciales.

Acuerdo sobre el proceso
Si el conflicto está bastante arraigado y se ha llegado a un punto muerto respecto del contenido, es posible ratificar los acuerdos de "segundo orden" que se centran en el proceso, para continuar el difícil trabajo de avanzar hacia una solución. Estos tipos de acuerdos se conciben con el propósito de llevar a las partes a la mesa de negociación.

> **Una conferencia sobre Medio Oriente.** Los autores organizaron una conferencia en París sobre el proceso de paz en Medio Oriente, donde todas las partes estarían representadas. Antes de poder hablar sobre el programa, era esencial decidir cómo nos reuniríamos. ¿Quiénes estarían presentes? ¿Cuánto tiempo y en qué orden hablaría cada persona? ¿Qué temas se incluirían? ¿Dónde se llevaría a cabo la conferencia? Las preguntas sobre el procedimiento fueron el tema, antes de que pudiéramos llegar a una discusión de los problemas.

Estos preacuerdos sobre los procedimientos permiten que las diferentes partes se apropien del proceso y se sientan cómodas para luego tratar el problema. Esta apropiación es indispensable para evitar la resistencia de alguna de las partes con el pretexto de que el proceso es inaceptable. Por lo tanto, es esencial que sea formalizado y consensuado para que no se convierta en rehén de movimientos no cooperativos.

Acuerdo para vernos de nuevo
Como mínimo, es importante acordar la continuación de las conversaciones y programar otra sesión de negociación. A veces, se ha avanzado en el problema, pero se necesita más

tiempo para llegar al cierre. O bien, la relación se ha agriado y se necesita tiempo para suavizar las cosas con el fin de que las personas continúen las discusiones. O bien, el proceso necesita definirse mejor. En todas estas situaciones, hay un punto común: la negociación debe continuar. Es importante convocar otra sesión en una fecha determinada. En lugar de desanimarse, lo mejor es estar de acuerdo en el simple hecho de que es necesario un diálogo continuo, especialmente si las soluciones fuera de la mesa no son satisfactorias.

Formalización del desacuerdo
Cuando se pierde toda esperanza en cuestiones de contenido, a veces es una buena idea parar y redactar un texto que enumere todos los puntos de discrepancia. Esta formalización les permite a las partes establecer por escrito los riesgos de la falta de acuerdo. La confirmación del fracaso de la negociación las obliga a considerar seriamente el valor de su mejor solución fuera de la mesa y no sobrevalorarla. También permite iniciar nuevas conversaciones en caso de que la situación de las partes involucradas cambie por alguna razón.

***

Excluido este último, los diferentes tipos de formalización de acuerdos se presentaron según un nivel decreciente de compromiso. Si comenzáramos desde el final de la lista, podemos imaginar un proceso de acuerdos sucesivos a lo largo del tiempo que lleva a las partes a un acuerdo total. Una vez que se haya formalizado el acuerdo, es importante concluir las sesiones de negociación con una acción final para las personas.

Aplazamiento informal o cómo cuidar las "últimas impresiones"

"Tenga mucho cuidado y sea consciente de las primeras impresiones", advirtió Talleyrand. Cuando nos encontramos con alguien por primera vez, nuestras primeras impresiones de la persona tienen un impacto poderoso en nosotros. Consciente o inconscientemente, enmarcan y forman la base de la relación subsiguiente. Esto también es válido para las últimas impresiones, que le dan forma al recuerdo que tendremos de la relación, del progreso realizado a través de esfuerzos comunes y de los compromisos de cada uno. Condicionan lo que sucede después de la negociación y pueden promover u obstaculizar la implementación del acuerdo. Es esencial cuidar no solo las primeras impresiones que creamos, sino también las últimas.

Cabe destacar que cada sesión de negociación se compone de tres partes: introducción, argumentación y conclusión. La argumentación es la más extensa y trata el problema según los métodos detallados en los capítulos anteriores. Sin embargo, una sesión de negociación no se limita a este nervio central; es una línea de tiempo que comienza antes y continúa después (Figura 8.2). La dirección que toma la negociación a menudo depende de la capacidad de las partes para iniciar y finalizar las sesiones con el pie derecho.

Figura 8.2. Los tres periodos en una sesión de negociación

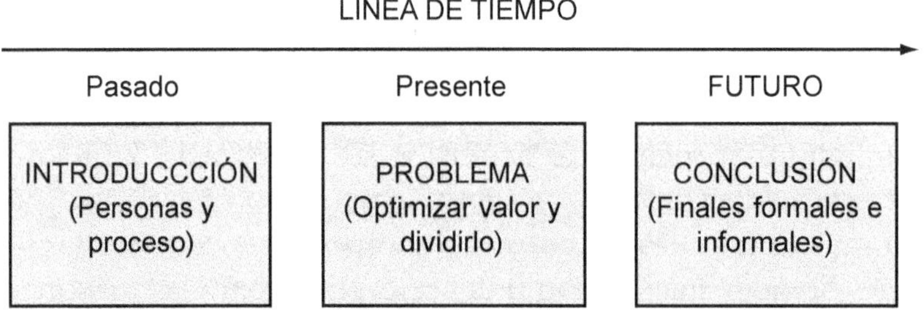

Durante el inicio del proceso de negociación, el Capítulo 3 sugirió un doble objetivo para la primera sesión, que al mismo tiempo se enfoca en construir una relación y establecer un marco de procedimientos. Es esencial vincular a las personas con el proceso. Lo mismo se aplica para la conclusión. El marco de procedimientos tiene como objetivo formalizar el acuerdo para pasar de lo virtual a lo real y llegar a compromisos concretos. La atención a los aspectos relacionales también es esencial para terminar la negociación en buenos términos.

Es una buena señal que la conclusión del acuerdo traiga tanto alivio y felicidad que las partes deseen celebrar. No obstante, a veces este momento no se vive con euforia, ya que las cuestiones de la distribución del valor estuvieron tan plagadas de tensiones que ambas partes simplemente quieren terminar con la negociación. En ambas situaciones, es importante organizar una sesión informal que marque un retorno a lo interpersonal. Este ritual puede adoptar diversas formas: una celebración con champaña, ceremonia de firma, fotografías o incluso una cena sencilla. Las preferencias varían, pero el objetivo principal es el mismo: fortalecer la relación de cara al futuro. A lo largo de la negociación, la relación pasó por varias etapas: algunos intercambios, posibles momentos difíciles y diferencias de opinión, y finalmente, cuando no parecía probable, un acuerdo. Es importante revivir esta aventura, suavizar los puntos complejos y decepcionantes, y celebrar, si es posible, una victoria compartida sobre un problema común.

PERSONALIZAR LA TEORÍA
ANTES DE PRACTICARLA

Cómo continuar mejorando
sus habilidades de negociación

Las últimas palabras de un libro pueden producirnos mayor o menor satisfacción. Esta impresión se aplica tanto a los lectores como a los autores. Los lectores hubieran preferido más desarrollos acerca de ciertos puntos, y menos de otros. A los autores les hubiera gustado escribir el libro perfecto. Pero lo más importante es que un libro impacta en nuestra vida. Idealmente, hay un "yo" *antes* de leer este libro con su propio enfoque de negociación personal, y un "yo" *después,* con una concepción de negociación y un método propio y personal que habrá evolucionado más o menos, dependiendo de su interés en las ideas que aquí compartimos. Con suerte, habrá encontrado cierta satisfacción, respuestas a sus preguntas y herramientas de negociación útiles para crear valor, manejar emociones y dominar situaciones de negociación complejas. En resumen, deseamos que se sienta mejor equipado con pautas y principios útiles para futuras negociaciones, con lo prioritario en primer lugar, como corresponde.

Antes de pasar a la última página, surge una pregunta final: ¿qué sucede una vez que el libro se vuelve a poner en el estante? La lectura de las pautas es un paso adelante, ponerlas en práctica es otro. Si decimos esto, es porque nuestro objetivo no es solo presentar teorías, sino proporcionar un método que vincule la teoría con las prácticas, y las preguntas personales con las respuestas operativas. Cuanto más se traduce en acción nuestro método, más vale la pena.

En esta conclusión, nos gustaría explicar cómo nuestro método, a través de un círculo de aprendizaje virtuoso, puede arrojar algo de luz sobre las habilidades prácticas de la negociación. Cuanto más afina un negociador sus habilidades, más amplia es la brecha con aquellos que no lo hacen. Esta discrepancia puede ser advertida por el "yo" *anterior* de quien tal vez dudó acerca de la existencia de un método de negociación eficaz, y el "yo" *posterior* de quien puede considerarlo valioso. Examinemos las diferencias y las asimetrías que puede encontrar y que necesitará manejar en la realidad.

La brecha potencial entre usted y los demás

Si definimos la asimetría en la negociación como dos partes que poseen medios o enfoques desiguales o diferentes, podemos describir una serie de situaciones. Uno de los dos negociadores está preparado, el otro no; uno está preocupado por la relación, al otro no podría importarle menos; uno escucha, el otro no deja de hablar.

Diferentes tipos de asimetría
La información no es la misma. La asimetría es un concepto muy investigado en el ámbito de la negociación, en particular con respecto a la información objetiva. Una de las partes

tiene alguna información que le da una ventaja estratégica sobre la otra.

> **Comprar un automóvil.** Un comprador potencial sabe por medio de una fuente discreta que el vendedor de un automóvil antiguo necesita de inmediato dinero para comprar otro modelo raro y, si es necesario, aceptará €20.000, incluso si está solicitando €30.000. El comprador tiene interés en anclar su precio por debajo de €20.000 para alcanzar finalmente el valor de reserva del vendedor en €20.000.

No hace falta decir que la información de un solo lado es bastante ventajosa para quienes la poseen. Por supuesto, las tensiones respecto de la distribución aumentan tan pronto como una parte conoce el valor de reserva de la otra y trata de establecerse cerca de este. Sin embargo, la lección es una moneda de dos caras. Primero, la información es una fuente de poder, especialmente cuando revela la mejor solución del otro fuera de la mesa. Segundo, no es suficiente tener buenas habilidades interpersonales y de negociación. Debemos prepararnos intensamente para aumentar en lo posible nuestro nivel de información. La lección también se refiere a ser astuto durante el proceso de intercambio de información y respetar el principio de reciprocidad.

Las habilidades de negociación no son las mismas. Un tipo particular de asimetría en la información se refiere al conocimiento de las técnicas de negociación. Tomemos el ejemplo de las negociaciones salariales en las que se educa a muchos gerentes. Las lecturas y los entrenamientos los familiarizan con el enfoque "ganar-ganar"[77] o con el manejo efectivo de la tensión entre la competición y la cooperación[78] y entre la empatía y la asertividad[79]. En general, los

---

77 *Idem.*
78 Lax, David y Sebenius, James, *op. cit.*
79 Mnookin, Robert y Lempereur, Alain, *op. cit.*

directores de recursos humanos se encargan de aprender estos métodos diferentes sin necesidad de compartirlos con los trabajadores, para mantener así una ventaja competitiva en las negociaciones salariales.

A primera vista, este tipo de asimetría beneficia a la persona que sabe cómo usar bien la información a su disposición. Sin embargo, esta ventaja debe mantenerse bajo control, ya que negociar con una persona que tiene poca o ninguna experiencia o capacitación no siempre conduce a una solución efectiva de los problemas. Además, esta asimetría tienta al negociador metodológico hacia tácticas puramente instintivas y competitivas. Si bien no hace falta decir que cierta información debe ser confidencial, también es importante reconocer que su intercambio es parte integral de un proceso de negociación constructivo, incluso si se trata de información sobre habilidades y técnicas.

Los enfoques de negociación no son los mismos. La asimetría mencionada también se aplica a los negociadores que han sido capacitados en diferentes métodos de negociación, y especialmente a aquellos que son más o menos competitivos o manipuladores. En este caso, cada negociador utiliza sus técnicas con la esperanza de que sean las más efectivas. No obstante, como esta asimetría se produce en ambos lados, es posible que cualquier ventaja competitiva se pierda por el uso de métodos inversos o complementarios.

Este tipo de situaciones abogan por capacitaciones de negociación en las cuales los actores opuestos (compradores y vendedores, gerentes y líderes sindicales, rebeldes y ejército, etc.) aprenden a negociar juntos. Los métodos que se imparten a ambos son simétricos y mutuamente beneficiosos. Por tanto, transmitir métodos de negociación efectivos a ambas partes y resaltar los ineficaces, previene el uso de tácticas inadecuadas o desestabilizadoras. Esto es muy útil para evitar puntos muertos debido a tensiones mal manejadas.

Los requisitos de una actitud constructiva no son los mismos. Este tipo de asimetría frecuente y frustrante ocurre cuando una de las partes siente más responsabilidad en resolver el problema que la otra. El famoso dicho "el cliente es el que manda" determina que un vendedor a quien se le paga una comisión deba morderse el labio cuando es insultado por un cliente. Un director de recursos humanos, que tiene el mandato de establecer un diálogo respetuoso con los sindicatos, necesitará mantener la calma frente a un representante sindical que juega duro para ser respetado a su vez por sus electores. En particular, esta asimetría está relacionada con el rol y la jerarquía del negociador, que debe asumirla sin que necesariamente se moleste por ello. Finalmente, cada uno de nosotros debe reconocer los límites de su nivel de tolerancia.

La influencia no es la misma. Otro caso que produce inquietud es la asimetría para la implementación de los mandatos.

El mandato poco realista. Imagine a un gerente de adquisiciones que recibió un mandato poco realista de su gerente general para una próxima reunión con uno de sus proveedores. Es probable que haya un punto muerto en la negociación. Si el gerente general modifica el mandato, el gerente de adquisiciones se arriesga a quedar atrapado entre la espada y la pared: debe seguir las nuevas instrucciones sin dar la impresión de retractarse. Esta asimetría se revela en los resultados: cada vez que una negociación tiene éxito, el crédito es para el gerente general. Cuando falla, la culpa recae en el gerente de adquisiciones.

Las técnicas elaboradas en el Capítulo 7 ayudarán a reducir las tensiones entre el principal y el agente, pero no las eliminarán por completo. Frente al jefe, no siempre es fácil desobedecer, pero a veces es posible ser creativo sin ser insolente. Un embajador ante el rey de Francia recordó un momento en que el rey estaba tan indignado por la conducta de un país en particular que le ordenó llevar a cabo varias acciones destructivas. El embajador no desobedeció a su rey, sino que cumplió las órdenes muy lentamente.

Un director no debe descuidar la responsabilidad pedagógica que tiene con los subordinados, quienes se inclinarán hacia prácticas de negociación instintivas si se los pone contra la pared. Más bien, un director debe prestar atención cuidadosamente a las instrucciones dadas a los agentes. En la misma línea, el gerente debe mostrar verdaderas habilidades de escucha activa para comprender los prejuicios y los problemas de sus colegas y alentar en ellos una nueva cultura de negociación.

No siempre soy el mismo. Todas las asimetrías anteriores se refieren a las diferencias entre usted y otra persona, lo que pone en tela de juicio las nuevas habilidades de negociación adquiridas. Sin embargo, hay un adversario más irreductible contra la implementación positiva de métodos constructivos en la negociación: ¡usted mismo! Todos leemos libros y participamos en capacitaciones que nos ayudan a implementar métodos constructivos. Pero un libro o un seminario tienen una duración breve. La voluntad de cambiar a menudo no es suficiente para que ocurra el cambio. Si hoy me digo a mí mismo que escucharé antes de hablar, no es seguro que lo haga mañana. De hecho, la experiencia muestra más bien lo último, ya que los hábitos nos marcan profundamente. No cambiamos de hábitos con la misma facilidad que cambiamos de ropa. Es esencial visualizar nuestra evolución personal a largo plazo y centrarse realmente en ella. La perseverancia nos ayuda a profundizar las habilidades técnicas, transformarlas en hábitos y proponerlas a otros como posibles alternativas.

Confiar en las consecuencias de las posiciones asimétricas
El negociador debe estar preparado para estas asimetrías, especialmente cuando quiere tirar todo por la borda. En

realidad, las asimetrías no son accidentes en el ámbito de la negociación. Más bien, son una parte integral de la negociación y no hay modo de escapar de ellas. La experiencia muestra que las asimetrías se presentan en todo tiempo y lugar y que tienen forma de multiplicarse. El negociador que logre dominar estas situaciones, sin duda obtendrá una buena reputación por hacerlo y, por lo tanto, se le confiarán cada vez más este tipo de situaciones difíciles. Aquí hay algunas recomendaciones que provienen de la práctica de negociadores experimentados.

Nunca piense solo en términos de lo que es "correcto". En situaciones asimétricas, existe el riesgo de adoptar una actitud de "saberlo todo" e indicar a la otra parte la forma "correcta" de proceder. Nada es más irritante que alguien que asume un aire de superioridad y dice qué hacer. El negociador que adopta una posición arrogante probablemente se estrelle contra la pared. Como autores de un libro sobre negociación, ¡admitimos de buen grado nuestro propio desafío personal para evitar este riesgo! Una cosa es sugerir opciones y otra afirmar que se sabe más que un negociador incómodo.

Modelo de buen comportamiento. Así como insistimos en la importancia de no decirle al otro cómo actuar, consideramos igualmente importante mostrar una forma alternativa de proceder. Mientras aceptamos la asimetría, ponemos en acción el *método de negociación* a través de la escucha activa, el respeto por la otra parte, la creatividad, la confianza en los criterios de justificación, etc. La idea aquí es inculcar, de manera lenta pero segura, buenas prácticas de negociación en la arena.

Tener la paciencia de no hacer nada. Nada es peor que agregarle combustible al fuego. En lugar de responderle a alguien que te inflige tácticas abusivas, muestra paciencia y deja que el tiempo siga su curso. Da un paso atrás. Con suerte, el otro agotará su energía. Entonces, al transformar los ataques personales en una preocupación por el asunto en cuestión, podrá avanzar.

Aceptar un principio de no reciprocidad. A pesar de todos los esfuerzos, a veces la asimetría no se puede contrarrestar. Aquí, es importante aceptar que la otra persona quizá no pueda hacer lo contrario. Admitir esto le permitirá aceptar mejor al otro y sus métodos sin abandonar el suyo.

Estas recomendaciones se basan en una idea fundamental: como negociador, sin importar cuál sea la situación, debo aceptar al otro tal como es, con cualidades y defectos. *El objetivo no es transformarlo.* Es obtener la solución que satisfaga mejor mis motivaciones y me mantenga alejado de la solución fuera de la mesa, si es que resulta poco atractiva.

Si, en el camino, mi capacidad de negociación, inspirada en una lógica de resolución de problemas, inspira al otro, estupendo. Si no, me corresponde adaptar mi método y proceder con paciencia. Es mi responsabilidad buscar la forma adecuada de conciliar los fines con los medios para que mis legítimas motivaciones encuentren su respuesta en la solución. Esta es una petición personal que nos obliga a renovar constantemente nuestro ciclo de aprendizaje.

Continuar el proceso de aprendizaje

Tres pasos en el aprendizaje de la negociación
Tal vez nunca había leído un libro sobre negociación, ni había participado en un seminario de negociación. Sin embargo, usted negocia casi todos los días.

Este es el primer paso: el instinto. Es el alfa y omega de la negociación y el reino de las prácticas espontáneas.

El segundo paso consiste en aprender los métodos de negociación y la teoría. Este libro consolida este paso y se esfuerza por llevar al lector conceptos, herramientas, análisis y recomendaciones para mejorar las habilidades, estructurar las situaciones de negociación y, en general, actuar como una guía en un proceso racional que combina lo psicológico y lo relacional con dimensiones sustanciales y económicas. Lo más probable es que usted negocie de manera diferente en el futuro y recuerde el principio clave de este libro: desconfíe de lo obvio y no olvide lo esencial. Poner en práctica lo esencial antes que lo obvio: *hacer los movimientos correctos primero.*

Sin embargo, por buenos que se vean los principios en la página, no siempre son fáciles de poner en práctica. A menudo hay una brecha entre saber algo *(conocimiento)* y saber cómo hacer algo *(práctica).* Por lo tanto, el tercer paso en la negociación, uno exclusivamente personal, consiste en *prácticas informadas.* Ahora depende de usted enfrentar la realidad y sus frecuentes obstáculos a través de un constante ir y venir entre la práctica y el método.

Hemos insistido en la necesidad de que el negociador se prepare bien antes de cualquier negociación. También es esencial que el negociador *se tome el tiempo después de una negociación para rendir cuentas y analizar* sus diversos aspectos. Esta es la mejor manera de profundizar la propia teoría personal de negociación y es el último paso en un círculo de aprendizaje virtuoso.

Nuestro instinto nos dice que el segundo momento es el más importante, ya que es el momento obvio de la "gran negociación". Sin embargo, esto es engañoso. Las tres fases son igualmente importantes. Una negociación comienza mucho antes de que las partes se sienten a la mesa de negociación. La capacidad del negociador para movilizar las herramientas necesarias, basadas en el análisis de negociaciones anteriores, será decisiva para lograr un resultado exitoso. Así es cómo se elabora un método de negociación personal: a través de la combinación de teoría y buenas prácticas.

Figura 1. Crear un círculo de aprendizaje virtuoso

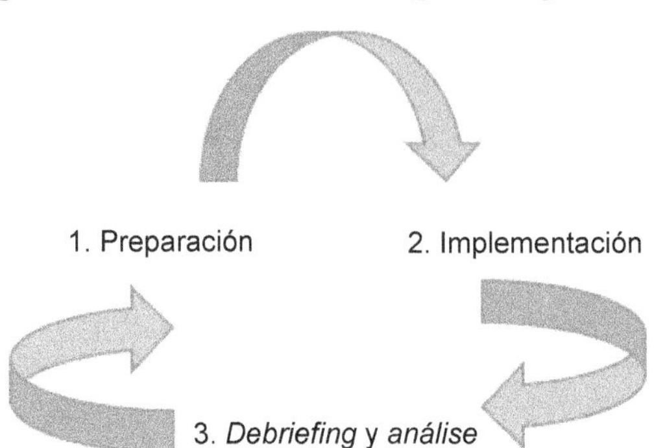

La curva de aprendizaje es un factor interminable de progreso en la negociación y se articula a través de cuatro etapas:

- *Conocimiento (saber).* Esta primera etapa corresponde al segundo paso del círculo de aprendizaje en el que la teoría ha captado la práctica por medio del análisis. Al confrontarlas con la teoría, el negociador renueva las prácticas y se dirige a nuevos horizontes de comportamientos y acciones.
- *Know-how (saber-hacer).* Más allá de comprender las teorías, el negociador transforma los conceptos en herramientas a través de una confrontación con la realidad. Las habilidades, por fuertes o débiles que sean, se ponen en acción. No es raro que resulte un poco incómodo comenzar a usar una nueva técnica. Por ejemplo, cuando la escucha activa se utiliza por primera vez, a menudo se percibe como algo extraño para ambas partes, que no tienen el hábito de participar en este tipo de comunicación. Solo recuerde que no hay mejoría sin práctica, es decir, sin ejercitarse.
- *Saber cómo ser (saber-ser).* Llega un momento en que todas estas técnicas se convierten en parte natural del

negociador. La escucha activa deja de ser una técnica instrumental; se vuelve auténtica y el negociador, con naturalidad, la emplea sin dudarlo. Para alcanzar este nivel de dominio, es esencial considerar la negociación como una forma general de entrar en relación con los demás, como una filosofía de vida y no solo como un modo de tomar decisiones. Cuidar a los demás, esforzarse por crear valor con ellos, es lo que define, entonces, una cultura personal.

- *Darlo a conocer (hacer-saber).* Esto se logra realmente cuando se comparte. Si, a través de nuestras acciones y nuestra forma de ser, podemos interesar a otros en aprender y poner en práctica un nuevo método de negociación, entonces habremos de alcanzar el éxito a un alto nivel en este ámbito. Esta etapa avanzada comienza con el modesto pero fundamental paso de transmitir una cultura de negociación y resolución pacífica de conflictos a nuestros hijos, nuestros estudiantes o, simplemente, a personas cercanas a nosotros. En el entorno profesional, esta transmisión se traduce en una atmósfera de cooperación entre colegas, que favorece la participación y un proceso creativo y legítimo de toma de decisiones. Y, por encima de todo, es la esfera pública la que se beneficia de un diálogo pacífico en el que diversos puntos de vista se enfrentan entre sí con respeto y con el objetivo común de encontrar un equilibrio justo que satisfaga a todas las partes.

✳✳✳

Al final, nos enfrentamos a una paradoja del tiempo. El tiempo puede ser el peor enemigo de un buen método, si nos dejamos llevar por nuestras buenas soluciones y confiamos en viejos hábitos que están anclados en lo obvio. O puede ser el mejor amigo del cambio positivo, si trabajamos hacia la construcción de un nuevo enfoque y permitimos que los viejos hábitos queden atrás, poco a poco. Es una cuestión simple de elección individual y autodeterminación.

En conclusión, el aprendizaje de la negociación comienza y termina con la práctica reflexiva. El proceso en su conjunto habilita el tiempo necesario para cultivar un método personal con el fin de desarrollar nuevos hábitos que antepongan lo esencial a lo obvio. Nuestro deseo es que este *método* sea su aliado en el desarrollo de buenas prácticas de negociación y que sea vea recompensado por el éxito en la negociación. Además, nuestra esperanza es que el *método* lo aliente a desarrollar reflejos que promuevan la resolución pacífica de conflictos y la construcción de grandes proyectos con otros, lo que lleva a una verdadera cultura del diálogo.

SOBRE LOS AUTORES

Alain Lempereur es Profesor de la Cátedra Alan B. Slifka de Convivencia y Resolución de Conflictos en la Universidad de Brandeis, y Director del Programa de Posgrado en Convivencia y Conflicto de la Heller School for Social Policy and Management, desde 2011. Es Miembro del Comité Ejecutivo, Docente e Instructor afiliado del PON (Programa de Negociación de la Facultad de Derecho de Harvard), donde ha sido profesor invitado.

Publicó una docena de libros sobre negociación, artículos en revistas, etc. Su investigación actual está dedicada a la negociación responsable y el liderazgo. Es el director académico de PON Negotiation Briefings.

Durante veinte años, ha sido experto en negociación y mediador en conflictos y crisis, ejecutando programas de facilitación, investigación, formación ejecutiva y consultoría en más de 50 países.

Pertenece a la red de mediadores de la ONU. Asesora a organizaciones nacionales e internacionales (Comisión Europea, OCDE, PNUD, OMS, etc.), gobiernos nacionales o locales, firmas consultoras globales (Boston Consulting Group, McKinsey, etc.) o corporaciones (Aventis, EADS,

EDF, Faurecia, KPMG, Orange, Philips, Vivendi, etc.). Fue Special Fellow y es consultor del Instituto de las Naciones Unidas para la Formación y la Investigación (UNITAR).

En asociación con el Woodrow Wilson International Center for Scholars (Washington DC), apoyó el Programa de Formación de Liderazgo de Burundi (2003-2007) y la Iniciativa para un Liderazgo Cohesivo en la República Democrática del Congo (2006-2012). Facilitó reuniones locales y globales para el Diálogo Internacional sobre la Construcción de la Paz y la Construcción del Estado (2009-2011) en la República Centroafricana, la República Democrática del Congo, Timor Oriental y Sierra Leona. Recientemente contribuyó a la Red Karama en Jordania y Libia y al Programa de Negociación Shades. También ha enseñado en muchos países de habla árabe, incluidos Argelia, Jordania, Líbano, Libia y Arabia Saudita. Es el director general de CO-DEV (Co-Development, Francia) y socio fundador de CO-DEV, Inc. (Francia y EE.UU.).

Fue profesor de la Cátedra de Negociación y Mediación en la ESSEC Business School Paris-Singapur. En 1995 creó el Instituto de Investigación y Educación sobre Negociación en Europa (IRENE) y lo dirigió hasta 2008. Creó y consolidó la enseñanza de la negociación en la escuela de gobierno francesa ENA (1997-2010). En 2003 inició los programas de Negociadores del Mundo. En 2004 creó el plan de estudios de negociación para la Comisión Europea, que todavía utiliza su marco y estructura hasta la fecha.

También enseñó como profesor invitado en Harvard, así como en la Universidad Libanesa, la Global Business School - Jeddah, el Instituto de Diplomacia y Relaciones Internacionales de Argelia, la Escuela de Negocios de Mannheim, la Escuela de Derecho y Diplomacia Fletcher, la Escuela Internacional de Chipre Institute for Management y el Instituto Afgano de Diplomacia.

Graduado de la Universidad de Bruselas y Fulbright Fellow, recibió su doctorado en la Facultad de Derecho de Harvard.

Aurélien Colson es profesor de Ciencias Políticas en ESSEC Business School y director del Instituto de Investigación y Educación sobre Negociación en Europa (IRENE París, Singapur y Bruselas). Ha dirigido misiones de negociación y gestión de crisis en más de 50 países, para empresas y organizaciones internacionales. Contribuyó a los esfuerzos de mediación posteriores a los conflictos en África y ha sido elegido dos veces por las principales ONG para el Comité Directivo de la Oficina de Enlace para la Consolidación de la Paz en Europa. De 2015 a 2017 fue miembro del Consejo Asesor Internacional del Instituto Europeo de la Paz (Bruselas).

Desde 2012 también es el líder del equipo de gobernanza de los Centros de excelencia de la Unión Europea para la mitigación de riesgos QBRN, que reúne a 61 países de todo el mundo. Este programa de cooperación y gestión de crisis tiene como objetivo reducir los riesgos y las amenazas transversales que involucran materiales químicos, bacteriológicos, radiológicos y nucleares (QBRN). Es autor, editor o coautor de cinco libros, traducidos a 15 idiomas.

Aurélien Colson es invitado regularmente a dar conferencias para audiencias corporativas. También ha coordinado varios cursos de formación sobre negociación, ya sea para la Comisión Europea, el Ministerio de Relaciones Exteriores francés, el Ministerio de Defensa o la École Nationale d'Administration (ENA) francesa.

Se desempeñó como asesor del primer ministro francés (1998-2002). Tiene un Doctorado en Relaciones Internacionales (Universidad de Kent), un Doctorado en Ciencias Políticas (Universidad de Paris 5), un MBA (ESSEC), y un Máster en Análisis de Conflictos Internacionales (Universidad de Kent), Sciences Po Paris.

Ricardo Pérez Nückel es consultor, mediador y formador, trabajando en cinco idiomas para diversos organismos desde 2000. Como consultor, ayuda a acompañar el cambio y estructurar transformación de conflictos y negociaciones, ya sea en situaciones externas o internas (proyectos, cambio, equipos ...) en el sector privado (industria, venta al por menor, agroindustria, banca, energía, telecomunicaciones y medios, infraestructura y construcción, farmacéutica...) y sector público (defensa, justicia, relaciones exteriores, medio ambiente, salud, educación, reguladores, comunidades, organismos internacionales ...).

Como mediador, interviene en los conflictos de equipo y entre organizaciones. En el sector público trabaja en el fomento de la confianza en contextos sensibles de posconflicto (Burundi, Timor Leste, Liberia, Israel y Palestina, Afganistán) y en la mediación comunitaria.

Experto para diferentes organismos internacionales, como las Naciones Unidas, el Banco Mundial o el Consejo de Europa, creó varias simulaciones complejas (tipo OMC, Consejo de Seguridad, COP). Como profesor ha capacitado a personas de organizaciones públicas y privadas y de instituciones académicas (escuelas gubernamentales, ingenieros, abogados y gerentes) desde aldeanos en Burundi hasta altos ejecutivos en Dubaï y candidatos presidenciales en América Latina.

Como investigador coordinó el primer estudio en Francia sobre sistemas de gestión de conflictos (2009), y coescribió dos libros sobre riesgos psicosociales (ESF, 2012) y un libro sobre cómo triunfan los negociadores (DeBoeck, 2017).

En su trabajo, Ricardo se ha asociado con colegas del

Programa de Negociación de Harvard y ESSEC Business School durante los últimos 20 años y es profesor en diferentes instituciones (ENA France, Essec Business School, Sciences Po Paris, ENAP Brasil, Fundação Dom Cabral, IRIS, PUC-Rio...).

Ricardo Pérez Nückel es hondureño y alemán y vive en Brasil. Tiene una maestría en derecho comercial inglés y estadounidense (Sorbonne Law School, París 1) y un MBA (ESSEC).

BIBLIOGRAFÍA

1. Obras históricas y fundamentales de negociación (siglos XVII-XVIII)

BONNOT DE MABLY, Gabriel (1757), *Principes des négociations pour servir d'introduction au droit public de l'Europe*, edición crítica de M. Belissa (2001), Kimé, Paris.

CALLIÈRES, François de (1716), *De la Manière de négocier avec les souverains*, Michel Brunet, Paris, edición crítica de A. P. Lempereur (2002), Geneva, Droz.

FELICE, Fortuné Barthélémy de (1770), "Négociations ou l'art de négocier". En *Dictionnaire de justice naturelle et civile*, Yverdon; reedición de A. P. Lempereur, (2003), ESSEC IRÉNÉ, Paris-Cergy.

HOTMAN DE VILLIERS, Jean (1603), *De la charge et dignité de l'ambassadeur*, J. Périer, Paris; reedición de A. P. Lempereur (2003), ESSEC IRÉNÉ, Paris-Cergy.

PECQUET, Antoine (1737), *Discours sur l'art de négocier*, Nyon Fils, Paris; reedición (2003). ESSEC IRÉNÉ, Paris-Cergy.

RICHELIEU, Armand Jean du Plessis, de (1688), *Testament politique*, Henry Desbordes, Amsterdam; reedición (1995), H. Champion, Paris.

ROUSSEAU DE CHAMOY, Louis (1692), *L'Idée du parfait ambassadeur*, Paris; reedition by A. P. Lempereur (2003), Paris-Cergy: ESSEC IRÉNÉ.

WICQUEFORT, Abraham de (1681), *L'Ambassadeur et ses fonctions*, J. et D. Steuche, The Hague.

2. Libros y artículos contemporáneos sobre negociación

ADAIR, Wendy; BRETT, Jeanne; LEMPEREUR .Alain *et al.* (2004), "Culture and Negotiation Strategy". En *Negotiation Journal*, N° 20 (1), 87-111.

ARROW, Kenneth; MNOOKIN, Robert *et al.* (1995), *Barriers to Conflict Resolution*, Norton, New York.

AXELROD, Robert (1984), *The Evolution of Cooperation*, Basic Books, New York.

BRETT, Jeanne (1991), "Negotiating Group Decisions". En *Negotiation Journal*, N° 7, 291-310.

BRETT, Jeanne (2007), *Negotiating Globally*, Jossey-Bass, San Francisco, 2001.

BRETT, Jeanne; ADAIR Wendy; LEMPEREUR, Alain *et al.* (1998), "Culture and Joint Gains in Negotiation". En *Negotiation Journal*, N° 14 (1), 55-80.

COGAN, Charles (2003), *French Negotiating Behavior*, USIP Press, Washington, D.C.

COLSON, Aurélien (2000), "The Logic of Peace and the Logic of Justice". En *International Relations*, vol. XV, 1, April, 2000.

COLSON, Aurélien (2003), "Quelques limites à la négociation gagnant-gagnant". En *Personnel*, N° 438, March-April, 2003, 50-53.

DUPONT, Christophe (1994), *La négociation - Conduite, théorie, applications*, Paris: Dalloz.

FAURE Guy-Olivier, RUBIN Jeffrey, ed. (1993), *Culture and Negotiation*, Sage, Newbury Park.

FISHER, Roger; URY, William y PATTON, Bruce (1981, 1991), *Getting to Yes: Negotiating Agreement Without Giving In*, Penguin, London.

FISHER, Roger y ERTEL, Danny (1995), *Getting Ready to Negotiate*, Penguin, New York.

FISHER, Roger y SHARP, Alan (1999), *Lateral Leadership*, Harper Collins, London.

FOSTER, Dean Allen (1995), *Bargaining across Borders*, McGraw Hill, New York.

GOLDBERG, Stephen; SANDER, Frank y ROGERS, Nancy (1992), *Dispute Resolution: Negotiation, Mediation and Other Processes*, Little, Brown & Company, Boston.

KAHNEMAN, Daniel; SLOVIC, Paul y TVERSKY, Amos (eds.) (1982), *Judgment Under Uncertainty: Heuristics and Biases*, Cambridge University Press, Cambridge.

LAX, David y SEBENIUS, James (1986), *The Manager as Negotiator*, The Free Press, New York.

LEMPEREUR, Alain (ed.) (1990), *L'homme et la rhétorique*, Méridiens-Klincksieck, Paris.

LEMPEREUR, Alain (ed.) (1991), *L'argumentation*, Mardaga, Brussels.

LEMPEREUR, Alain (1995), *Legal Questioning and Problem-Solving*. Ph.D. Dissertation, Harvard Law School, Cambridge MA.

LEMPEREUR, Alain (1996), "Conflits et humeurs variables: Opportunités pour le dialogue social". En *Du Conflit au Dialogue*, Missions Globales, Lyon, 74-90.

LEMPEREUR, Alain (ed.) (1998a), *Théories versus Pratiques de négociation. Actes du colloque du 24 novembre 1997*, ESSEC IRÉNÉ, Paris-Cergy.

LEMPEREUR, Alain (1998b), "Negotiation and Mediation in France". En *Harvard Negotiation Law Review*, 3, 151-174.

LEMPEREUR, Alain (1998c), "Bilan du Dialogue National pour l'Europe. Essai sur l'identité européenne des Français". En L'Année européenne, 254-260.

LEMPEREUR, Alain (dir.) (1999), *Modèles de médiateur et médiateur-modèle*. Conference Proceedings of December 14 & 18, 1998, ESSEC IRÉNÉ, Paris-Cergy.

LEMPEREUR, Alain (2000), "Unpacking Emotional Negotiations: From Feelings to Behaviors", ESSEC IRÉNÉ & Centre de Recherche, Paris-Cergy.

LEMPEREUR, Alain (ed.) (2001), *Towards a Dialogue between Conflict Theories and Practices across Paradigms and Cultures*, CD rom of the Proceedings of the 14th IACM Conference, Paris-Cergy: ESSEC IRÉNÉ.

LEMPEREUR, Alain (2002), "Aux sources des théories de la négociation: L'oeuvre fondatrice de F. de Callières". En Callières, De la manière..., *op. cit.*, 7-50.

LEMPEREUR, Alain (ed.) (2003a), "La négociation dans les relations sociales", *Personnel*, March-April, N° 438.

LEMPEREUR, Alain (2003b), "Les limites de la négociation de positions". En Gestion 2000, 4, 7/2003, 69-84.

LEMPEREUR, Alain (2003c), "Parallélisme de style entre professeur et dirigeant. Pour une nouvelle approche du leadership". En Humanisme et Entreprise, 231, 6, 1-17.

LEMPEREUR, Alain y SCODELLARO, Mathieu (2003), "Conflits d'intérêts économiques entre avocats et clients. La question des honoraires". En Dalloz, N° 21, 5/2003, 1380-1385.

LEWICKI, Roy J.; LITTERER, Joseph A.; MINTON, John W. y SAUNDERS, David M. (1994), *Negotiation*, Irwin, Burr Ridge, Illinois.

MEYER, Michel y LEMPEREUR, Alain (eds.) (1990), *Figures et conflits rhétoriques*, Editions de l'Université de Bruxelles, Brussels.

MNOOKIN, Robert (1997), *Surmonter les obstacles dans la résolution des conflits*, Document de recherche, ESSEC, Paris-Cergy, DR97037.

MNOOKIN, Robert y SUSSKIND, Lawrence (dirs). (1999), *Negotiating on Behalf of Others*, Sage Publications, Thousand Oaks.

MNOOKIN, Robert; PEPPET, Scott; TULUMELLO, Andrew (2000), *Beyond Winning. Negotiating to Create Value in Deals and Disputes*, Harvard University Press, Cambridge, MA.

MNOOKIN, Robert y LEMPEREUR, Alain (2001), *Gestion des tensions dans la négociation*, Working Paper, ESSEC IRÉNÉ & Research Center, Paris-Cergy.

NASH, John F. (1950), "The Bargaining Problem". En *Econometrica*, 18, 2.

NEALE, Margaret y BAZERMAN, Max (1991), *Cognition and Rationality in Negotiation*, The Free Press, New York.

PLANTEY, Alain (1994, 2002), *La Négociation internationale au XXIe siècle*, Editions du CNRS, Paris.

PRATT, John y ZECKHAUSER, Richard (dirs.) (1985), *Principals and Agents: The Structure of Business*, Harvard Business School, Boston.

RAIFFA, Howard (1982, 1994), *The Art and Science of Negotiation*, Belknap Press of Harvard University Press, Cambridge MA.

ROGERS, Carl R. (1957), *Active Listening*, University of Chicago Press, Chicago IL.

ROSS, Lee (1995), "Reactive Devaluation in Negotiation and Conflict Resolution". En Arrow & Mnookin, *Barriers to Conflict Resolution*, 26-42.

SEBENIUS, James (2001), "Six Habits of Merely Effective Negotiators". En *Harvard Business Review* 79, N° 4, 87-95.

SINACEUR, Marwan (2002), "La menace en négociation", non published conference, ESSEC IRÉNÉ.

STONE, Douglas; PATTON, Bruce y HEEN, Sheila (1999), *Difficult Conversations*, Penguin, New York.

SUSSKIND, Lawrence E. y FIELD, Patrick (1996), *Dealing with an Angry Public: A Mutual Gains Approach to Resolving Disputes*, The Free Press, New York.

TVERSKY, Amos y KAHNEMAN Daniel (1981), "The Framing of Decisions and the Psychology of Choice". En *Science*, 211, 453-458.

URY, William (1991), *Getting Past No*, Random House, London.

URY, William; BRETT, Jeanne y GOLDBERG, Stephen (1988), *Getting Disputes Resolved*, Program on Negotiation Books, Cambridge MA.

ZARTMAN, William I. (1976), *The 50% Solution*, Anchor Books, New York.

ZARTMAN, William I. y BERMAN, Maureen (1992), *The Practical Negotiator*, Yale University Press, New Haven.

ZARTMAN, William I. (ed.) (1994), *International Multilateral Negotiation: Approaches to the Management of Complexity*, Jossey-Bass, San Francisco CA.

3. Otras obras de referencia

ARISTOTE (1991), *Rhétorique*, Livre de Poche, Paris.

BELY, Lucien (dir.) (2001), *L'Europe des traités de Westphalie – Esprit de la diplomatie et diplomatie de l'esprit*, PUF, Paris.

BOLTANSKI, Luc y THEVENOT, Laurent (1991), *De la justification – Les économies de la grandeur*, Gallimard, Paris.

DESCARTES, René (1637), *Discours de la méthode pour bien conduire sa raison, et chercher la vérité dans les sciences*, reedition, Vrin, Paris.

GEERTZ, Clifford (1973), *The Interpretation of Culture: Selected Essays*, Basic Books, New York.

GIDDENS, Anthony (1990), *The Consequences of Modernity*, Stanford University Press, Stanford, CA.

GIDDENS, Anthony (1994), *Beyond Left and Right: The Future of Radical Politics*, Polity Press, Cambridge.

GIRARD, René (1972), *La Violence et le sacré*, Grasset, Paris.

GIRARD, René (1982), *Le Bouc émissaire*, Grasset, Paris.

GROOM, A. J. R. y LIGHT, Margot (eds.) (1994), *Contemporary International Relations: A Guide to Theory*, Pinter, London.

HALL, Edward T. y HALL, Mildred R. (1990), *Understanding Cultural Differences*, Intercultural Press, Yarmouth.

HOLBROOKE, Richard C. (1998), *To End a War*, Random House, New York.

HOFSTEDE, Geert (1991), *Culture and Organizations: Software of the Mind*, McGraw Hill, London.

LEMPEREUR, Alain (ed.) (1990b), "Le questionnement". En *Revue Internationale de Philosophie*, 174, 295-495.

LEMPEREUR, Alain (1990c), "La métaphore et la communication en sciences humaines". En *Revue Belge de Philologie et d'Histoire*, LXVIII, 608-621.

LEMPEREUR, Alain (1991b), "Rationalité et sciences de l'homme". En *Le Rationalisme est-il en crise ?*, Editions de l'Université de Bruxelles, Brussels, 93-117.

MEYER, Michel (1986), *De la problématologie*, Mardaga, Brussels.

PERELMAN, Chaïm, OLBRECHTS-TYTECA, Lucie (1958), *Traité de l'argumentation. La nouvelle rhétorique*, Presses Universitaires de France, Paris.

PERELMAN, Chaïm (1984), *Le Raisonnable et le déraisonnable en droit*, L.G.D.J., Paris.

PLANTEY, Alain (2000), *Principes de diplomatie*, Pedone, Paris.

ROCARD, Michel (1997), *L'Art de la Paix*, Atlantica, Biarritz.

TROMPENAARS, Fon y HAMPDEN-TURNER, Charles (1998), *Riding the Waves of Culture*, McGraw Hill, New York.

SAVIR, Uri (1998), *Les 1100 jours qui ont changé le Moyen-Orient*, Odile Jacob, Paris.

WALDER, Francis (1958), *Saint Germain ou la négociation*, Gallimard, Paris.

Esta edición se terminó de imprimir en enero de 2022
en Primera Clase, California 1231, Barracas,
Ciudad Autónoma de Buenos Aires.